政権交代秘録

「食うか、食われるか」の権力闘争30年史

大下英治
Eiji Oshita

清談社
Publico

政権交代秘録

「食うか、食われるか」の権力闘争30年史

大下英治

清談社
Publico

はじめに　なぜ、自民党は二度の政権交代にも屈しなかったのか

保守政党である自民党が、政治とカネの問題などにより、政権交代の徳俵まで追い詰められつつある。しかし、これまでも自民党は、小沢一郎《おざわいちろう》の剛腕によって二度の政権交代の憂き目を見つつも、老練な戦略で政権に返り咲いている。本書では、この三十年間の日本の政権交代の歴史を、当事者の証言とともに振り返る。

自民党は一九五五年に結党されて以来、革新政党である社会党と約四十年におよぶ保革対立を続けてきた。いわゆる「五五年体制」を形成していた。

が、社会党に政権交代をする迫力はなく、自民党の一党体制のひとり勝ちであった。

自民党の最大派閥の経世会《けいせいかい》の領袖である金丸信《かねまるしん》は、社会党委員長の田辺誠《たなべまこと》を手なずけて、社会党を操ってさえいた。

ところが、その金丸のもっとも目をかけていた経世会会長代行の小沢一郎は、「自民党独裁の持続は、腐敗をもたらす。日本もアメリカのように二大政党を目指すべきだ」と考えた。そのために政治改革をもくろみ、小選挙区制に切り替える動きに出た。

その小選挙区制の実現をめぐって、小沢の担いだ羽田孜《はたつとむ》を党首とする「新生党」が、なんと

自民党を割って、飛び出してしまった。小沢らがこういうことができたのは、じつは彼らの所属していた経世会が党内最大派閥で二つに割れても互いに成立できるような規模とエネルギーがあったからである。もし派閥にそれほどの数とエネルギーがなければ、派閥を割って、自民党を出て戦うことなどできなかったであろう。

小沢は、政権交代を実現するため、首班に自分たちの党である「新生党」党首の羽田を担がず、「日本新党」の党首細川護熙《ほそかわもりひろ》を担いだのである。細川を担ぎ、新生党と日本新党のほかに、社会党、公明党、民社党、新党さきがけ、社会民主連合、民主改革連合などによる非自民、非共産の八党派連立政権をつくった。自民党を初めて野党に追い込んでしまったのである。

しかし、野《や》に下った自民党もしたたかであった。亀井静香《かめいしずか》などが、徹底的に細川総理のスキャンダルを嗅ぎ回り、じつはついに表に出なかったことまでつかみ、細川政権をわずか八カ月で退陣に追い込んでしまった。

続く羽田政権が誕生するや、裏で社会党を巻き込み、羽田政権もわずか二カ月の短命に終わらせた。まさに食うか食われるかの政権交代ドラマである。

亀井らは、ただちに自民党主体の政権に戻すことはできないので、かつて小沢が「日本新党」の細川を総理に担いだように、なんとよりにもよってそれまで長い間自民党と対立していた社会党委員長の村山富市《むらやまとみいち》を総理に担いだのである。政権を取り戻すためにはなんでもありであった。

その村山総理が辞任し、自民党の橋本龍太郎《はしもとりゅうたろう》を総理にし、ようやく自民党主体の政権に戻すことができたのである。

しかし、その橋本政権も、一九九八年の参院選で大敗し、参院における「ねじれ」を起こして退陣する。その後を継いだ小渕恵三《おぶちけいぞう》政権は、「ねじれ国会」に苦しみ、野党に参議院で問責決議案を出されて、額賀福志郎《ぬかがふくしろう》が防衛庁長官を辞任するなど、追い込まれていた。

そこで野中広務《のなかひろむ》官房長官は、当時野党であった公明党との連立を企図する。公明党と連立を組めば、参議院で過半数に達する。しかし、公明党はそれまで自民党に激しく攻撃され続けていた。急にその自民党と組むのは、支援団体の創価学会《そうかがっかい》も許す雰囲気ではなかった。

公明党幹部は野中官房長官に言った。

「すぐの連立は無理だが、先に座布団を一枚入れてみてくれ。そのあとなら考えてみる」

そこで野中は、小沢率いる自由党に連立を持ちかけた。

野中は、かつて経世会時代、小沢のことを「悪魔」とすら呼んだ。

しかし、政権の安定のために、「悪魔にひれ伏してでも」と小沢と手を組んだ。が、自由党と連立を組んでも、公明党に比べると議席数が少ないため、参議院で過半数に達しない。公明党をおびき出すために仕方がないと踏んでのことであった。

自自連立がなってまもなく、公明党も連立参加を呑《の》んだ。自自公政権の誕生であった。

野中らは、本命である公明党と組めたので、自民党に注文し続けるうるさ型の小沢自由党を疎ましく思い始める。

結局、自由党は連立を離脱する。そのとき、自由党は割れて、二階俊博《にかいとしひろ》ら連立維持派は保守党を結成し、自民党と組む。

いっぽう、公明党はこの連立から現在まで自民党との関係を保ち続けている。

小渕総理以降は、森喜朗《もりよしろう》、小泉純一郎《こいずみじゅんいちろう》、安倍晋三《あべしんぞう》、福田康夫《ふくだやすお》が総理大臣となる。

安倍が参院選で大敗し、再び参院での「ねじれ」を引き起こしたため、安倍の後任の福田は、政権の安定のために、当時、民主党代表であった小沢に大連立を持ちかける。

小沢も、いきなり政権を獲得して、かつての細川政権や羽田政権のように、短命に終わることを懸念していた。そこで、ひとまず政権に入り、訓練をするのも得策と考えて、福田の話に乗る。

が、最終的に民主党内を説得できずに、その大連立構想は幻に終わった。

麻生太郎《あそうたろう》政権になったものの、自民党はまた小沢に衆院選でやられて下野《げや》することになる。

二度目の政権交代も、小沢の力あってのことである。

そして誕生した民主党政権は、鳩山由紀夫《はとやまゆきお》、菅直人《かんなおと》、野田佳彦《のだよしひこ》と三人の総理を生む。

が、その間、小沢か反小沢かという党内対立が生まれる。小沢は消費税を上げることを決めた野田総理に反旗を翻し、離党していく。

いっぽう、自民党は安倍が再び総裁になった。

安倍は、民主党の野田総理に党首討論を持ちかけ、解散に誘い込んだ。野田は勝てると読み、解散に踏み切ったが、自民党二百九十四議席、民主党五十七議席と大敗し、自民党が三年三カ月ぶりに政権交代を果たした。

安倍は、野党の苦しみを味わっていたから、したたかに選挙で勝利をおさめ続ける。七年八カ月もの長期政権の間に、政権を奪還した選挙を含めて衆院選三回、参院選三回、いずれも勝利をおさめ続けた。

小池百合子《こいけゆりこ》東京都知事の「希望の党」の乱により、安倍総理も一時ヒヤリとした瞬間もあったが、小池の「排除します」の一言により、小池の総理の夢はついえてしまった。

野党は、大きく分けると、いまや立憲民主党、日本《にっぽん》維新の会、国民民主党、共産党にバラけにバラけている。

三度目の政権交代を執拗《しつよう》に狙い続ける立憲民主党の小沢が「野党はまとまらなければ政権交代など夢のまた夢だ」と叫び続けるが、道は遠い。

今回、立憲民主党の代表選では、野田佳彦、枝野幸男《えだのゆきお》、泉健太《いずみけんた》、吉田晴美《よしだはるみ》の四人が立候補し、野田が勝利をおさめた。

いっぽうの自民党総裁選は石破茂《いしばしげる》が五回目の挑戦の末に勝利をおさめた。

同じ六十七歳同士の石破と野田との戦いが始まっている。

野党からすれば、次の衆院選で敗れたとしても、次の参院選も待っている。波乱含みの自民党政権に対して、次なる三度目の政権交代の現実味もふくらんでいる。もし三度目の政権交代が実現するなら、かつての二度の政権交代の苦い経験を生かし、今度こそ、長期政権を、と虎《こ》視眈々《したんたん》とその機会を狙い続けている……。

政権交代秘録
「食うか、食われるか」の権力闘争30年史

目次

第一章　立憲民主党・野田佳彦の再チャレンジ

第二章　剛腕・小沢一郎の自民党分裂劇

第三章　森喜朗の一言が生んだ「社会党・村山富市総理」

第四章

「大連立構想」で自民党を揺さぶる小沢一郎

第五章 民主党政権が「悪夢」と化した理由

第六章 安倍晋三の大復活劇を仕掛けた菅義偉

第七章

平成政治史最大の謎「希望の党」騒動の全内幕

第八章

立憲・泉、維新・馬場、国民・玉木の政権交代戦略

第九章 小沢一郎に「三度目の正直」はあるのか

第一章
立憲民主党・野田佳彦の再チャレンジ

手を取り合う立憲民主党代表選4候補の（左から）泉健太代表、
枝野幸男前代表、野田佳彦元総理、吉田晴美衆議院議員。
代表選を勝ち抜いた野田佳彦は政権交代を成し遂げられるのか（2024年9月13日）

四人が争った立憲民主党代表選

二〇二四年六月二十五日、野田佳彦元総理は、地元で開いた国政報告会で、九月におこなわれる立憲民主党の代表選と自民党の総裁選について、有権者に両党のトップ候補を見比べてもらうチャンスだと訴えた。代表選と総裁選の「同時期論」の口火を切ったのである。

「自民党の総裁選が終わって新しい総理大臣が決まったあとに、立憲民主党の代表選をやっても意味がない。代表選後に自民党に電波ジャックをされても意味がない」

九月末には、立憲民主党代表の泉健太と自民党総裁の岸田文雄《きしだふみお》総理はともに三年の任期を満了する。

与野党第一党のトップ選びのあとには、任期満了まで一年を残した衆議院の解散総選挙が想定されている。

野田が提唱する「同時期論」には、近年の自民党総裁選が十二日間の日程で実施されているために、総裁選と同時期により長く代表選をおこなって、自民党に代わる選択肢としての立憲民主党をアピールする狙いがあった。

いっぽうで、再選を狙う泉代表を取り巻く状況は厳しさを増していた。党内からは「泉降ろし」の声も出ていた。

発信源の一つは、泉代表と距離を置いている小沢一郎衆議院議員だった。

小沢は、七月九日、記者団の取材に対して、はっきり語った。

「泉代表が続投したら立憲民主党は沈没だ」

小沢は、執行部の交代を公然と主張し、新体制で衆院選に臨むべきだと語った。

小沢は、以前から泉体制のもとで、小沢の持論である野党共闘が進んでいないことに不満を募らせていた。

「共産党を排除するとかしないではなく、まず自分たち立憲民主党がしっかりする。国民民主党とだって日本維新の会とだって、力を合わせなければ選挙は勝てない」

小沢は、より多くの野党が連携を強めていくことの必要性を説いた。

いっぽうで、泉代表は、共産党との選挙協力について、有力な支援団体である連合（日本労働組合総連合会）の芳野友子《よしのともこ》会長からは見直しを迫られて、共産党からは継続を求められて板挟み状態になっていた。

その状況下で、党内からは代表交代論が公然と噴き出し、代表選に向けて対立候補も動き出していく。

七月十一日朝、泉は党本部で芳野会長と会談した。

会談後、芳野は記者団に、七月七日投開票の東京都知事選について、自身の見解を示した。

「共産党が前面に出すぎて逃げた票もあったのではないか」

連合は次の衆院選に向けた基本方針で、立憲民主党と国民民主党の両党を「支援政党」と位置づけている。

芳野はこのときも、共産党との選挙協力の見直しを求めた。

「一番戦いやすいのは、立憲と国民民主と連合が三者で一つの塊になることだ」

これに対して、泉は言及を避けた。

「特段、何か新しいことが今日出たということはない。総選挙に向けて候補者擁立を進めることが大事だ」

泉は、九月の代表選の争点にはならないとの認識も示した。

いっぽうの共産党は、芳野会長の発言に反発を強めている。

共産党の小池晃《こいけあきら》書記局長は、七月十一日午後に急遽《きゅうきょ》、記者会見をおこない、不快感を表明した。

野党第一党の党首として、泉に残された任期は二カ月。

泉は、代表選に立候補する意向を固めていたが、四月の衆院補選三戦全勝などで、立憲民主党に吹いていた追い風は、都知事選での蓮舫《れんほう》の惨敗で止まりつつあった。

泉は、代表選に向けて、焦りを強めていた。

七月二十二日の夜、泉は、国民民主党の玉木雄一郎《たまきゆういちろう》代表、連合の芳野会長と会食した。玉木や芳野とは、次期衆院選に向けて、立憲や国民民主との選挙区調整の必要性で一致した。

しかし、連携の足かせと見られている共産党との選挙協力の見直しに向けた方向性は出なかった。

七月二十三日夜、港区《みなと》南青山《みなみあおやま》の日本料理店で、泉は、日本維新の会の馬場伸幸《ばばのぶゆき》代表と日本酒を酌み交わした。泉は馬場に語りかけた。

「自民党が次期衆院選で過半数割れしたら、自民につくのか、立憲につくのか、国民は見ていますよ」

しかし、泉の問いかけに対しても、立憲嫌いを常日ごろから公言している馬場代表は辛口の酒をあおるだけであった。

会食後、馬場は記者団に語った。

「国会終わって打ち上げの会です。楽しく、よもやま話をさせていただきました」

目立った成果が見られない連夜のトップ会談に対して、泉と距離を置く立憲民主党のベテラン議員は失望を隠さなかった。

「三年もあったのに、任期満了間近になって、党首会談をやり出すなんて……」

再起をうかがう枝野幸男前代表

立憲民主党代表選に向けて、「党創設者」にあたる枝野幸男前代表が名乗りを上げた。枝野は、三年前の二〇二一年の衆院選での敗北を受けて辞任して以来、じっと再起の機会をうかがっていた。

八月二十一日、記者会見に臨んだ枝野の口ぶりからは、出馬に対する葛藤がにじんだ。

「躊躇《ちゅうちょ》する思いがなかったかと言えばうそになる。が、わが党が進むべき道を掲げるのがわたしの役割だ」

三年前の代表辞任後、枝野は党の会合に姿を見せなくなり、後任の泉代表の執行部とも距離を置いた。党内には枝野の様子を不気味な沈黙として、いぶかる声が上がっていた。

枝野が沈黙を破ったのは二〇二三年八月。泉執行部で党勢の回復が進まないなかで、自身が目指す社会像「枝野ビジョン2023」を突如発表したのだ。

代表の座を再び狙う枝野に対して、党内では冷ややかな声も上がる。

「選挙に負けて辞めた代表が、次の衆院選前に再登板するのは筋が通らない」

七月に入ってから、枝野は周囲に漏らした。

「確かに次の衆院選後に立候補するのが定石ではある。でもね……」

その先は語らなかったが、党関係者は感じた。

〈過去の人になってしまうことへの恐れもあるのでは〉

枝野に近い議員の一人は語る。

「枝野は総理大臣になることをあきらめていない」

四十代で菅直人政権の官房長官に就任し、野田佳彦政権でも経済産業大臣を務めるなど、多くの要職を歴任した枝野も、五月三十一日に六十歳になっていた。

枝野は、自民党の支持率が下がり、ようやく訪れた政権奪還の好機に会見で語った。

「わたしは、ジョー・バイデン米大統領から世代交代のバトンを受け取ったカマラ・ハリス副大統領と同じ、一九六四年の生まれだ」

正式に立候補を表明している枝野は、八月二十三日朝、連合の本部で芳野会長らと会談した。

連合は、「大きな塊」として立憲と国民民主党の連携に期待するいっぽうで、共産党とは距離を置くことを求めている。

また、芳野は、前回衆院選に敗れて代表を辞任した枝野の出馬には否定的で、泉と国民民主党の玉木に信頼を寄せていた。

枝野は、芳野との会談後、記者団の取材に応じて国民民主党との連携に前向きな姿勢を強調した。

「国民民主党とは小異を捨てて大同につくことができないか、不断の努力を重ねたい」

枝野に続き、野田元総理も動きを見せる。当初、出馬に慎重だった野田だが、政権交代の実現には自身の立候補が必要との判断に傾いていった。

八月十四日に岸田総理が九月の自民党総裁選への不出馬を表明してから、総裁選への関心が高まりつつあり、野田は立憲民主党の代表選が埋没することへの危機感を募らせていた。

野田は、八月二十三日、自ら率いる十四人が所属する党内グループの「花斉会《かせいかい》」の議員たちと対応を協議した。

八月二十六日の立候補予定者への説明会に関係者を出席させることを決めた。

次期衆院選での政権交代を見据えて、総理大臣を務めた政治経験や野党との連携強化への期待から、党内には野田に対する待望論が高まっていた。

野田は語った。

「政権交代を実現するために、できることはなんでもやりたい」

いっぽうで代表選についても語った。

「『自分が、自分が』とは思っていない」

野田佳彦は、千葉四区選出で当選九回。野田への待望論は、重鎮の小沢一郎衆議院議員や中堅、若手でつくる党内グループ「直諫《ちょっかん》の会《かい》」の一部にも広がっていた。

そのいっぽうで、民主党政権時代の二〇一一年九月からの総理大臣在任中、マニフェスト（政権公約）になかった消費増税を進めるなどして党の分裂を招き、二〇一二年十二月の衆院選で政権を失った経緯から、党内には野田に対する拒否感もあった。

八月二十三日、野田は、日本維新の会の勉強会に出席し、政治改革をテーマに約一時間、講演した。

この勉強会には、国会議員の定数削減などの政治改革を信条とし、日本維新の会の馬場代表と近い野田が講師に招かれ、遠藤《えんどう》敬《たかし》国会対策委員長ら三十五人が出席した。

立憲民主党の代表選では、次期衆院選に向けて日本維新の会との連携のあり方が論点の一つとなっていた。

野田は語った。

「候補者をなるべく一本化したほうがよい。与党を過半数割れに追い込む絶好のチャンス。問題意識は共有できた」

衆院選の小選挙区では、野党候補の一本化が勝利の鍵を握る。

そのため、立憲民主党に批判的だった日本維新の会と良好な関係を保っている野田に対して、党内の期待が集まる可能性があった。

野田佳彦元総理への待望論

八月二十九日、自らを「昔の名前」と自嘲し、立憲民主党代表選への出馬を熟慮していた野田がついに立候補を表明した。

野田は、数日前、自民党総裁選について語っていた。

「政権を取りに行くという思いは強く持っていますので、そのためにはどうしたらいいかということを熟慮したい。自民党側の総裁選の様子を見ていると本当の刷新じゃなく刷新感だろう。逆に言うと金魚ばっかりに対してどじょうも必要なのかもしれないという印象は持つようになってきた。二匹目のどじょうになっちゃよくないかと思いますけど」

待望論が出ている野田の視線の先には、総理大臣としての再登板があった。

野田はこの日、再登板への挑戦を宣言する場として、三十八年前に政治家を志して初めて立った千葉県習志野《ならしの》市の駅前を選んだ。

野田は語った。

「日本の世直しのために、総理大臣を目指す決意で戦っていきたい」

この日は奇《く》しくも、十三年前に民主党代表選で勝利した日と同じだった。

裏金事件に対する自民党の対応を批判し、語った。

「国会議員定数の削減や世襲の禁止といった本質的な政治改革を実現したい」

特に、世襲禁止は「自民には絶対にできない」と見て、政治改革の旗印にする考えだ。

また、「分厚い中間層の復活」による格差の是正といった野田政権の「宿題」の解決に加え、第二次安倍政権下に設置された内閣人事局の廃止に言及した。

政治家と官僚の関係は対等であるべきだとして、野田は指摘した。

「内閣人事局ができてから、忖度《そんたく》するようになった」

自民党への対抗心をむき出しにするいっぽうで、野党とは協調姿勢を取る考えだ。

次期衆院選では立憲民主党が単独過半数を得る可能性は低いと見て、国民民主党と合流する必要性に言及した。

さらに「穏健な保守層まで狙わないと政権を取れない」と述べ、日本維新の会との関係強化にも意欲を示した。

「『昔の名前で出ています』ではよくない。わたしは『昔の名前』すぎる」

かつての小林旭《こばやしあきら》の流行歌を引き合いに出馬に慎重だった野田だが、再登板への熱意をひそかに抱いてきた。

その一端が垣間《かいま》見《み》えたのが、安倍元総理への追悼演説だった。

「自分は五年で返り咲きました。あなたにも、いずれそういう日がやってきますよ」

二〇二二年十月二十五日の衆議院本会議場で、野田は安倍の言葉を引いて、呼びかけた。

「勝ちっ放しはないでしょう、安倍さん」

安倍との秘話を明かした野田の追悼演説は、評判と憶測を呼んだ。

このときに、野田周辺は感じ取った。

「意欲がなければ、二人きりの会話を明かしたりはしない」

再挑戦に向けた環境は、代表選が迫るにつれて、急速に変化していく。

同時期におこなわれる自民党総裁選に世論の関心が集まる状況に、野田は埋没への危機感を募らせた。

党内では総理大臣を務めた政治経験や野党連携への期待から、「新鮮味は乏しいが、元総理大臣としての安定感がある。経験不足の自民新総裁と差別化できる」との声が広がった。

しかし、待望論一色というわけではない。

野田には、総理大臣在任中に政権公約になかった消費増税を打ち出して党分裂を招き、「民主党政権終わりの戦犯」との見方も、いまだに根強い。

この日、立候補の正当性を問われた野田は、二〇一二年の下野を「痛恨の極み」と振り返り、強調した。

「もう一回政権を取り戻すための道筋をつけることがわたしの役割ではないか」

小沢一郎の「野田支援表明」の真意

九月三日、立憲民主党の小沢一郎は、代表選に立候補を表明している野田元総理と国会内で会談し、支援の意向を伝えた。

小沢は、会談後に語った。

「ほかの野党とも手を取り合って政権交代を実現する考えで一致した」

小沢は、枝野前代表らとも面会を重ねてきたが、国民民主党や日本維新の会との関係強化を訴える野田を評価した。自ら率いるグループ「一清会《いっせいかい》」の多くが支援に回る。

野田は会談を前に記者団に語った。

「大先輩からご支援いただけることはありがたい」

二〇一二年、野田と小沢は対立の渦中にあった。

当時、総理大臣としてマニフェストになかった消費増税を進める野田に、小沢が猛反発。

最終的に約五十人の議員を引き連れて集団離党し、民主党は分裂する。

その後の衆院選では、民主党も、小沢が新しく結党した日本未来の党も惨敗した。それ以来、小沢には「壊し屋」、野田には「戦犯」との批判がつきまとってきた。

別々の道を歩んだが、その後、二〇二〇年に立憲民主党に参加する。

十二年の歳月を経て、野田と小沢を結びつけたのが、自民党の派閥パーティーに関連する裏金事件だった。

いまが政権交代の好機と見た小沢は、泉代表の交代に向けて動き出す。

小沢は、七月下旬以降、たびたび野田に接触を試み、八月末までに少なくとも三回会談している。泉のもとでは進展を見せない野党間の選挙区調整の必要性などを協議した。

そして八月下旬には、岸田総理の不出馬表明で自民党総裁選が沸き立つなか、危機感を持った野田が代表選への立候補を決断した。これに小沢が即応した。

小沢はこの日、語った。

「過去を乗り越えて、国民のための政治を実現するという大義に結集することが大事だ」

野田の陣営幹部は歓迎した。

「恩讐《おんしゅう》を越えて自民に向き合う構図ができる」

そのいっぽうで、小沢の「剛腕」への警戒は崩さない。

野田の側近は、小沢に大きな権限を与えれば、主導権を奪われかねないとして警戒する。

「代表選に勝っても、今度は小沢さんをどう処遇するのかが難しい」

野田は、九月五日、国会内で記者会見し、代表選に向けて、「政権交代前夜」と題した政策集を発表した。

早期の解散総選挙を想定し、自民党の裏金事件への対応として政治改革の徹底を前面に掲げた。自民党から離れた中道保守層を取り込んで政権交代を目指す考えを示した。

野田は会見で政治資金規正法の再改正に言及した。

「汚れた政治のウミを出し尽くさなければいけない。政権交代こそが最大の政治改革だ」

企業・団体による献金やパーティー券購入の禁止、政党から議員に支出され、使途公開の義務がない政策活動費の廃止、「連座制」強化などを打ち出した。国会議員の世襲の制限や、国会議員定数の削減も掲げた。

野田は「われわれは中道だ」とも訴え、外交・安全保障分野では政策集に「日米同盟を基軸とするこれまでの政策の基本を踏襲」と書き込んだ。

会見では「現実的な政策展開をしていきたい」と述べ、自民党政権からの継続性を強調した。

そのいっぽうで、岸田政権が推進した防衛増税については否定した。

経済では「分厚い中間層の復活」を掲げて、「格差の拡大に歯止めをかけていくことがもっともいま、重要な政策だ」と強調。教育無償化に取り組む考えを示した。

野田は国会内での記者会見で強調した。

「政権側に失政があったときに、政権奪取のチャンスがめぐってくる。今回はそういうタイミングだ」

立憲民主党の状況についても指摘した。

「中道からリベラルとのつき合いがうまい人たちもいっぱいおり、偏ったイメージが残念ながらいまはある。穏健な保守層まで手が届くようにする」

さらに、連携先として国民民主党や、日本維新の会を挙げた。

「どの党とも対話のできる関係にしていく」

野田は中道保守層の取り込みに向け、外交・安全保障政策で自民党政権との継続性を重視している。

野田は、九月二日のBS番組でも、集団的自衛権を含む安保法制について「すぐに変えるのは現実的ではない」と言及していた。

これまで立憲民主党は、安保法制について「違憲部分の廃止」を掲げていた。かつての国政選挙では、共産党や、一九九六年に社会党から改称した社民党などと連携する際には共通政策であった。

共産党の小池書記局長からは、野田の方針を警戒する声が上がった。

「安保法制を廃止することは野党共闘の一丁目一番地だ。基盤が失われれば共闘は成り立たなくなる」

こうした経緯を受けて、野田はこの日の会見では軌道修正を図っている。

「自民党の政権から引き続いて政権をやり、瞬時に変えられるわけではない。その意味で一八〇度転換するようなことはできない」

安保法制についても強調した。

「違憲だと思っている。党の方針である違憲部分の廃止に即した対応をしていきたい」

さらに、野田は、自身が二〇二〇年の新・立憲民主党の結成から参画した経緯を踏まえて、語った。

「立憲をつくったコアメンバーを傷つけて乗っ取ろうとするつもりはない」

創設者である枝野前代表との代表選での対決を控えて、党内の反発に配慮したかたちだが、連携相手と見るほかの野党も一筋縄ではいかない。

日本維新の会の馬場代表は、八月末のＢＳフジの番組で言い切った。

「数だけ合えばいいというもんではない。選挙協力をするということはいっさいありません」

政策集で「分厚い中間層の復活」を掲げた野田は、消費減税には慎重な姿勢を示した。医療や介護、子育て支援といった「ベーシックサービス」を充実するための財源として、消費税が不可欠だと主張。「一回下げてから上げることが可能かを考えると、軽々しく（下げると）言えない」と述べた。

そのうえで、政策集に盛り込んだ「給付つき税額控除」の導入こそが低所得者対策として有効だと主張。「消費税のあり方はいろいろな議論があるが、（給付つき税額控除が）現時点での立憲の到達点」と語った。

いっぽう、野田が積極姿勢を示したのが、選択的夫婦別姓制度の早期実現だ。

野田は、二〇〇二年の民主党代表選に立候補したときにも、選択的夫婦別姓の実現を公約に掲げていた。二十年以上がたってても実現できていないことを踏まえて、力を込めて語った。

「反対は自民党の一部だけではないか。野党も連携し、公明党も含めて早期に実現することに全力を尽くしていきたい」

「だからこそ泉健太でしょう」

立憲民主党の泉代表は、国会議員二十人の推薦人集めに苦戦した末に、ようやく九月六日、千代田区永田町《ちよだくながたちょう》の党本部で記者会見を開き、代表選への立候補を正式に表明することができた。

泉は、派閥の裏金事件を起こした自民党を批判し、語った。

「次の総選挙で政権交代を目指す。その先頭に立つ」

泉が党本部で記者会見を開いている同じころ、自民党総裁選では「刷新感」への期待を高めている小泉進次郎元環境大臣の出馬表明がおこなわれていた。

泉は意気込んだ。

「小泉さんが総裁になるなら、だからこそ泉健太でしょう。負けませんよ。『ぜひ小泉進次郎来い』と言いたい」

苦難の末の立候補会見で、泉は枝野や野田との論戦について語った。

「ビッグな方々と戦う。現社長だが、挑戦者のつもりで挑みたい」

九月七日に告示された立憲民主党代表選に五十代以上の男性議員三人が立候補するなか、当選一回の吉田晴美も名乗りを上げた。

告示日当日の滑り込み立候補になった。同じ出馬をギリギリまで模索していた江田憲司《えだけんじ》元代表代行とは、届け出開始後まで調整が続いたが、土壇場で江田が吉田に協力した。

吉田の立候補が決まったあと、江田は言った。

「むさ苦しいじゃないの、男ばかりでは。これで一件落着」

九月七日、立憲民主党の代表選が告示された。

野田佳彦元総理、枝野幸男前代表、泉健太代表、吉田晴美衆議院議員の四人が立候補した。

この日の日本記者クラブ主催の討論会で、四人はいずれも次の衆院選で政権交代を目指す考えを示した。

野田は自民党派閥の裏金事件を受けた政治改革の必要性を訴えた。

「政権交代こそが最大の政治改革だ」

枝野も、強調した。

「与党が逆風なのに野党への期待が高まらない。日本経済を立て直す明確なビジョンを示す」

三年間、代表を担った泉は意欲を示した。

「政権前夜というところまで、党を再生させることができた。わたしが政権を担いたい」

当選一回の議員として初めて立候補した吉田は語った。

「政治の慣習にとらわれない等身大の政治を目指す」

代表選では、次期衆院選での野党間の選挙協力が問われる。野田、枝野、泉の三人は、国民民主党との連携の必要性に言及したが、共産党との連携のあり方については明言しなかった。

吉田は選挙協力を進めるとしたが、特定の政党に言及しなかった。

消費税をめぐっては、野田と枝野が、税金控除と現金給付を組み合わせた「給付つき税額控除」が低所得者対策として適切だと訴え、消費減税には否定的だった。

泉と吉田は、物価高対策として、食料品に限り、消費税の減税をすべきだと語った。

九月二十三日、立憲民主党の代表選が東京プリンスホテルでおこなわれた。

一回目の投票では、野田佳彦が四十五人の国会議員の支持を得て九十ポイント、公認予定候補者で三十八ポイント、地方議員で五十八ポイント、党員・サポーターで八十一ポイントを獲得し、合計二百六十七ポイントで一位となった。

二位は枝野幸男で、三十三人の国会議員の支持を得て六十六ポイント、公認予定候補者で十七ポイント、地方議員で七十一ポイント、党員・サポーターで五十二ポイントの合計二百六ポイントだった。三位は泉健太代表で、二十九人の国会議員の支持を得て五十八ポイント、公認予定候補者で二十六ポイント、地方議員で三十三ポイント、党員・サポーターで二十六ポイントの合計百四十三ポイントだった。四位は吉田晴美で、二十八人の国会議員の支持を得て五十六ポイント、公認予定候補者で十七ポイント、地方議員で二十三ポイント、党員・サポーターで二十六ポイントの合計百二十二ポイントだった。

一位の野田と二位の枝野が決選投票に進み、その結果、七十二人の国会議員の支持を得て百四十四ポイント、公認予定候補者で六十ポイント、都道府県で二十八ポイントの合計二百三十二ポイントを獲得した野田が、六十三人の国会議員の支持を得て百二十六ポイント、公認予定候補者で三十五ポイント、都道府県で十九ポイントの合計百八十ポイントの枝野を破って、勝利し、立憲民主党代表に就任した。

野田は、新代表のあいさつで政権交代への思いを語った。

「十七日間の長丁場、フェアプレーで戦っていただいた候補者や応援団のみなさんに心から感謝申し上げたい。フェアプレーの究極は結果が出たらノーサイドにすることで、みんなの力を合わせて、心を合わせて〝打倒自民党〟に向かっていきたい。挙党態勢で政権を取りにいこう」

九月二十四日、野田は、執行部人事に取りかかり、幹事長に小川淳也《おがわじゅんや》、政調会長に重徳和彦《しげとくかずひこ》、国対委員長に笠浩史《りゅうひろふみ》の就任が決まった。さらに、代表代行として、辻元清美《つじもときよみ》、長妻昭《ながつまあきら》、大串博志《おおぐしひろし》の三人が就任し、大串は選挙対策委員長も兼務することが決まった。

また、代表選でグループとして野田を支援した小沢一郎は、次期衆院選に向けて、野田が本部長を務める総合選挙対策本部の本部長代行に就任した。

野田が代表に選出されたことは、同時期におこなわれていた自民党総裁選にも一定の影響を与えることになる。

野田の代表選出から四日後の九月二十七日、岸田文雄総理の後継を争う自民党総裁選が永田町の自民党本部八階ホールでおこなわれた。

一位は、高市早苗《たかいちさなえ》経済安全保障担当大臣で、地方票で一位となる百九票を獲得。さらに議員票でも小泉進次郎に次ぐ七十二票を獲得。合計で百八十一票だった。

二位は、五回目の総裁選出馬となった石破茂元幹事長だった。地方票では高市と一票差の百八票を獲得し、議員票は四十六票、合計で百五十四票を獲得した。

三位は、総裁選初挑戦の小泉進次郎元環境大臣。地方票は六十一票で三位だったが、議員票ではトップとなる七十五票を獲得。合計で百三十六票となり、決選投票には進出できなかった。

一回目の投票では過半数の票を獲得した候補者はいなかったため、一位の高市と二位の石破が決選投票へと進み、議員票百八十九票を獲得した石破が地方票二十六票と合わせて、二百十五票を獲得。議員票百七十三票、地方票二十一票の合計百九十四票だった高市を逆転し、勝利した。

石破は、十月一日の臨時国会で総理大臣に指名され、新内閣を発足させた。

さらに、石破は前日の九月三十日、「十月十五日公示、二十七日投開票で衆院選をおこなう」と表明した。

この総理大臣就任前の異例の解散宣言には野党各党が一斉に反発。立憲民主党の野田代表は東京都内で記者団に語った。

「臨時国会では政治への信頼を取り戻すため、政治とカネの問題も含めて議論すべきなのに、くさいものに蓋をしたとしか思えない」

野田の反発は焦りの裏返しでもあった。野党各党に自民党の裏金議員に対してペナルティーを与えるための選挙区調整を呼びかけていたが、交渉は始まったばかりだった。

野田の呼びかけに対して、国民民主党の玉木雄一郎代表は「直接伺って判断していきたい」と連携に含みを持たせたが、日本維新の会の藤田文武《ふじたふみたけ》幹事長は「選挙実務を預かる私としてはかなり難易度は高い」と語り、連携に慎重な姿勢をにじませていた。

また、共産党の田村智子《たむらともこ》委員長は、野田が集団的自衛権の行使を一部容認する安全保障法制の継続を示唆したことに言及して、語った。

「共闘の基盤は裏金議員への一本化ではない。安保法制への対応を曖昧にしたままの一本化ということはありえない」

十月一日から二日にかけて読売《よみうり》新聞が実施した世論調査では、野田に期待するかという問いに対して、「期待する」は四九%、「期待しない」は四一%と意見が割れた。

果たして野田は、衆院選までの短い期間で野党各党をまとめあげて、悲願の政権交代を実現できるのか……。

第二章 剛腕・小沢一郎の自民党分裂劇

永田町の小沢事務所で自民党総裁候補の宮沢喜一（右）と会談する
小沢一郎竹下派会長代行（左から2人目）。自民党内での影響力は絶大だった小沢が
2年後に取った選択が日本政治の歴史を変えた（1991年10月10日）

すべては竹下派の総裁候補選びから始まった

一九九一年十月七日正午から、経世会（竹下派《たけしたは》）の緊急総会が開かれた。若手たちを中心に、自民党総裁選の独自候補擁立の声が上がった。

「党内最大派閥で、しかも、これだけの人材がそろっているんです。独自候補を立てましょう！」

金丸信《かねまるしん》経世会会長も了承し、言明した。

「同志のみなさんが納得できる候補を出せるよう、全力で努力する」

その後、経世会は、最高幹部会議を開いた。竹下派七奉行の一人の渡部恒三《わたなべこうぞう》が発言した。

「経世会から独自候補を出すなら、まず金丸会長だ。金丸会長が出られないなら、小沢会長代行しかない」

むろん、金丸ははじめから出る気はない。小沢一郎に白羽の矢が立った。

小沢は、一九四二年五月二十四日、東京都台東区《たいとうく》で生まれ、三歳から中学三年生になるまで岩手県で育った。一九六七年に慶應義塾《けいおうぎじゅく》大学を卒業。一九六九年に自民党の代議士であった父佐重喜《さえき》の死去にともなって、衆議院旧岩手二区から初当選。この選挙を指揮したのが幹事長であった田中角栄《たなかかくえい》で、田中の薫陶を受けた。一九八五年に第二次中曽根康弘《なかそねやすひろ》内閣の自治大臣として初入閣。田中角栄に歯向かい、竹下派（経世会）結成のときには中心となって活躍した、いわゆる「竹下派七奉行」の一人であった。

一九八九年に自民党幹事長に就任。一九九〇年の衆院選を勝利に導いたが、翌年の東京都知事選で推薦した候補者が敗北し、幹事長を辞任した。

じつは、渡部より前に、金丸は早々と小沢に出馬を迫っていた。

「海部《かいふ》（俊樹《としき》）を断念した限りは、わが派は独自候補を立てるしかない。おまえが出ろ」

小沢擁立に向けた金丸の情熱は、鬼気迫るものがあった。そのあまりのすさまじさに、さすがの小沢も、側近の中西啓介《なかにしけいすけ》に言った。

「会長が、本気なんで困るよ。もう、まいったよ」

小沢が、心臓病のことを理由に辞退を口にすると、金丸は小鼻をふくらませていった。

「そんなもん、神さまというのはちゃんと見ていてな、いつか適当なときにお迎えが来るもんだよ。大丈夫だ」

十月八日の午後三時過ぎ、港区赤坂《あかさか》の日商岩井《にっしょういわい》ビル（現・国際赤坂ビル）十九階の高級フランス料理店「クレール・ド・赤坂」には、金丸、竹下登《のぼる》元総理、小沢、渡部恒三、竹下派事務総長の奥田敬和《おくだけいわ》が集まっていた。

金丸が、ぼそりと言った。

「一郎が、どうしても受けてくれないんだ……」

金丸は、最後の説得を試みたが、小沢はひたすら頭を下げるだけだった。

ここにおいて、経世会は、ついに小沢擁立を断念したのである。

奥田は、事務総長として、会談をまとめた。

「金丸会長もダメ、小沢代行もダメ、それじゃ、派内からほかに誰を出そうかと、まるで品物みたいに入れ換えるようなわけにはいきません。ことここにいたっては、宮沢喜一《みやざわきいち》、渡辺美智雄《わたなべみちお》、三塚博《みつづかひろし》の立候補三人のうちから、ふさわしい人物を選ぶしかありませんな」

四人は、それぞれにうなずいた。こうして経世会は、自派候補擁立まで断念したのである。

金丸が、小沢を見た。

「そういうことなら一郎、おまえが、三人の候補者のうち誰がふさわしいか検討しろ。三人の政策について、じっくり聞いてみろ」

小沢は、渡辺、宮沢、三塚とも永田町の十全《じゅうぜん》ビル三階の小沢事務所で会って、政策を聞いた。

結局、経世会は、国民に支持されるもっとも常識的な線として、宮沢を選択した。

十月二十七日、宮沢は自民党総裁選に勝利をおさめ、十一月五日、悲願の内閣総理大臣に就任した。だが、一連の総裁選で、最大に国民にその名を知らしめたのは、総理、総裁となった宮沢ではなく、小沢であった。

「金丸信氏側に五億円」のスクープ記事

一九九二年八月二十二日、この日、政界を揺るがすに足る一つのスクープ記事が報道された。朝日《あさひ》新聞朝刊の一面に《東京佐川急便《さがわきゅうびん》の渡辺《わたなべ》元社長「金丸氏側に5億円」と供述》と大きな見出しが躍った。

そこには、商法の特別背任罪で起訴されている東京佐川急便元社長の渡辺広康《ひろやす》は、一九八九年七月の参院選を前に、竹下派会長の金丸から十億円の資金提供を求められ、金丸の秘書生原《はいばら》正久《まさひさ》に五億円を渡した、と東京地検特捜部の取り調べで供述していたことが明らかになった、と報じられていた。

九月二十八日午後、検察当局は、金丸を政治資金規正法の量的制限違反の罪で、東京簡易裁判所に略式起訴した。最高刑ながら、罰金二十万円で決着を見た。

十月七日、竹下派は拡大常任委員会を開いた。この会で、小沢の会長代行留任が了承され、一応は、金丸・小沢体制の継続を確認した。それを受けて、竹下派顧問で、長老格の原田憲《はらだけん》が発言した。

「これからは、代行を中心として、みんなでこの難局を乗り切っていこう」

その瞬間、常任委員の一人から声が上がった。

「ちょっと、待ってよ！」

小沢は、チラリと声の上がった方向を見た。声の主は、竹下派七奉行の一人、橋本龍太郎であった。小沢と橋本は、ライバル関係にあると言われて久しい。それぞれの名前の一字を取って、「一龍《いちりゅう》戦争」と呼ばれていた。

橋本は、眉根に皺《しわ》を寄せ、ひときわ険しい表情で言った。

「いや、代行中心ではなく、会長中心にでしょう。代行とは、あくまでも一緒にやろうということでしょ」

いまや反小沢の急先鋒《きゅうせんぽう》となったやはり竹下派七奉行の一人の梶山静六《かじやませいろく》も、それに続いた。

「小沢代行は、金丸会長に辞表を出した立場だ。会長と同様に、自重の気持ちを持たれることが望ましいんじゃないか」

小沢と梶山の関係は、「一龍戦争」に対抗して、「一六《いちろく》戦争」と呼ばれ始めていた。いずれも、小沢を批判したのである。

反小沢系は、執行部の総退陣を要求し、新しい態勢をつくることを主張した。むろん、彼らの狙いは、小沢の追い落としである。

十月十六日の竹下派緊急総会では、次期会長を選任するための最高幹部会の設置が決められた。金丸の議員辞職願が衆議院議長に受理される十月二十一日までに、後継会長を選出することとなった。

最高幹部会の座長には、顧問の原田が就任し、会長代行の小沢、副会長の内海英男《うつみひでお》、坂野重信《さかのしげのぶ》、小渕恵三、橋本、事務総長の佐藤守良《さとうもりよし》、事務局長の船田元《ふなだはじめ》がメンバーとなった。

このうち、小沢系は、一九六九年初当選組の佐藤、小沢調査会の事務局長の船田の二人である。反小沢系は、橋本と小渕、残りの三人は中間派という構成であった。彼らは、十八日夜から、断続的に選考作業に入った。小沢系は小沢を、反小沢系は小渕を後継会長に推し、話し合いは堂々めぐりとなった。

が、佐藤らから推された当の本人の小沢は、まったく会長になるつもりはなかった。小沢は、後継会長問題が起きたとき、すでに会長にふさわしいのは羽田孜だと考えていた。

羽田は、一九三五年八月二十四日、東京都生まれ。父親の武嗣郎《ぶしろう》は、朝日新聞の記者を経て、代議士となる。一九五八年、成城《せいじょう》大学経済学部卒。小田急《おだきゅう》バスに入社し、サラリーマン生活を送る。病に倒れ、引退した父親の地盤を受け継ぎ、一九六九年十二月の衆院選で、長野二区から初当選。農林行政の中枢を歩み、農林政務次官、衆議院農林水産委員長などを歴任し、一九八五年十二月の第二次中曽根再改造内閣で農林水産大臣として初入閣。一九八八年十二月の竹下改造内閣で、再び農林水産大臣に就任。一九九一年十一月の宮沢内閣で大蔵大臣。

現職の閣僚は、原則として派閥を離脱しなければならない。それゆえ、羽田はいっさい閥務にはタッチしておらず、中立派と色分けされていた。羽田は、選挙制度調査会長として、政治改革を推進してきた。派内の人望も厚く、何より政治改革を通して、竹下派以外の若手議員からも信頼を寄せられていた。

羽田が、いずれのグループにつくかで派内の情勢ががらりと変わる。

十月二十一日午後二時、最高幹部会が始まった。小沢系は羽田を、反小沢系は小渕を推したが、話し合いは平行線をたどった。

午前零時九分、座長の原田は、席を立った。記者たちに声をかけると、そのまま座長見解を発表してしまった。

「経世会の会長には、小渕恵三君が適任と考える」

原田見解は、十分で終了した。

午前二時五十五分、小沢は、キャピトル東急《とうきゅう》ホテル（現ザ・キャピトルホテル東急）で記者会見に応じた。小沢系議員二十五人も、その場に同席した。中央の席に座った小沢は、一言一句を確かめるように言った。

「原田座長のやり方は、円満な話し合いによる会長の選出とは、まったく相いれない。一部の報道機関では、新会長以外の人事についての要求がおこなわれたごときの報道がおこなわれましたが、わたくしどもは、そのような要求をいっさいおこなったことはございません。訂正をお願いいします」

小沢は、原田見解をいっさい認めないことを明言した。小沢系は、座長見解に激しく反発し二十二日の最高幹部会をボイコットした。

だが、小沢系が欠席したまま開かれた最高幹部会では、中立の立場であった参経会（参院経世会）会長の坂野が、小渕支持を表明した。大勢は、これで決まった。

小沢は、羽田とともに新政策集団「改革フォーラム21」を旗揚げすることになった。事実上、竹下派の分裂である。

なお竹下は、小渕会長の背後にいた。

小沢は、心中期するところがあった。

〈おれは、田中のおやじ（田中角栄）、金丸会長には、世話になりっぱなしだった。それなのに、ろくな恩返しもしてやれなかった。それを思うと、無念でいっぱいだ。おれは死ぬまで、感謝して過ごそうと思う。が、おれは竹下さんについては、なんの心の負担もない。たしかに先輩としていろいろな恩は受けた。が、竹下さんが総理、総裁になるまで、おれなりに全力で尽く

してきたつもりだ。貸し借りはない、と言うと誤解を受けるが、心の負担はない……〉

十二月十八日、「改革フォーラム21」が正式に発足した。代表は羽田である。小沢は、派の幹部として、羽田を支える立場となった。

宮沢政権への不信任案

一九九三年度国会の焦点は、選挙制度改革であった。政府自民党は、単純小選挙区制を、社会、公明両党は、小選挙区比例代表併用制を主張した。さらに民間臨調からは、小選挙区比例代表連用制が答申された。かたちに違いはあれ、いずれも小選挙区制を念頭に置いた改革案である。

戦後の日本政治は、国内だけの配分の政治、経済だけの政治、冷戦構造下での政治、東西対決のなかでの政治であった。日本は、国際社会のなかで利益だけを享受し、責任や役割を負担しないですんできた。が、それが歴史の大転換に際し、許されなくなった。

しかし、日本の政治は従来のままで変わろうとしない。おそらく、これから日本は湾岸戦争時以上の大きな決断を迫られることになる。そのとき、それに対応できる政治になっていなかったらどうなるのか。日本は、それこそ世界の孤児となってしまう。

小沢は、それを避けるためには、意識改革しかない、と思っている。そのため一番いいショック療法が、政治家の土俵を変えること、つまり選挙制度の改革である。

しかも、小沢の言う戦後政治の転換とは、政権交代が可能な政治の実現である。意識改革とともに政権交代を可能にするベストの方法は、単純小選挙区制だ。なぜなら、ほんの少しの世論の動きで票が大きく動き、政権交代が可能になるからである。

だが、野党と妥協するには、単純小選挙区制では難しい。どうしても比例代表を加味しなければならない。しかし、比例代表の要素が強くなるほど、政権交代は難しくなる。小党分立してしまうからである。

総理の宮沢、あるいは党執行部は、今国会期間中には、選挙制度改革をまとめる、と言っている。小沢は、選挙制度改革はやろうと思えばできるもの、と思っている。もし審議未了で廃案になるのであれば、やる気がなかったということになる。

羽田派の衆議院議員は、三十五人。彼らが宮沢内閣不信任案への賛成に回れば、自民党は過半数を割り、不信任案は可決されることになる。

六月十八日、宮沢、羽田会談のあとの午後五時過ぎ、ようやく羽田派の総会が始まった。あいさつに立った代表の羽田は、所属議員の顔をぐるりと見回した。彼らは、いつになく緊張した面持ちで、羽田の目を見つめ返した。

羽田は、彼らに一礼を送ると、淡々と話し始めた。

「先ほど総理から、連絡がありました。残念なことですが、われわれの要求に対して、明確な回答をしていただけなかった。われわれの使命は、政治改革を断行し、二大政党制を実現することです。今国会で、関連法案を成立させることです。まもなく、衆議院の本会議が開かれます。そこで、宮沢内閣不信任決議案が採決されます」

羽田は、ここで一拍置いた。さすがに勇気がいったのであろう。額には、うっすらと汗がにじんでいた。羽田は、その汗をぬぐおうともせず、ひときわ大きな声を張り上げた。

「われわれは、決然と白票を投じたい！」

白票、つまり不信任決議案に賛成するという意味である。

その瞬間、期せずして万雷の拍手が沸き起こった。こうして、羽田派は一致団結して、白票を投じることに決まった。

午後六時三十分、衆議院本会議が始まった。宮沢内閣不信任決議案が、いよいよ本会議で採決されることになった。小沢を追い落とそうとする梶山が、羽田派が一枚岩で造反するわけがない、とたかをくくり、あえて踏み絵を踏ませることにしたのである。

まず、内閣不信任案が緊急上程され、社会党委員長の山花貞夫《やまはなさだお》が、趣旨説明をおこなった。

続いて、自民、社会、公明、共産、民社各党の代表者が、討論をおこなった。

ここで、梶山の思惑は、もろくも崩れ去った。羽田派三十四人とほかの派閥の五人が賛成票を投じ、なんと三十五票もの大差で、不信任案は可決されたのである。自信満々で本会議に臨んだ梶山は、天下に大恥をさらすことになった。

小沢は、梶山の時代認識の甘さを痛感した。

〈梶山たちは、自民党内の半世紀にわたる派閥レベルの現象としか見られなかった。まさか自民党を割って出るという類いの話は、想像すらしていなかったのであろう。あるいは、考えの範囲を超えたのかもしれない。そうでなかったら、自民党を割らせないような、もう少しきちんとした対応ができたはずだ……〉

六月二十三日午後四時二十分、新生党党首となった羽田は、所属議員とともに赤坂プリンスホテル別館一階の「グリーンホール」で新党結成を宣言した。

「死力を尽くして、政治を蘇生《そせい》させるべく、新生党を結成しました。新しいものが政権を担当する、われわれは、その中核にいなければならない。各党とも話してきたが、基本的なものは大きく変わっていない。小異を残して大同につく必要がある」

また、あわせて、新しい保守主義を唱える結党宣言と、基本綱領も発表した。

いっぽう、この日、新生党代表幹事となった小沢は、千代田区にある戸田紀尾井町《とだきおいちょう》ビル（現・笛吹《うすい》紀尾井町ビル）四階の個人事務所の会議室で、公認候補者との面談をおこなっていた。

なにしろ、全国各地から数百通にものぼる公認申請書が送られてきている。

小沢は、その書類すべてに目を通し、新生党の候補者としてふさわしいかどうかを判断した。

さらに、これは、と思う候補者を事務所に呼び、一人ひとり自分の目で確かめていった。

小沢は、かつて自民党の総務局長、幹事長といった要職を歴任し、選挙を勝利に導いた実績がある。それゆえ、永田町では、元総理の竹下に次ぐ「選挙のプロ」と称されていた。小沢自身も、並々ならぬ自信を持っている。

調査と勘をもとに、ふるい分けていった。

だが、今回の選挙戦は、従来のものとは、まったく様相が異なっている。解散から公示日までわずか二週間しかない。しかも、そのなかで新党を結成した。準備期間が、ほとんどないままの船出となった。

小沢は、誰でも彼でも公認はしない。当選する可能性のある人物でないと公認しない。したがって、今回は時間がなさすぎた。

〈時間さえあれば、百二十九選挙区全部に候補者を立て、百人を超える新生党議員を誕生させる自信はある。国民はみんな、日本の政治はこのままでいいのか、という気持ちを抱いている。

だからこそ、新党は票が取れる。国民はわかっているんだ。政府がそれにきちんと説明し、答えないからいけないんだ。理路整然とわかっているかどうかは別として、国民はわかっている。今回の選挙戦は、鳥羽《とば》・伏見《ふしみ》の戦いと同じだ。三千の薩長《さっちょう》軍が、一万五千の幕府軍を破ったのは、鉄砲の威力じゃない。兵器だけを見れば、幕府軍のほうがはるかに優れていた。それでも、幕府軍は敗れた。時の流れなんだ……〉

衆院選で過半数を割った自民党

第四十回衆院選は、七月四日に公示された。

新生党の表の顔として、党首の羽田が、なんと新生党立候補者六十九人中五十三人もの立候補者の応援に駆けつけた。

いっぽう、小沢は、裏で選挙の指揮を執った。全国の状況を聞き、「何やってるんだ！　そんなことでは、ダメだぞ」と発破をかけた。四日間ほど、愛知、京都、北海道に飛び、企業回りもし、票を固めた。

七月十八日の夜、衆院選の開票がおこなわれた。

小沢一郎が新生党本部のある戸田紀尾井町ビル二階に入ったのは、午後八時二十分であった。

さすがに、あたりを圧する威圧感がある。真ん中の席に座った。

八時三十二分、小沢辰男《おざわたつお》が新生党十六番目の当選を果たした。小沢辰男と小沢一郎は、名字が同じところから田中派時代には本家（辰男）、分家（一郎）と呼ばれた。小沢辰男は、竹下派には所属しなかったが、今回、小沢一郎とのつながりの深さによって新生党に移った。小沢一郎も、それゆえに小沢辰男の当選がよりうれしかったのであろう。ただちに立ち上がり、小沢辰男の名の上に当選の印であるひまわりを飾った。

小沢一郎は、そのうち、お茶を運んできた女性の事務員に頼んだ。

「センベイかなんか、ないかなあ」

センベイが、運ばれてきた。それをポリポリと食べながら、目の前のテレビを食い入るように見る。そのうち、「む」と齧《かじ》る口を止めて、ニヤリとした。

「岩浅《いわさ》は、仙谷《せんごく》（由人《よしと》）の上をいったなあ……」

かつて中曽根康弘総理の官房長官として力を振るった後藤田正晴《ごとうだまさはる》の地盤である徳島全県区に新生党公認の新人岩浅嘉仁《よしひと》をぶつけていた。岩浅は、かつて後藤田の腹心の県議会議員であった。見方によっては、後藤田の喉元に新生党が匕首《あいくち》を突きつけたようなかたちである。

後藤田は、かつて新生党党首の羽田と、政治改革の推進のため全国行脚をした仲でもあった。いくら羽田らが自民党を脱党したとはいえ、新生党の新人を、しかも、後藤田と因縁の深い人物をぶつけるのは、あまりにもやりすぎではないか、との声も永田町にないではなかった。

が、別の声もあった。

「いや、後藤田は、政治改革を何がなんでもやるために、あえて宮沢内閣の副総理に入閣したはずである。が、結局は、政治改革を実現できなかった。なんのための入閣であったのか。裏切り者と言われても仕方がない。新生党としても、もう後藤田には義理はないはず」

その新人の岩浅が、当落線上すれすれと噂《うわさ》されながら、なんと当選確実となった。それもテレビ出演が多く、当選確実と見られていた社会党の仙谷由人を蹴落として落選させ、四位につけていたのである。小沢は、上機嫌で、センベイを齧る口もせわしなくなった。

結果は、新生党は五十五人も当選させた。

自民党は二百二十三議席と過半数を割った。社会党七十議席、日本新党三十五議席、公明党五十一議席、民社党十五議席、共産党十五議席、新党さきがけ十三議席、共産党を除く野党が結集すれば二百三十九議席と、自民党を十六議席上回り、政権交代は可能となった。

午後十一時四十六分、いよいよ達磨《だるま》の目入れがおこなわれることになった。

小沢のいつもの険しい表情が、うそのようにほころんでいる。部屋の片隅に置かれていた達磨が、中央に引き出された。向かって左に羽田が、右に小沢が立った。右の後ろに前経済企画庁長官の船田、左後ろに佐藤守良が立った。

羽田が、片方だけ空白になっている右目に、太い筆で目を描き始めた。なかなか、うまく描けない。描き終えると、周りのみんなに言った。

「変な目に、なっちゃったなあ」

小沢は、その目を眺めながら思った。

〈六十台は、取りたかった。が、欲を言えばきりがない。はたから見れば、上々なんだろうな……〉

が、小沢に、浮かれている暇はなかった。非自民勢力で、政権を獲得しなければならない。

小沢は確信していた。

〈必ず、おれたちで政権はつくれる。自民党は、選挙結果は二百二十三で、仮に共産党の十五を入れたって、過半数の二百五十六に達しはしない〉

「細川護煕首班」工作が始まる

いっぽう、清和会《せいわかい》（安倍派）を跡目相続した三塚派会長の三塚は、後藤田正晴を首班にした連立政権をつくろうと考えていた。

後藤田は、一九六九年、警察庁長官。一九七六年、衆議院議員に初当選。第二次大平正芳《おおひらまさよし》内

閣の自治大臣に就任。中曽根内閣では、官房長官、行政管理庁長官、総務庁長官などを歴任し、「懐刀」「知恵袋」「カミソリ後藤田」などと呼ばれた。

宮沢内閣でも、副総理兼法務大臣を務めていた。政治改革推進論者でもある。

新党さきがけの武村正義《たけむらまさよし》代表とは、昵懇《じっこん》の間柄である。そこで、後藤田を自民党から離党させ、無所属にしたうえで首班に推し、自民党、新党さきがけ、それに新党さきがけと統一会派を組むことになった日本新党の三党で、連立政権をつくろうと動いていた。

三塚は、渋谷《しぶや》区広尾《ひろお》にある後藤田の私邸を訪ねた。やはり、清和会の亀井静香も同行した。

「後藤田先生、ぜひとも立ってください。われわれも、党を挙げて協力させてもらいますから」

だが、後藤田は固辞した。

「わしは、もう年だ。いまさら年寄りが出る幕じゃなかろう」

後藤田は、このとき八十歳であった。しかし、三塚はあきらめなかった。三塚の意を受けた亀井は、夜討ち朝駆けで後藤田邸に日参した。

が、後藤田は頑として受け入れなかった。亀井は舌打ちした。

〈後藤田さんは、相当頑固だな〉

亀井は、そのいっぽうで、自民党を出て新党さきがけを結成した武村、園田博之《そのだひろゆき》らにも極秘裏でアプローチをかけていた。彼らは、自民党を離党するまで亀井と同じ三塚派の一員であった。同じ釜の飯を食った仲間である。

彼らは、はじめは好意的であった。が、次第に雲行きが怪しくなってきた。

亀井が聞いた。

「さきがけは、どういうスタンスを取っていくつもりなのか、聞かせてほしい」

「ええ、まあ……」

「自民党と連立を組むつもりは、あるのか」

「………」

園田は無言のまま、苦渋の表情を浮かべた。

亀井は察した。

〈これは、もうダメだな。さきがけは、非自民側につく。彼らも、非自民の大合唱のなかでは、動きが取れないのだろう。マスコミも、「非自民、非自民」と煽《あお》りすぎている。ま、ジタバタしても仕方がない。自民党政権は、これで終わりだな〉

七月二十七日、自民党の総務会が開かれた。日本新党、新党さきがけが政権協議の条件として示した小選挙区比例代表並立制導入を柱とする政治改革案を受け入れる党見解を党議決定した。党分裂の事態まで引き起こすほど単純小選挙区制の方針に固執し続けていた自民党にとって、苦渋の選択であった。

しかし、このときすでに、社会党、新生党、公明党、民社党、社民連ら非自民五党も、新党さきがけ、日本新党の提案を全面的に受け入れた。細川護熙《ほそかわもりひろ》率いる日本新党は、非自民の姿勢を明確にしており、もはや非自民連立政権は確定的な情勢となっていた。

七月二十八日午前九時過ぎ、三塚は、細川、武村と政調会長室で会談した。政調会長代理である亀井も同席した。

この日は、衆院選敗北の責任を取って退陣を表明した宮沢総裁の後継を決める、総裁選立候補の締め切り日でもあった。

武村が言った。

「三塚会長、いい返事ができなくて、もうしわけありません。非自民五党が、われわれの案を全部呑みました。そこで、小選挙区と比例代表の定数の割り振りが鮮明でない自民党に同調するわけにはいかなくなりました。今後は、七党対自民党で話し合いをさせていただきます」

つまり、両党は、自民党側ではなく、非自民側につくというのである。

三塚も粘った。

「後藤田さんを首班にして、救国大連立政権をつくりたい。後藤田さんは、総理になれば自民党を出ます。自民党の政権にはなりませんよ」

が、時すでに遅しである。彼らは、冷たく言い放った。

「それは、ほかの五党とも話してください」

その会話を横で聞いていた亀井は、皮肉めいた口調で言った。

「あなた方は、政治改革に賛成する政党が全部集まって、政権をつくりましょうという構想なんでしょう。ほかの五党は別にして、あなた方とわれわれの政策は、外交政策も内政も、すべて同じだ。選挙制度改革案についても、一致している。それなのに、われわれと一緒になれないのは、おかしいじゃないですか。われわれ自民党は、新生党、社会党、公明党より、もっと悪い政党なんですか」

しかし、彼らは何も答えなかった。

亀井は、肚《はら》に据えかねていた。

〈われわれは、政策協定を丸呑《まるの》みしたじゃないか。それなのに非自民でまとまり、排除されるなら、大変な屈辱だ〉

亀井は、正午に締め切られる総裁選の立候補受付を思うと、さすがに虚《むな》しくなってきた。

〈万が一、後藤田総裁はありえても、後藤田総理はありえないんだな〉

七月二十九日、非自民七党が「連立政権に関する合意事項」をまとめ、首班に細川を立てることに決定した。亀井は、のちに新生党の小沢一郎が、七月二十二日という早い段階から細川首班工作をしていたことを聞かされ、合点がいった。
〈後藤田さんが首班を受けなかったのは、その動きを敏感に察知されておったのかもしれない。今回の小沢さんの戦略は、われわれを上回った〉

そのころ、自民党が、日本新党、新党さきがけを取り込むために後藤田を自民党総裁に担ごうとしている、という情報が小沢の耳に入ってきた。政調会長の三塚が、特にその担ぎ出しに躍起となっていると言う。

小沢は、せせら笑った。
〈よそさまの党のことだから、誰を総裁に担こうと自由だ。が、後藤田さんがその話に乗るわけがないじゃないか。後藤田さんが万が一総裁を引き受ければ、自民党が、率先して選挙制度改革をやらなければならない。自民党は、いまだ本心では選挙制度改革に反対なんだ。あれだけ選挙改革に反対していながら、日本新党と新党さきがけが、われわれと自民党の両方に、ともに組む条件として小選挙区比例代表並立制を含めた案を提示するや、七月二十七日に、パッとその場で、呑むことを党議決定している。それまでの単純小選挙区制を変更し、並立制を取り入れることを決めている。あんないいかげんな話はない。やる気がないから、あんないいかげんなことをするのだ。政権欲しさに、ごまかしているにすぎない。もし本気でやる気がある

なら、もっと深刻な論議になっている。そんなこと、後藤田さんもわかっているから、受けるはずがない〉

小沢は、日本新党、新党さきがけが今回、自民党と組むことなどありえない、とはじめから思っていた。もちろん、自分たちの担いだ羽田を非自民勢力の総理にするのが、一番いい、と考えていた。が、かといって、羽田にこだわるつもりはなかった。

〈おれたちは、自分たちが政権に就きたいために、今回のような動きをしてきたわけではない。自民党の半世紀にわたる保守党支配を終焉《しゅうえん》させる、ということが目的なんだ。そのためには、今回は、羽田党首が総理にならなくてもいい。おれたちは、いま、いわれなき中傷とはいえ、マスコミの攻撃にさらされている。そこで強引に動くと、やはり政権欲しさゆえの行動だった、とまた書き立てられる。羽田党首も、今回は自分はやる気はない、と何度も言っている〉

「天命に従う」

新生党は、日本新党の細川を党首にすることを早々と決めた。

細川は、旧熊本藩主細川家の第十八代当主。上智《じょうち》大学法学部卒業後、朝日新聞社に入社。約五年の記者生活を経て、一九七一年七月の参議院全国区で初当選。自民党では田中派に属し、大蔵政務次官、国対委員長を歴任する。二期十二年ののち、一九八三年に熊本県知事に当選。「日本一づくり運動」などのユニークな県政をおこなうが、自ら三選不出馬を表明して引退。一九九一年に行政改革審議会の「豊かな暮らし」部会長に就任したのち、日本の国家行政システムの抜本的改革の必要性を痛切に感じて新党結成を決意。一九九二年五月に雑誌誌上にて新党宣言を発表、日本新党を結成する。

短期間に候補者をそろえてこの年七月の参院選に臨み、四議席を獲得。この議席を足がかりとして政権交代の実現を目指し、一九九三年七月の衆院選に出馬。三十五議席を獲得して「連立」のキャスティングボートを握っていた。

七月二十二日、新生党代表幹事の小沢と細川との極秘会談がおこなわれた。

小沢は、細川に会うなり、ズバリ言った。

「総理を、やってくれませんか」

「……………」

「いろいろなバランスを考えると、公明、民社の党首を据えることは難しい。かといって、われわれ新生党では、自民党から出てまもないので、自民党色が強すぎる。あなたにやってもらうしかない」

細川は、ためらうことなく決断した。

「お引き受けしましょう」

細川は、熊本県知事を辞めるときも、パッと辞めてしまった。せいぜい夫人に相談したくらいである。出処進退は、人に相談すべきではない、というのが基本であった。

細川は、選挙の途中では、自らが総理になるなど、まったく考えてもいなかった。が、選挙の結果が出たあとで、八党でバランスを取ってやらなければならないので、組み合わせによっては、あるいはそういう可能性もなきにしもあらずだな、と思っていた。

話は、わずか十分で終わった。

細川は、大変なことになったな、と思った。

〈一つの運命を感じる〉

会談後、細川は武村に打ち明けた。

「大変なことになった。小沢さんから、総理になるよう説得された」

武村は、あわてて制した。

「細川さん、それはまずい。あなたとの約束が違うことになってしまう。手を組んではいけない」

細川は、衆議院一回生である。武村は、細川と同じ県知事出身だが、三回生である。細川より自分のほうが年齢においても、キャリアにおいても、先輩である。先輩の自分を差し置いて細川が総理になるのは、という個人的な思いもあったのか。

武村サイドは、その直後、三塚派にただちに連絡を入れている。武村は、不安を漏らした。

「細川さんの様子がどうもおかしい。どうやら、小沢さんの説得を受け入れたようなんです。もう、どうにもならなくなるかもしれません」

「なんとか、細川さんを説得してほしい」

「やってみます」

小沢・細川会談で、細川が総理になることを引き受けたという話を伝え聞いた新党さきがけの鳩山由紀夫らは、細川に訴えた。

「細川さん、だまされてはいけません。衆議院の経験のないあなたが総理大臣になったら、二重権力構造で操られるだけです。いつの日か必ずあなたを総理大臣にしてみせます。だから、あと何年か、待ったほうがいい。時が来るまで、待とうではないですか」

新政権は、間違いなく政治改革政権となる。しかし、鳩山が細川の著書に目を通してみても、「選挙制度は小選挙区比例代表並立制がいい」などということには、まったく触れていない。細川がやりたいのは、あくまでも行政改革である。政治改革には、それほど興味がないように思われた。

二十四日、二度目の細川・小沢会談がおこなわれた。

二十九日午後、非自民七党が、「連立政権に関する合意事項」をまとめ、首班に細川を立てることを決定した。

八月六日、細川は、総理の座についた。総理大臣就任のあいさつで、自分の気持ちを述べた。

「明らかに一つの時代が幕を下ろし、新しい時代が始まったという実感がする。一枚のページではなく、一つの章がめくられたという感じだ。そして天命に従う厳粛な気持ちだ」

「天命に従う」という心境は、細川にとってはごく自然なものなのであろう。

非自民八党派が連立した細川内閣

細川内閣は八会派による連立政権だったことから、連立与党からは、新党さきがけの武村正義（内閣官房長官）、新生党の羽田孜（外務大臣兼副総理）、社会党の山花貞夫（政治改革担当大臣）、公明党の石田幸四郎《いしだこうしろう》（総務庁長官）、民社党の大内啓伍《おおうちけいご》（厚生大臣）、社民連の江田五月《えださつき》（科学技術庁長官）と、当時の党首がほぼ全員入閣した。

連立与党側の運営は、各党書記長、代表幹事らの「与党代表者会議」によっておこなわれるケースが多く、特に新生党代表幹事小沢一郎と公明党書記長市川雄一《いちかわゆういち》の「一・一ライン」が中心となった。当時の野党などから「権力の二重構造」と批判されることもあった。

当時の連立与党内では、政権党の中枢で仕事をしたことがある政治家は、自民党から分裂して誕生した新生党以外にはほとんどいなかったことから、主要ポストを新生党が独占した。羽田孜外務大臣、藤井裕久《ふじいひろひさ》大蔵大臣、熊谷弘《くまがいひろし》通商産業大臣、畑英次郎《はたえいじろう》農林水産大臣、中西啓介防衛庁長官という顔ぶれは、外交や重要懸案での政策の継続性と、政権の安定性に気を配った人事だった。

衆議院議長には、新生党や公明党が、元社会党委員長の土井《どい》たか子《こ》を推薦した。社会党左派に人気が高かった土井を議長とすることで、連立への参加に批判的な左派を含めて社会党全体を政権に引きつけることを狙った。

内閣官房長官には、通常では総理と同じ政党、派閥の議員が就任するのが慣例だが、細川が率いていた日本新党は新人議員ばかりだった。結果的に新党さきがけの武村正義が選ばれた。内閣官房副長官には鳩山由紀夫、総理大臣特別補佐には田中秀征《たなかしゅうせい》と、いずれも新党さきがけ出身者だった。

一九九三年八月九日、非自民八党派による細川連立内閣が誕生した。三十八年ぶりの非自民連立政権の誕生に国民は沸き返った。支持率は、なんと七〇%を超えた。

永田町の自民党本部で、全国組織委員長の亀井静香は、いかつい顔をいっそう険しくさせた。

〈こりゃ、なかなか崩せそうにない〉

しかし、このまま指をくわえているつもりはなかった。

その日から、自民党の国会議員は、打倒細川政権に躍起になった。

臨時国会では、これまで日米安保反対、自衛隊反対、日の丸・君が代を認めないと主張してきた、細川政権のアキレス腱《けん》とも言うべき社会党の閣僚を執拗に攻めた。

だが、亀井は、ほかの政治家とは少し視点が違った。連立政権の一員となった公明党の支持母体である創価学会《そうかがっかい》に目をつけた。政治と宗教のかかわりについて攻めることにした。

創価学会の池田大作《いけだだいさく》名誉会長は、かつて政教分離を宣言した。ところが、細川内閣の閣僚の顔ぶれが決まる前に、「公明党の石田幸四郎委員長が総務庁長官、神崎武法《かんざきたけのり》が郵政大臣、坂口力《ちから》が労働大臣、広中和歌子《ひろなかわかこ》が環境庁長官になる」と講演で明言し、事実、そのとおりになった。

おまけに、「彼らは創価学会員の部下だ」などと発言した。

亀井は、これまで創価学会と敵対したことはなかった。創価学会のライバルである霊友会《れいゆうかい》や立正佼成会《りっしょうこうせいかい》といった新興宗教とも、特別な関係にあるわけでもなかった。

しかし、政治と宗教が密接にかかわることに危機感を深めた。

〈池田名誉会長の発言を聞けば、創価学会が小沢さんと手を組んで細川政権をつくったのは明らかだ。これは、「政教分離」ではなく、「政教一致」ではないか。この際、信仰の自由、言論

の自由の一点で、宗教界、言論界を結集し、細川政権に対抗しよう〉
亀井の呼びかけに真っ先に反応してくれたのは、立正佼成会であった。
ついで、霊友会、仏所護念会《ぶっしょごねんかい》、新生佛教教団《しんせいぶっきょうきょうだん》、神道政治連盟らも呼びかけに応じてくれた。
言論界からは、評論家の俵孝太郎《たわらこうたろう》らが賛同してくれた。これは、やがて「四月会《しがつかい》」という会に発展していく。

一九九三年十二月、亀井は、森喜朗幹事長と食事をしながら、政権奪還のシナリオについて話し合った。

遡ること十一月十八日には、懸案であった政治改革関連四法案が衆議院本会議を通過していた。細川総理の人気は依然衰えず、七〇％台の高い支持率を保っていた。

森幹事長が言った。

「政治改革関連四法案が参議院本会議でも可決され、小選挙区制が導入されたら、どうなるか。細川内閣は、いまだに高支持率に支えられている。選挙になったら、自民党は負けてしまうぞ」

亀井は答えた。

「連立政権から社会党を引っぱがして、内閣不信任案でも突きつけたいところだが、社会党は、ウルグアイ・ラウンドまで妥協してしまった。そこまで魂を売った社会党を相手に、多数派工作はできない」

「じゃ、どうするんだ」

亀井は、まるで森をにらむかのようにして口にした。

「こうなったら、一気に本丸に攻め込む。細川の首を取るしかない。スキャンダルしかないだろう」

森は、野太い声で聞いた。

「やれるか」

亀井は、強くうなずいた。

「おれに、思いあたるところがある。やるしかない」

亀井は、ただちに社会党の野坂浩賢《のさかこうけん》国対委員長と連絡を取った。野坂は、村山富市委員長の側近中の側近と言われている。亀井と野坂は党こそ違うが、盟友関係にあった。亀井がかつて鳥取県警本部警務部長を務めていたころ、野坂は、鳥取県議会議員であった。そのころからの長いつき合いである。おたがいに信頼し切っていた。

亀井は、単刀直入に聞いた。

「おまえら、こんな政権にいつまでもおって、それでいいのか」

野坂は、正直に答えた。

「そりゃ、よくないよ」

「そいじゃ、細川政権から離れるか」

「いまの段階で、それは無理だ」

亀井は、ズバリと言った。

「こちらは細川の首を取るつもりでいる。取ったら、一緒にやろうや」

野坂は、意外にも乗り気であった。

「そうだな」

亀井はほくそ笑んだ。

〈社会党は、小沢の強権政治に相当まいっている。おれたちと一緒にやれそうだ〉

亀井は、細川総理が元佐川急便グループ会長の佐川清《きよし》から一億円を借り入れ、その後返済したかどうかをめぐる、いわゆる「佐川スキャンダル」に目をつけた。盟友の白川勝彦《しらかわかつひこ》らと組み、徹底的に疑惑を調べ上げた。

白川も、打倒細川内閣に執念を燃やしていた。

「細川連立政権の実態は、相当曖昧なものだ。新生党の小沢さんと公明党が仕切っている政権ではないか」

白川は、細川政権を倒すため、焦点を細川総理に絞っていた。国会の場で、佐川急便からの一億円献金問題を厳しく追及した。

亀井が、白川に言ってきた。

「この資料は、使えないか。こういうもので追い詰めていかなければ、なかなか細川政権は倒せないよ。白川、おまえ、頑張れ」

警察官僚出身である亀井は、情報網を張りめぐらしている。そこで集めたいろいろな情報や資料を、白川に持ってきた。

細川総理の首を狙う亀井静香

一九九四年二月から始まった国会では、その資料をもとに、白川らが徹底的に質問を浴びせかけ続けた。細川は、そのたびごとに答弁がクルクルと変わった。

次第に追い詰められ、三月末には、ついに退陣も秒読み段階に入っていた。

気のせいか、亀井の目には、気品のある細川の整った顔が、追い詰められるにつれて、ゆがんでいくように思われた。

四月五日、亀井は、連立与党のある幹部と赤坂の日商岩井ビル十九階の高級フランス料理店「クレール・ド・赤坂」で極秘裏に会談した。その幹部が、頭を下げていった。

「亀井先生、どうか細川総理を助けてください」

亀井は、ぶっきらぼうに答えた。

「われわれは、細川さんの首を取ることに決めている。予算委員会で火ダルマになって辞めるか、そうなる前に辞めるか、どっちかしか選択肢はないんじゃないの」

「………」

「辞めるか、辞めないかは自由だけど、もうおしまいだよ」

その幹部は、観念したように、がっくり肩を落とした。

一九九四年四月八日午後一時、細川総理の呼びかけで、緊急の政府・与党首脳会議が招集された。

一時四分、細川総理は、総理を辞任する意向を表明した。「佐川スキャンダル」で追い詰められていたとはいえ、あまりに突然の辞任であった。

官房副長官の鳩山にとって印象的だったのは、小沢の表情である。小沢は、目をつむり、唇を嚙《か》みしめている。鳩山には、涙をこらえているようにさえ映った。

次期総理として名前の挙がっている羽田副総理の表情も、ひどく厳しかった。いつもは柔和な羽田だが、終始眉間に皺を寄せ、いくぶん口をとがらせ、話を聞いていた。

「どこの党と言うと差し障りがあるが、同じ考えの政党が連携してやっていかなければならないのは当然だ」

新生党は、一時四十五分、国会内の控え室で、ただちに常任幹事会を開催した。

代表幹事の小沢が、いかめしい顔を強張《こわば》らせ、あいさつした。

「総理を全力で支えると党で確認したばかりなので、きわめて残念だ。改革の歩みを頓挫させないために、志を継ぐ新しい総理を選ぶことに党としても頑張りたい」

一九九四年四月八日午後一時、亀井は、細川退陣のニュースを耳にすると、ほくそ笑んだ。

〈よし……〉

この日の夕方、平沼赳夫《ひらぬまたけお》の事務所に亀井がやってきた。亀井は、いつものように遠慮会釈なく唐突に言った。

「おい、細川が政権を投げ出したな。組織のゼニを使わせろよ」

亀井の言う「組織」とは、平沼が委員長を務める全国組織委員会のことである。全国組織委員会は、予算が組まれている。金額は明確に決まっていないが、パーティーや会合の費用など必要に応じてカネを党から引き出せる。亀井は、前任者である。当然、そのことを知っていた。

平沼は聞いた。

「いったい、何に使うんだ」

「自民党政権をつくるためだ。おれに考えるところがある。組織のカネでホテルの部屋を借りてくれ」

平沼と亀井は、「おみきどっくり」と言われている。亀井が何を考えているのか深く詮索することなく、応えた。

「よし、わかった」

平沼は、ただちに赤坂プリンスホテルのスィートルームを長期契約した。

じつは、亀井は、水面下で社会党との連立に動き出そうとしていたのである。その参謀本部として、ホテルの部屋が必要だった。

「佐川スキャンダル」で細川総理をジリジリ追い詰めるいっぽうで、白川は、細川政権後の体制についても考えていた。

党内には、自民党と細川政権のもとにいる保守系議員が組むという路線があった。渡辺美智雄が模索している路線である。しかし、白川は否定的であった。

〈勝ち誇っている小沢さんたち、あるいは自民党を離党し、連立政権側に移っている連中に、自民党と手を組んで一緒に政治をやろうと言っても、聞く耳を持っているわけがない。そんな路線より、細川政権に不満を持っている連中と手を組みながら、この政権を倒しにいったほうがいい〉

これは、亀井も同じ認識であった。白川と亀井は役割分担をしたわけではないが、それぞれ別のルートで細川政権に不満を持つ社会党、新党さきがけの議員に接触した。

白川は、選挙制度改革に批判的な社会党の議員に狙いを絞った。

選挙制度改革は、細川内閣の最大の政治課題であった。が、自民党のなかにも、社会党のなかにも強い反対意見があった。社会党は連立政権のなかに入っているが、選挙制度の改革に反対の議員が多い。

一九九四年一月の参議院本会議の政治改革法案の採決では、多くの造反者が出て不成立に終わった。結局、政治改革法案は、細川・河野洋平《こうのようへい》会談で妥協が図られ、成立したものの、社会党内には、不満がくすぶっていた。

白川は、社会党の伊東秀子《いとうひでこ》、秋葉忠利《あきばただとし》、金田誠一《かねたせいいち》ら若手議員に呼びかけた。

「そもそも選挙制度改革とは、政治腐敗を防止しようということだ。それなら政治腐敗防止法について、おたがいに考えていこうではないか」

白川は、彼らと勉強会を重ねた。彼らはみんな、小沢新生党代表幹事が牛耳る細川政権に批判的であった。勉強会を続けていくうちに、おたがいに信頼関係が築かれた。小沢と組むくらいなら、自民党と組んだほうがいいという思いを抱いているようであった。

連立与党の要である小沢は、ポスト細川に自民党渡辺派領袖の渡辺美智雄の担ぎ出しにかかった。

が、渡辺が連立与党の首班になるためには、自民党を離党しなければならない。

いっぽう、社会党の村山委員長や野坂ら左派の議員は、国民福祉税構想や内閣改造問題などに対して小沢の強権的な手法だと腹を立て、連立与党を離脱するチャンスをひそかにうかがっていた。

そこで亀井は、渡辺が離党した暁には、やはり小沢を快く思っていない民社党の大内委員長、新党さきがけの武村代表を巻き込み、自・社・民・さの四党連立政権をつくろうと考えたのである。

大義名分は、「タカ派の渡辺を首班に推すことはできない」である。

亀井は、夜な夜な赤坂プリンスホテルに自社の幹部を集めた。外交政策や防衛政策まで含めた政権構想を協議した。平沼も、顔を出した。

社会党との連立工作

四月十七日、日曜日の午後三時過ぎ、渡辺は千代田区平河町《ひらかわちょう》の砂防会館二階の渡辺派事務所で記者団に対し、ついに離党の意思があることを表明した。

「自民党だけの支持では、総理になれない。多くの人に支持をお願いするのだから、当然、党籍を離れる」

その夜、亀井は、港区高輪《たかなわ》にある高輪議員宿舎の自室にいた。やはり高輪議員宿舎に住んでいる三塚派の後輩の衛藤晟一《えとうせいいち》も一緒であった。

夜もだいぶ更け、亀井が言った。

「そろそろ、寝るか」

衛藤が答えた。

「そうですね」

そこに、電話がかかってきた。亀井が受話器を耳にあてると、野太い声が響いた。森幹事長である。

「渡辺さんは、本当に自民党を出るつもりでいる。明日、河野総裁との会談がセットされた」

亀井は、ピンと閃《ひらめ》いた。

〈チャンスかもしれん〉

亀井は、森幹事長に言った。

「わかりました。それじゃ、今晩中に社会党と政権構想を詰めましょう」

水面下で社会党との連立に動いていたことが生きそうだ。

亀井は、ただちに赤坂プリンスホテルに電話をかけ、部屋を予約した。

すかさず、千代田区富士見《ふじみ》の九段《くだん》議員宿舎の野坂に電話を入れた。

「いまから、衛藤君をおれの車で迎えに行かせる。赤坂プリンスに来てくれ」

深夜零時前、赤坂プリンスホテルの一室に白社の幹部が極秘裏に集まった。自民党側からは、森幹事長、亀井、衛藤、それに桜井新《さくらいしん》、社会党側からは、野坂、山下八州夫《やましたやすお》が顔を見せた。亀井は、その部屋から自民党の河野総裁、社会党の村山委員長、民社党の大内委員長、新党さきがけの武村代表の四党首にも電話を入れた。

「いまから、四党連立の政権構想を協議します。よろしいですね」

河野はもちろんのこと、細川政権の一員ながら、反小沢を掲げていた村山、武村、そして、なんと大内までもが了承した。

「けっこうです」

亀井らは、朝五時までかけて、外交政策や防衛政策まで含めた政権構想をまとめあげた。さらに、渡辺が自民党を離党したあと、夕方六時ごろから連立を前提にした四党首会談を開くことまで話を詰めた。

亀井は、森に策を進言した。

「河野・渡辺会談では、渡辺ミッチーの背中を押してほしい。ここまでやったら、騒乱罪だ。慰留することはない。自民党を離党させればいい。そうすれば、四党連立政権ができる」

四月十八日午後一時半、河野・渡辺会談が開かれた。亀井は、ジリジリした気持ちで会談の成り行きを見守った。

ところが、いつまでたっても森幹事長から連絡が来ない。野坂から、頻繁に電話が入った。焦《じ》れているのであろう。

「亀井さん、どうなったんだ」

亀井は、会談中に失礼とは思いながらも、思い切って森幹事長に電話を入れた。

森は、溜《た》め息交じりに答えた。

「じつは、河野総裁が慰留したら、渡辺さんが素直に乗ってきちゃったんだ。もう自民党を出る気配がないよ」

亀井は頭を抱えた。

〈こりゃ、まいったな……〉

河野との会談を終えた渡辺は、夕方、渡辺派事務所前で記者団に対し、政策面の不一致を理由に出馬を見送る可能性を示唆した。

「連立与党の政策が、こちらとかなり違ってきている。日米安全保障問題などトーンダウンするようだと、わたしは呑めない」

これにより、連立与党は、新生党の羽田党首を次期総理候補に推すことを決めた。これによって社会党、民社党、新党さきがけの「タカ派の渡辺が首班なら推せない」という大義名分がなくなってしまった。亀井らがもくろんだ自・社・民・さ四党による連立政権は、幻となってしまった。

が、亀井は確信していた。

「今回は、破談に終わったが、近いうちに、必ず正式結婚できるはずだ」

事実、この幻の連立政権構想は、二カ月後に誕生する村山自社さ連立政権誕生への大いなる布石となった……。

幻に終わった「渡辺美智雄救国内閣」

じつは、渡辺担ぎ出しに一役買ったのは、新生党でも同じ栃木県の山岡賢次《やまおかけんじ》だった。

山岡は、渡辺の政策担当である渡辺派の柿沢弘治《かきざわこうじ》と連絡を取り合い、政策を調整した。最終的な打ち合わせは、四月十六日の土曜日、全日空《ぜんにっくう》ホテル（現・ANAインターコンチネンタルホテル東京）でおこなわれた。

小沢と山岡が待つ部屋に、渡辺派事務総長の中山正暉《なかやままさあき》、政策担当の柿沢、それに渡辺の秘書で長男の渡辺喜美《よしみ》の三人が姿を現した。政策などの条件も、すべて整った。

小沢は、中山らに言った。

「本人から直接、『おれがやるので、よろしく』という言葉が欲しい。明日（十七日）の午前中までにわたしの自宅に電話をくれるよう、伝えてほしい」

小沢は、四月十七日の午後、新生党の渡部代表幹事代行、公明党の市川書記長、民社党の米《よね》沢隆《ざわたかし》書記長らを招集していた。渡辺から小沢のもとに返事があれば、すぐに渡辺総理でいく、という手はずを整えていたのだ。

十七日のその日、小沢は、朝の六時から、世《せ》田《た》谷《がや》区深《ふか》沢《さわ》の自宅の電話の前で、渡辺からの電話を待ち続けた。

いっぽう、山岡は山岡で、事務所で小沢からの連絡を待った。ところが、待てど暮らせど小沢からいっこうに連絡が入らない。山岡は、次第に腹が立ってきた。

〈いままで間に入っていたのは、おれじゃないか。なったのならなったで、電話の一つもくれればいいのに〉

山岡は、そう文句を言おうと思い、正午を過ぎたころ、小沢邸に電話をかけた。

そうしたところ、逆に小沢から怒鳴られてしまった。

「どうなってるんだ、山岡君！」

山岡はあわてた。

「どうなっているって、どうなってるんですか？」

「電話が、かかってこないじゃないか」

「そんなバカなことがあるんですか。これから自分が総理になれるというのに、電話をかけてこないなんて人がいるんですか」

「六時から待っているのに、かかってこないよ。もう終わりだ。おれは、みんなを集めている。どう、説明するんだ！」

小沢がタイムリミットを、正午に設定したのには理由がある。この日正午過ぎ、新生党党首の羽田外務大臣が、モロッコのマラケシュで開かれた、ウルグアイ・ラウンド閣僚会議から帰国する。

ポスト細川は、順当なら羽田だ。が、乱世ゆえ羽田に傷がつくかもしれない。ここは渡辺にワンポイント・リリーフで登板してもらい、経済政策を転換させ、政局が安定したら羽田に任せる。それが、羽田に対する小沢の親心であった。

ところが、マスコミは「次期総理は、羽田氏で確実」と煽り立てる。羽田も、すっかりその気になっていた。そこで、小沢は、モロッコに出発する前、羽田に告げた。

「孜ちゃんが、モロッコに行っている間に、別の人に決まったら、その人が総理だよ。でも、決まってなかったら、孜ちゃんということになる」

それゆえ、羽田の乗った飛行機が、正午過ぎに成田《なりた》空港に到着する前に、渡辺に決断してもらいたかったのだ。

ふてくされた小沢は、よせばいいのに新生党の山口敏夫《やまぐちとしお》に誘われ、ミュージカルの『ピーターパン』を見に出かけてしまった。

山岡は、渡辺派事務総長の中山に電話を入れた。

「渡辺さんから小沢さんのところに電話がないということなんですが、いったい、どうなっているんですか」

中山もまた、驚いた。

「えっ！　かけてないの？」

山岡は、渡辺の行方をさんざん捜した。どうやら、渡辺は、娘夫婦の家に泊まっているらしい。山岡は、渡辺の娘夫婦の家に電話をかけた。

「山岡です。先生を出してください」

娘は、けんもほろろであった。

「おりません」

山岡は、ついムキになった。

「いるのは、わかっているんだ。とにかく電話に出してくれ」

娘は、ようやく渡辺がいることを認めた。

「いま、寝ています」

「寝ているのなら、起こしてくれ」

「起こすわけにはいきません」

「いや、決して文句は言われないから起こしてくれ」

娘は折れた。

「ちょっと、お待ちください」

やがて、受話器の向こうで聞き慣れた栃木弁が響いた。

「いま、何時だ？」

「何時だ、ではないですよ、あなた！　なぜ、電話しないんですか」

「すまん、寝坊した」

その開けっ広げな性格で人気を得、ミッチーの愛称で親しまれた渡辺だが、意外にも気の弱いところのある人物であった。

山岡に起こされた渡辺は、あわてて小沢に電話を入れた。が、もはや後の祭りである。小沢は、すでに外出し、その居場所すら教えてもらえなかった。

いっぽう、山岡は、ミュージカルを観劇中の小沢に連絡を取った。小沢は、憮然《ぶぜん》としていた。

「なんだい、山岡君」

「いや、渡辺さんの件で……」

「おれは、もう知らん！」

「そうは、いかんでしょう」

「だって、羽田が帰ってきてしまったじゃないか」

「それは、よくわかります。でも、そんな状況は、渡辺さんはわかっていないんですから」

小沢は、さすがに気になったのであろう、山岡に指示した。

「君、これから渡辺さんのところに行ってほしい。そして、直接、羽田と話すように言ってくれ」

小沢は、義理堅い。羽田と約束している以上、いまさら羽田に「渡辺さんに譲ってほしい」とは言えない。

渡辺が総理の座を手に入れるには、羽田と直接話し合い、羽田に降りるよう説得するしか方法は残されていなかった。

午後二時過ぎ、山岡は、単身、砂防会館の渡辺派事務所に乗り込んだ。

渡辺は、娘の家から砂防会館に戻ってきていた。

山岡は、渡辺に告げた。

「あなたが約束を破ったのだから、この話はご破算になりました」

渡辺とすれば、タイムリミットから一、二時間遅れたくらいで、なぜ、総理の座を棒に振らざるをえないのか、納得のいかない様子であった。

このあたりが、のちのち小沢悪者論につながってくるが、小沢には、羽田との約束がある。それに、前述のとおり、渡辺から電話を受けてから、すぐに渡辺総理でまとめるため、あらかじめ公明党の市川書記長や民社党の米沢書記長たちを招集していた。その事情を、渡辺は知らなかったのだ。

山岡は続けた。

「でも、可能性はないことはない」

渡辺は、身を乗り出した。

山岡は言った。

「羽田さんと話し合い、『今回は、おれにやらせてくれ。おれの次は、君だ』と頼んでください」

「そうか、わかった」

山岡は、念を押した。

「ただし、羽田さんが、うんと言えば、あなたに決まるが、ダメと言ったら、われわれはあなたを担げない。そのときは、自民党を離党することはありません。引き返してください」

しかし、興奮した渡辺は、砂防会館を出たとき記者団に囲まれ、つい口にした。

「自民党を離党する」

地元の系列県議も、いっせいに離党に動いた。記者団は、色めき立った。

なお、渡辺の電話を受けた羽田は、渡辺の頼みを拒否した。「羽田総理誕生」とマスコミが大々的に報じていたので、羽田もまた引くに引けなくなっていた。皮肉にも、渡辺は、総理の座がスルリと手からこぼれ落ちてから、離党を決断したことになる。

「ほかに誰がいるの？」

新生党の小沢代表幹事は、四月十八日午前十一時二十七分、単身で外務省に羽田を訪ねた。

小沢は、外務大臣室で羽田と向かい合うなり、しんみりした声で切り出した。

「党内には、孜ちゃんを総理に、という声が一段と高くなっている。でも、おれは、いまやることに、反対なんだ。会期末まで、あと二カ月しかない。それまでに税制改革をまとめ、サミット、日米首脳会談に臨まないといけない。どっちみち、社会党と大変な話になる」

羽田は、短く、いつもの温和な顔を険しくさせ、答えた。

「ほかに誰がいるの」

「いないと思うんだ」

「君が引き受けてくれたら？」

「おれには、全然その気はないよ。もしいま受けるんなら、金丸さんから話があったとき受けていた」

「あまり空白をつくることはできないだろう。大変だけど、受けざるをえないか」

小沢は重ねて聞いた。

「はじめから大変なのがわかり切っているんだよ。それでも」

渡辺が離党に踏み切れなくなったいま、羽田には、ほかの候補が考えられなかった。

新生党に同期生がいたが、羽田は党首でもあり、細川内閣に副総理で入っているから、自分にということになる。

公明党の石田幸四郎も、社会党の山花貞夫も、細川政権の誕生前から、「羽田さん、あんたがやるべきだ」と言っていたほどだ。

一九九四年四月二十五日、新生党党首の羽田は、衆議院本会議で首班に指名されると、続いておこなわれた参議院本会議でも首班に指名され、各党にあいさつ回りを始めた。

首班指名選挙のおこなわれた夜、大内民社党委員長が、日本新党、新生党などとの統一会派構想を提唱。新生党、日本新党、民社党、自由党、改革の会が、統一会派「改新」の結成で合意した。

この突然の結成に反発し、その会派から外されていた社会党は、連立離脱を表明したのだ。

社会党が連立を離脱するきっかけとなった統一会派・改新騒動は、山岡賢次によると、小沢主導でなく、逆に小沢がだまされたものであったという。

民社党の大内委員長が、小沢に申し出た。

「『改新』という統一会派を、つくりたい。社会党も含めて、みんなこれでいいと言っている」

小沢は答えた。

「みんながいいのなら、いいですよ」

小沢の美点であり、欠点でもあるが、小沢はよく「みんながいいなら、いい」という態度を取る。説明も足りない。

自民党系議員の多くは、社会党と民社党は兄弟関係以上の協調関係にあると思っていた。ところが、社会党と民社党の間には、ある意味では自民党系と社会党系よりはるかに根深い骨肉の争いがあった。そのことへの小沢らの認識は薄かった。

大内は、小沢に「社会党も了承した」と言ったが、実際には、社会党の村山委員長にほのめかしただけであった。

羽田総理を支える立場にいる新生党の石井一《いしいはじめ》は、ことの成り行きに、つい、苦々しい表情になった。

〈大内さんは、すでに社会党や連合と話をつけているはずではなかったのか〉

石井が耳にしたところによると、この日午後三時過ぎ、大内が村山の部屋を訪ね、訴えた。

「米沢書記長をはじめ多くの議員が、大会派構想でないと自分たちは生き残れないと言っています。このままでは、わたしは党内で孤立してしまう。委員長という立場を守るためには、やむをえない決断を迫られています。これまでの主張を大きく変えるようですが、大会派を結成したい」

大内は、党内の基盤が脆弱《ぜいじゃく》である。小沢寄りと見られる米沢書記長を担ぐ「グループC&C」が主力を占め、大内支持は少ない。このままでは、六月の党大会で委員長の座を引きずり下ろされる可能性があった。

起死回生の手として、統一会派構想のイニシアチブを取れば、民社党は閣僚ポストを二つ取れるのではないか、という打算も正直なところ働いていた。

これに対し、大内の言うところによると、村山は、了解したという。だが、その際、「今日、発表する」とは言わなかったらしい。このことが、村山を怒らせることになったのである。

さらには、村山は、大内の立場の苦しさに同情し、「あんたも、大変だな」と言っただけで、その話を社会党も了承する、とは言っていなかったという。それを大内は早とちりし、村山も話に乗ったと取り、新生党にも話を持ちかけた。

政局は、六月二十九日の会期末に向け、社会党が連立政権に復帰するかどうかが大きなポイントとなった。

このとき、社会党の衆議院議員は七十数人いた。そのうち、久保亘《くぼわたる》書記長を軸とした右派の議員五十人あまりは、連立政権復帰に意欲を示していた。が、村山委員長をはじめ野坂国対委員長、山口鶴男《やまぐちつるお》ら左派の議員二十数人は、再び小沢一郎の軍門に降《くだ》ることを拒んでいた。社会党の支持母体である連合は、連立政権復帰に難色を示す議員を、夜な夜な呼び出し、圧力をかけた。

「連立に復帰しなければ、次の選挙では応援しないぞ」

そのような状況のなかで、亀井らは懸命に野坂らに働きかけていた。

「おれたちと一緒に、政権をつくろうじゃないか」

亀井は、自社連立の際には、村山委員長を首班に担ぐ、とまで言い切った。

村山は、一九二四年三月三日、大分県生まれ。十一人兄弟の五男。両親は、貧しい漁村で魚などの行商を営んでいた。父親を早くに亡くし、尋常高等小学校を卒業と同時に上京。旋盤工場、印刷所などで働きながら旧制中学（定時制）に通い、明治大学専門部政治経済学科の第二部（夜間）に入学。二年生のとき、第一部に移った。大学時代に、石川島造船所《いしかわじま》（現・ＩＨＩ）に学徒動員され、そこから陸軍に入隊。戦後、大分に帰り、県漁村青年同盟の運動に加わる。一九五〇年、大分県職労の書記となる。一九五五年の市議選で当選し、二期務める。一九六三年に大分県議。

県議三期を経て、一九七二年、大分一区より立候補して初当選。医療や年金などを審議する社会労働委員会で十年ほど活動し、いわゆる社労畑を歩む。

一九九三年初頭、地元の責任者に「次の選挙は出ない」と引退の意思を表明したが、この年七月の衆院選では後任候補が決まらず、やむなく出馬。九月、衆院選敗北の責任を取り、辞任した山花委員長の後任として第十三代社会党委員長に就任。

六月二十一日夜、社会党は、臨時中央執行委員会で新たな政権構想を決定した。久保書記長案が主体となり、連立政権復帰に柔軟な姿勢を示した。

新生党は、六月二十三日午前十時から国会内で常任幹事・幹事合同会議を開いた。楽観ムードが漂うなか、小沢は、それを振り払うようにいかめしい顔つきで言った。

「内閣不信任案可決の可能性は、残っています。みなさんのなかには、楽観視されている方もいるようですが、決して楽観してはいけません。今後、とっさの判断が必要になるかもしれない」

小沢の言葉どおり、政界は複雑な展開を見せた。新党さきがけから、社会党の村山委員長を総理に擁立するとの構想が表に浮上したのである。

午前十時四十五分、新党さきがけの園田代表幹事が、社会党の久保書記長に電話で伝えた。

「わが党は、社会党の政権構想を大筋で評価できます。細かい部分で注文させていただきたい。村山委員長が総理なら、全面的に協力するということですから」

午後には、武村代表が村山委員長と会談をおこなった。武村は、「ムーミンパパ」の愛称よろしく、にこやかに言った。

「社会党が、ぜひ新政権の樹立と運営に中心的な役割を果たしていただきたい」

社会党が連立政権に復帰すれば、解散総選挙が回避される。その場合、次期衆院選は小選挙区比例代表並立制でおこなわれる可能性が高い。連立与党を抜け、わずか二十二人の勢力の新党さきがけにとって、存続の危機でもある。つまり、連立政権復帰の動きを見せる社会党に対し、復帰を思いとどまらせようという思いが働いていたのである。

さらに、村山を総理に推すことで、その政権に加わり、新生党、公明党主導の連立政権を骨抜きにすることも狙っていた。

一九九四年度予算が成立した六月二十三日午後、自民党から内閣不信任案が提出された。羽田は、二十三日夕方、総理官邸で記者会見した。

社会党と与党側との協議で、社会党の連立復帰と内閣総辞職が合意されるなら、総辞職する用意があるとの意向を示した。

二十四日午前十一時三十分、社会党と連立与党が政策協議を再開。公明党の市川書記長が、言った。

「内閣不信任案も出て、差し迫った状況だ。腹を割って、自発的総辞職問題について意見を聞かせてほしい」

社会党の久保書記長は、中国大連《だいれん》で唱えていた「羽田内閣が自主的総辞職すれば、連立復帰の協議に応じる用意がある」ことを伝えた。

連立与党側から、声が上がった。

「その後、同じ総理でもいいのか」

「羽田さんは、信頼しているし、協議の結果、再び羽田さんが総理になるというのは、理論的にはありうる」

ところが、村山支持グループの野坂が久保の発言を遮った。

「それは永田町の論理であって、国民に説明がつかない。社会党としては、羽田さんの続投はありえないと考えている」

連立与党側は、呆気《あっけ》に取られた。

「そういうことなら、税制などの協議をしても意味がないじゃないか」

六月二十四日午後二時五分、政府・与党首脳会議の終了後、新生党の小沢代表幹事が記者会見を開き、総辞職拒否の考えを重ねて強調した。

「いま、羽田内閣が総辞職しなければならない理由は見当たらない。サミットを控え、国際社会での信用の失墜は、あまりにも大きいだろう」

午後五時過ぎ、小沢が総理官邸に顔を出した。

羽田総理は、政策協議会での詳しいやりとりの報告を受け、考え込んだ。羽田自身、理屈からすれば、総辞職した総理がまた総理になるというのは、おかしいと思っていた。変なルールで、おかしな先例ができてしまう。ふと、解散の二文字が頭をよぎった。

〈自分の内閣の命運を、国民の手に委ねることも……〉

羽田は、一言言った。

「こうなったら、重大な決意をしないとならんな」

小沢と市川が、「えっ！」という顔をした。

が、解散といっても、中選挙区で解散すれば、政治改革を先延ばしにしてしまう結果に陥る。

羽田総理は、中選挙区での解散には、一番の反対者である。総理である以上、解散権はいつも自分の掌中にある。それでも、現行の中選挙区のまま、次の選挙をやってはいけない、という気持ちは持ち続けていた。

日本新党は、国政の経験がある人もいるが、ほとんど全員が新人の党である。解散しても、一年前と同じ風は吹かないだろう。逆に叩《たた》かれる要素もある。細川が総理を辞めたばかりで、選挙は非常に厳しいだろう。

もし、このとき、自民党と社会党が一緒になることがわかっていたら、解散しても十分に争点があったと思っている。が、この段階では、まだそうではなかった。

何をもって戦うか。羽田には、明確なものがあった。

「政策が間違っていたわけでもなく、行き詰まったわけでもない。予算も法案も、社会党は賛成してくれた。政策が一致しているのに、少数政権だからといって、不信任を出すのはおかしいんじゃないか」

そう主張して戦うつもりであった。が、これはあくまで羽田の個人的な思いである。しかし、政党会派の寄り合い所帯であるみんながそういう確信を持たなくては、選挙は戦えない。

もしこのまま衆院選に突入すれば、非常に厳しい状況になる、と羽田は思った。

政権を取れる可能性は少ないであろう。

サミットも迫っている。一年前、宮沢総理は、内閣を不信任されてからサミットに出席した。

各国の首脳も、衆院選の結果次第で、総理になれるかどうかわからない人としゃべるのは嫌だろう。日本国として、二年も続けてそういうわけにはいかないではないか。

もうひとつ、円が異常な高さを示している。為替は、そのときどきによって動きがある。政争が原因で世界経済に影響を与えては、大変なことになるのではないか。

解散か総辞職か。

六月二十四日の夜、羽田総理は、総理官邸に訪ねてきた小沢や公明党の市川書記長ら連立与党のメンバーに、溜め息交じりに言った。

「政策的な合意をやりたい。が、社会党の十数人の左派が、呑めるかどうか。呑まんだろうな。社会党は割れない」

羽田は、主張した。

「少数与党というだけの理由で内閣不信任案が出されるのは理不尽だ。解散をして、国民に信を問うべきではないか」

小沢は、答えた。

「総理に決断を任せるよ。われわれは、総理に従うよ」

小沢は、勝負というレベルでいえば選挙をすべきだと考えていた。

しかし、絶対安定多数を占めなければ、政治改革法案は一からやり直しになってしまう。結果的に羽田政権が政治改革をつぶしたんだ、との汚名を着せられることにもなる。

小沢は、選挙となった場合の票読みもしていた。

〈中選挙区でおこなえば、新生党は間違いなく増える。しかし、その代わりに日本新党は減ってしまう。民社党も、減る可能性が高い。公明党は、前回と変わらず……。トータルとして、与野党の数は変わらないだろう〉

いずれにしても、羽田の判断に任せることにした。

午前三時半、小沢は、官邸を出た。

羽田は、午前四時ごろに総理公邸で寝た。

朝の七時に電話が入り、すぐ起こされた。

寝る前とあとで、思いが違ったということはなかった。特別な思いもないし、むしろさばさばしていた。

社会党は、羽田が総辞職すれば連立に復帰すると言っていた。中央執行委員会でも、非自民でいくという方針は党議決定されている。

羽田も、そう信じて疑わなかった。まさか社会党が裏切るとは思いもしなかった。

六月二十三日を待っていたかのように、午後二時から、赤坂プリンスホテルのロイヤルホールで「信教と精神性の尊厳と自由を確立する各界懇話会『四月会』」の設立総会が開かれた。

この「四月会」は、細川政権が誕生した直後、亀井が中心となって呼びかけたものである。顧問には、お茶《ちゃ》の水女子《みず》大学名誉教授の勝部真長《かつべみたけ》、元法務大臣の秦野章《はたのあきら》、評論家の藤原弘達《ふじわらひろたつ》、代表幹事には、評論家の俵孝太郎が就任した。団体の常任幹事には、霊友会、真言宗金比羅尊流《しんごんしゅうこんぴらぞんりゅう》、新生佛教教団、神道政治連盟、仏所護念会、立正佼成会が名を連ねた。いわば、反創価学会とも言うべき組織である。

総会には、自民党の河野総裁、社会党の村山委員長、新党さきがけの武村代表と三党の党首も出席し、それぞれあいさつに立った。

これは、じつに大きな意味を持った。創価学会と小沢が組むファッショ政治に反対するというアンチテーゼ同盟が結ばれたのである。

六月二十五日午前十一時二十分、羽田総理は、記者会見で総辞職を表明した。総辞職を決断した理由について、羽田はこう触れた。

「本当は解散で信を問うことがいいと思ったが、連立与党だし、ほかの党の事情もあるし、若い人もいる。やはり、いまは政治に空白をつくるべきではない」

第二章
森喜朗の一言が生んだ「社会党・村山富市総理」

自民、社会、新党さきがけ連立政権発足にあたり握手を交わす3党首。
左から、新党さきがけの武村正義代表、社会党委員長の村山富市総理、
自民党の河野洋平総裁。社会党委員長を首班指名するという
ウルトラCの裏側で起こっていたこととは（1994年6月29日）

「村山富市首班」秘密工作

羽田内閣が総辞職した日、亀井静香のもとに社会党の野坂浩賢から電話がかかってきた。野坂は、やや気落ちした声で言った。

「もう、あかん。党内の多数が連立復帰を願っている。こうなったら、おれの信義が立たない。社会党を、飛び出る。村山も、委員長を辞める。それで、勘弁してくれ」

亀井は、励ますように言った。

「勘弁する、勘弁しないの話じゃない。おれは、まだまだ、あきらめないぞ」

それからまもなくして、今度は盟友の白川勝彦から電話が入った。白川は、六月九日に社会党の伊東秀子らと超党派で正式に「リベラル政権を創る会」を結成し、自社連立政権構想の協議を重ねていた。

亀井が予約したキャピトル東急ホテルの狭い一室で、ここ一週間になんと六十三回も会合を開いていた。

白川が、興奮し切った口調で言った。

「伊東さんが、大変な決意をしてくれた。連立復帰に反対する十三人で新党を結成し、内閣不信任案に賛成すると言う。それに、新党には加わらないが、内閣不信任案の採決には十人が棄権するらしい」

つまり、社会党執行部が内閣不信任案に反対の姿勢を示しても、二十三人が造反し、可決される可能性が高くなったのである。

亀井は、胸が高鳴った。

〈これで、自社連立政権ができる。そうなれば、伊東は、ジャンヌ・ダルクだな〉

六月二十七日午後一時、自民党の小里貞利《おざとさだとし》国対委員長の尽力で、自民党と社会党の幹事長・書記長会談がセットされた。小里国対委員長は、これまで何度も久保亘書記長に党首会談を申し入れてきた。が、連立復帰に意欲を燃やす久保は、それを拒み続けていた。が、小里と久保は、同じ鹿児島県議出身である。さらに言えば、亀井も、この二人とは近い。警察官僚として鹿児島県に赴任したとき、当時、県議会議員であった二人と「昭和会」なる勉強会を結成し、鹿児島一の繁華街天文館《てんもんかん》で飲み明かした仲だ。

小里は、渋る久保書記長を懸命に口説き落とし、なんとか幹事長・書記長会談を実現させたのである。

亀井は、会談に臨む前、森幹事長にアドバイスした。

「党内には、社会党の委員長を首班に推すなどとんでもない、という意見もある。しかし、自民党が社会党と連立を組むためには、それしかない。この際、幹事長・書記長会談で、それを申し込んでほしい」

森は言った。

「そのとおりだ。が、その前にちょっと、河野さんと相談しよう」

亀井は、首を強く振った。

「ダメです。河野さんには、渡辺ミッチーのときの例がある。『あと一日ある。時期尚早だ。待ってくれ』と言うに決まっている。いまやらなくては、まとまるものもまとまらなくなってしまう」

「わかった。総裁には、黙っててやる」

亀井は、野坂にも連絡を取った。

「会談には、あんたも同席しろ。書記長だけを行かすな。こっちは、村山首班を党として正式に申し入れさせる。そのことを久保に隠されては困るからな」

「よし、わかった」

こうして、幹事長・書記長会談には、自民党の小里国対委員長、社会党の野坂国対委員長が同席することになった。

会談終了間際、森幹事長は、険しい表情で切り出した。

「この際、わたしから提案がある。村山首班を党として推す」

久保は、信じられない、という表情になった。

「えっ！　そ、それは本当かね。森さん個人の意見ですか、それとも、党の考えですか」

「わたしは、あの手法の違う連中に、再び政治の実権を握らすというのは危険だと思っている。この際、自民党、社会党、新党さきがけの三党で、政局を収拾しようではないですか。むろん、あなたたちが、わが党の総裁を首班に推してくれるわけがない。われわれのほうから、村山さんを推します」

久保は、うなった。

「うーん、そう言われてもね……」

渋る久保を見て、野坂が口を挟んだ。

「書記長、森さんは、大変な問題を提起されてますよ。いまここで、すんなり結論は出ないと思う。党に持ち帰って、よく相談しましょう。お受けするも、お断りするも、その返事は、村山さんと河野さんに任せるべきじゃないですか」

この巧妙な野坂の助言が、明暗を分けた。

会談終了後、野坂は、森から村山首班の申し入れがあったことをマスコミに語り、その情報が一気に永田町に流れた。久保をはじめ連立政権復帰に意欲を燃やしていた社会党右派議員も、党の委員長が首班に推されれば反対し切れない。

「あなたを首班に担ぐので立ってほしい」

社会党の村山委員長は、再び八党派による連立政権ができるものだと思っていた。

ところが、新党さきがけから思わぬ話が持ち込まれた。

「村山さん、あなたを首班に担ぐので立ってほしい」

村山は、首を横に振った。

「それは、とんでもない話だ。そんな気は毛頭ない」

そのうえで言った。

「もし、どうしても社会党から出てくれ、と言うのなら、先輩もおるんやから、相談して出してもいい。でも、わしはダメじゃ」

先輩とは、田辺誠元委員長、山口鶴男元書記長らのことである。

六月二十八日、村山は、連立与党七党派の党首、代表に集まってもらった。村山は、条件を出した。

「いまから言う三つのことを確認してもらいたい。一つは、会期末の今日中に新しい首班を決める。首班指名選挙のために、ダラダラと会期を延長したなんてことがあったらみっともない。二つは、これまでの連立政権を厳しく反省すること。悪いところは直し、民主的な運営を、おたがいに確認し合う。三つは、閣外協力に転じている新党さきがけを、みなさんが歓迎して迎え入れること。この三つのことを約束してほしい」

参加者のなかには、「何を反省するのか」と不満の声を漏らすものもいた。が、最終的には、三つのことをおたがいが確認した。

村山は、確信した。

〈羽田再任で、話がつくじゃろう〉

いっぽう、村山は、自民党の河野総裁や森幹事長らに再三再四、会談を要請されていた。

「われわれと会っていただきたい」

村山は、その都度断り続けた。

「連立側と協議をしている最中なので、遠慮する」

しかし、彼らは執拗に要請してきた。

村山は思った。

〈あんまり断り続けるのも悪いから、一回話を聞くか〉

が、一人では妙な誤解を招いてしまう。そこで、久保書記長に同席してもらうことにした。

午後八時過ぎ、村山、河野、森、久保の四人による会談がおこなわれた。

河野は、切々と訴えかけてきた。

「この時局を収拾するためには、あなたが首班になるしか道はありません。これは自民党で諮った話ではないけれども、われわれは、責任を持って協力させてもらいますよ」

村山は、河野の思いも理解できないわけではなかった。が、即答はできない。

「話は、わかった。わかったけれども、いま八党派で話し合いをしている最中だ。いっぽうで話し合いをしているときに、もういっぽうでこんな話を聞きよるというのでは信義に悖《もと》る。そんなことは、わしにはできん。今日は、そういう話があったということにとどめておいてほしい」

六月二十九日、この日午後二時から連立与党と社会党の政策協議が再開されることになった。が、午後四時半に延ばされた。村山は、首をひねった。

〈何か、おかしいなあ……〉

このとき、小沢らは、自民党の海部俊樹元総理の担ぎ出しを工作していたのである。

午後四時半、政策協議が再開された。小沢は、言った。

「羽田内閣への不信任案を決定した党を歓迎するというのは、普通の話ではない」

つまり、新党さきがけを迎え入れることに異を唱えたのである。

小沢はハードルを高めて政策協議は、決裂。

協議を終えて戻ってきた久保が、村山に言った。

「小沢さんは、八党派をまとめるつもりがないようだ」

それからまもなく、村山のもとに驚くべき情報がもたらされた。小沢らは、自民党の海部元総理を離党させ、連立側の首班候補に擁立するというのだ。

村山は、眉間に皺を寄せた。

〈小沢さんが政策協議でハードルを高くしてきたのは、こういうことじゃったのか。海部さんが出れば、自民党の一部が同調し、社会党も割れる。だから、社会党は切ってもいいと考えたのじゃな〉

いっぽう、野坂や伊東らは、水面下で自民党との連立工作をひそかに進めていた。

午後六時半、社会党中央執行委員会は、連立与党との協議を打ち切り、午後八時に開会する衆議院本会議では、村山委員長を首班候補に推すことを確認した。

その間、社会党と新党さきがけが各党に示していた「新連立政権構想」について自民党の森幹事長から回答があった。

「大綱として了承できる。細かな点については、これから話をすればいい」

しかし、このとき、具体的な首班指名選挙についての話はなかった。

それればかりか、村山は、自民党が両院議員総会で、「村山首班」を決定したことも知らなかった。

村山は、それほど事態を深刻に受け止めてはいなかったのである。

〈海部さんは、総理、総裁まで務めた人じゃ。その人が出るのだから、よほど成算があるんじゃろう。また、海部内閣でもできるのかな〉

「社会党の委員長を推すわけにはいかない」

六月二十九日、いよいよ首班指名選挙がおこなわれることになった。自民、社会、新党さきがけ三党の執行部は、こぞって村山を推すことを決めた。

が、自民党内から不満の声が上がった。

「社会党の委員長を推すなど、もってのほかだ！」

「これまで四十年間も対立してきたのに、突然、そんなことができるか！」

亀井は、当然、そのような声が出るだろうと思っていた。亀井らは、半年前から社会党の野坂らと極秘裏に交渉を重ねてきた。ポスト細川のときには、あと一歩のところまで来ていた。が、ほとんどの議員は、寝耳に水である。唐突の感は、否めない。しかし、村山を首班に推す以外、自民党は政権に復帰できないではないか。亀井らは、徹底的に党内の締めつけをおこなった。

いっぽうの連立与党は、思いもよらぬ奇襲に出た。新生党の最高顧問で、元総理の海部を擁立するというのである。これには、さすがの亀井も驚きを隠せなかった。

〈まさか、海部さんが向こうに取られるとは思いもしなかった〉

しかし、亀井は、勝利を確信していた。

〈絶対に勝てる〉

首班指名選挙の直前、自民党の代議士会が院内で開かれた。

河野総裁が、あいさつに立った。

「村山さんを、首班に推戴する」

すると、中《なか》尾《お》栄一《えいいち》、武部《たけべ》勤《つとむ》ら渡辺派の議員が次々と手を挙げ、壇上に上がっては、反対演説をおこなった。渡辺派領袖の渡辺美智雄、それに渡辺派の実質オーナーである中曽根元総理が、記者団に明言した。

「社会党の委員長を推すわけにはいかない。海部に投票する」

前の列にいた亀井は、苦々しい表情になった。

〈いまさら、何を言ってやがる〉

反対演説が続くなか、亀井は、なにげなく右横をチラリと見た。いつの間にか、衛藤晟一が横にいるではないか。衛藤は、亀井の連絡役として自社連立政権構想を推し進めてきた同志である。が、村山と同じ大分一区選出であった。これまで激しい戦いを繰り返してきた。村山を担ぐのに抵抗がない、と言えばうそになる。

衛藤は、手を挙げると壇上に立った。ざわつく会場を右手で制しながら、訴えた。

「みなさん、よく聞いてください。わたしの実家は、村山さんの実家からわずか五百メートルしか離れていない。しかし、この際、わたしは河野総裁に従います。みなさん、村山さんを首班に推戴することで、どなたが一番悲痛な思いをしていると思われますか。それは、河野総裁自身ではないですか」

衛藤のわずか一分にも満たない短い演説が終わると、会場は、水を打ったように静まり返ってしまった。その後、反対演説をするものは、一人もいなくなった。

「海部俊樹首班」で自民党を揺さぶる

いっぽう、六月二十八日の午後になって、新生党の平野貞夫の耳に思わぬ情報が自民党側から流れてきた。

「海部さんが、担ぎ出されるかもしれませんよ」

改革連合の野田毅《のだたけし》や、海部の側近からの情報である。

平野は、可能性があるということで、さっそくその道を模索したいと思った。

小沢に相談すると、小沢は一言だけ言った。

「それは、無理だ……」

自民党と長い間協議をしてきた小沢である。その経験から、とても無理だという認識があったのだろう。

それでも、接触の作業は続けようということになった。

平野は、正直に言って悔しかった。

〈もうちょっと気を入れてくれりゃあいいのに……〉

ところが、小沢も口ではそんなことを言いながら、大いに期待していた節があった。一時間に一本の割合で、電話をかけてくるのだ。

「どうなった！」

夜中になっても、「どうなった」の電話はやまなかった。

二十九日午後六時半、海部は、記者会見を開き、自民党を離党することを表明した。同時に連立与党の首班指名候補に名乗りを上げたのである。

そのころ、海部は、連立与党の党首と会談し、政策合意をしたうえで、八時の本会議に間に合わせようとしていた。

その間、新生党の平野たちを取り巻く情報は、乱れに乱れた。

「自民党のある派閥は、すべて海部に投票することが決まったぞ」

「違う派閥は、半々に割れたらしい」

甘い情報、厳しい情報が入り乱れた。どれが本当なのか、わからなくなってしまった。

平野は、正直言って、勝つも負けるも五分五分だと思った。必死に頑張ってみても、わずか二時間では票固めは無理だ。

〈あとは、良識ある判断を待つしかない……〉

野田も、時間のなさを悔やんだ。

〈せめて、あと一日でも会期が延長されれば、逆転する可能性も十分にあるんだが……〉

自民党は、一時間でも早く本会議を開けと主張していた。連立与党側に多数派工作をする時間を与えるな、という戦略を取っていた。会期の延長や本会議の日時をセットする議院運営委員会の委員長は、新生党の奥田敬和である。が、社会党が村山擁立を固めたことで、連立与党側の理事は少数となった。そこに向けて、土井衆議院議長が会期中に首班指名をおこなうとぶちあげた。これで、会期延長は不可能となった。

さらに、予想外の事態が起こった。なんと中曽根元総理がわざわざ記者会見まで開き、党議に違反し、海部に投票すると言明したのである。これで、中曽根アレルギーの強い社会党の票は、あまり見込めなくなった。

首班指名選挙がおこなわれる直前、海部元総理か自民党を離党し、選挙に名乗りを上げた。

午後八時五十二分、衆議院本会議での開票が終わった。その結果、村山が二百四十一票、海部が二百二十票、不破哲三《ふわてつぞう》が十五票、河野が五票、白票無効が二十三票であった。いずれも過半数に届かず、上位二名の決選投票となった。

本来なら、自民党、社会党、新党さきがけの合計で基礎票三百二票を獲得するはずの村山が、二百四十一票しか取れなかったのは、自民党から二十六票、社会党から八票の造反、それに二十三票の無効票が出たからである。

午後九時二十五分、決選投票の結果、村山が総理に任命された。

社会党の総理大臣の誕生は、一九四七年の片山哲《かたやまてつ》以来、じつに四十七年ぶりのことであった。

「それなりの必然性があって生まれた政権」

六月三十日、村山内閣が発足した。副総理兼外務大臣には、自民党の河野総裁、大蔵大臣には、新党さきがけの武村代表と、三党の党首がそれぞれ閣僚に就任した。

村山は、彼らを前に意気込みを語った。

「本来ならば、多数党の責任者が総理になるというのが憲政の常道だ。しかし、衆議院で七十しか議席がない社会党の責任者が総理になった。これは、過渡的な現象だ。だが、今日の政局のなかでそれなりの必然性があって生まれた政権であり、それなりの歴史的役割が課せられているのではないか。自民党と社会党は、長きにわたって与党と野党第一党として激しく対立してきた。その両党が政権を共有するのだから、この内閣だからこそできることをやっていきたい。この内閣でなければやれないことがあるかもしれない。来年は、ちょうど戦後五十年の節目にあたる。戦後処理問題やこれまで未解決だった問題にも取り組んでいきたい。そして五十年の節目に、けじめをつけたい。それがこの内閣に与えられた歴史的役割だと思う。よろしく頼みます」

村山は、七月十八日におこなわれる総理就任後初の所信表明演説、その後の代表質問を前に、社会党の政策転換について真剣に考え続けた。「日米安保」「自衛隊」「日の丸・君が代」についてである。考えに考え、二晩も三晩もよく眠れない日々が続いた。

日米安全保障条約は、一九五一年九月八日、サンフランシスコ講和条約と同時に調印された。当時、大分市議会議員であった村山は、安保反対運動に参加した。六〇年安保闘争では国会周辺を「ワッショイ、ワッショイ」と八回ほど回り、官邸の前に座り込んだ経験もある。

村山には、日米安保は功罪相半ばしていると思われた。国内的にいえば、防衛費をそれほど使わずに、経済に集中し、これだけの経済大国になった。

そのいっぽうで、東南アジアには、「経済大国になった日本が、過ちを繰り返さないとも限らない。また軍事大国になるのではないか」という疑念も完全に払拭されていない。

が、日米安保条約でアメリカ軍が日本に駐留している限り、日本単独で軍事大国になどなりえない。その意味では、安心だ。いわゆる、「瓶の蓋」理論である。

その現状を否定し、日米安保条約は破棄だと言っていたのでは前には進めない。一度、受け止めたうえで、今後どうすればいいかを考える。

村山は、決断した。

〈日米安保条約は、「日本が丸裸になって危ない。隣にソ連（ソビエト連邦）という怖い国がある。ソ連がいつ日本を攻めてくるかわからない。心配だろうから、アメリカ軍が代わって守ってあげる。その代わり、基地を提供しなさい」という条約だ。しかし、ソ連は解体され、冷戦構造も崩壊した。いまや、軍縮協調の時代である。これからは、二国間の安全保障だけでなくアジア全体で責任を持ち合えるような多国間の安全保障というものを考え、構想する必要がある。それが、これからの安全保障のあり方だと思う〉

いっぽう、自衛隊について細川連立政権のときの閣僚答弁で、社会党から入閣した閣僚は、野党自民党から執拗に質問された。

「内閣は、自衛隊を認めている。しかし、社会党は反対している。あなたの見解は、どうなのか」

閣僚は、こう使い分けをした。

「党は、反対だが、内閣の一員として、連立政権の方針に従う」

しかし、一閣僚の答弁ならともかく、村山は総理大臣だ。そのような曖昧な言い方ではすまないだろう。

世論調査で憲法第九条改正の是非を問えば八〇％近くが反対だ。が、逆に自衛隊は八〇％が認めるという結果が出る。このような矛盾をはらんでいる現状を政治がどう受け止めるのか。そのことを考えた場合、「自衛隊は違憲だ」と言って認めないのでは政治にならない。

村山は、肚をくくった。

〈自衛隊の最高責任者である総理大臣のわしが、「自衛隊は違憲だ」などと言ったら、総理は務まらない。自社さ連立も、崩壊してしまう。ここは、自衛隊は違憲ではない、といったん認める。そうしたうえで、憲法に抵触する部分があるなら合憲になるよう是正していく。それが、政治の担うべき責任だ。社会党の政策を転換するいい機会かもしれない〉

いっぽう、日の丸については、こう決断した。

〈外国は、「日の丸は、日本の国旗だ」と認めている。反対している労働組合の人たちも、国際会議などでは、テーブルの上に日の丸が立っている席に座っている。

もう認めるとか、認めないとか言ったってしょうがない。これは、心の問題だ。揚げたいものは揚げればいいし、揚げたくないものは、揚げなくてもいい。ただし、強制は絶対にいかん〉

七月二十日、村山は、衆議院本会議の代表質問に対する答弁で、自衛隊と憲法の関係について明言した。

「専守防衛に徹し、自衛のための必要最小限度の実力組織である自衛隊は、憲法の認めるものであると認識する」

日米安保については、堅持する方針を表明した。

「国際社会が依然、不安定要因を内包しているなかで、わが国が引き続き安全を確保していくためには、日米安保条約が必要だ。日米安保体制の意義と重要性についての認識は、わたしの政権でも基本的に変わらない」

日の丸・君が代問題についても表明した。

「日の丸が国旗、君が代が国歌であるという認識は国民に定着しており、わたしも尊重したい」

この日の村山の一連の答弁は、一九五五年の社会党合同以来の基本政策の大きな転換であった。党内から、反対の声も上がった。だが、賛成するもののほうが多かった。

野党は、村山を批判した。

「いままでの社会党の方針は、間違っていたのではないか。国民に対して、謝れ」

村山は、反論した。

「自衛隊に歯止めがかかっているのは、社会党が反対だと頑張ってきたからだ。社会党が反対しなければ、もっと進んでいる。わたしは、これまで社会党がやってきたことについては誇りを持っている。だから、謝るつもりはない」

七月二十八日、社会党中央執行委員会は自衛隊合憲論を盛り込み、日の丸を国旗、君が代を国歌と認識するなどの新基本政策案を取りまとめた。

九月三日、臨時党大会を開催。基本政策を大きく転換する新たな政策文書を賛成多数で承認した。村山は、ほっとしたのと同時に、残念でもあった。

〈安全保障問題も、自衛隊問題も、日の丸・君が代問題も、党内で十分議論をし、結論を出したうえでわしが言ったんなら、もっとよかった。それなら、国民にも納得してもらえただろう。が、実際には党が追認するというかたちになった。しかし、これらの問題は以前からずっと党内で議論し、なかなか決着がつけられなかった問題だ。思いがけなくも総理になったので、こういう機会に決着をつけられた。決して唐突ではない。変節したととらえられているとすれば、残念じゃな〉

村山は、いまでもこの政策転換に後悔はしていない。

〈手続きについては不備があったが、決断したことについては間違ったとは思っていない〉

「総理をやる意思があるなら、やったらどうか」

一九九五年七月二十三日、参院選の投開票がおこなわれた。

社会党は、過去最低の十六議席にとどまった。自民党も、前回三年前の六十七議席から三十九議席と大きく後退した。いっぽう、野党新進党（一九九四年十二月、新生党、公明党、民社党、日本新党、自由改革連合などから結党）は、ほぼ倍増の四十議席を獲得した。

が、与党三党の議席数は過半数を維持。参議院での与野党逆転は免れた。

選挙結果の大勢が判明したこの日午後十一時過ぎ、公邸で与党三党の党首会談がおこなわれることになった。村山は、あらためて思った。

〈多数を持っている政党の党首が総理になるのが憲政の常道だ。連立政権を維持していくため

にも、憲政の常道に戻したほうがいいのではないだろうか〉

村山は、党首会談で切り出した。

「この際、憲政の常道に戻したほうがいいと思うのだが、どうだろうか。河野さん、あんたに総理をやる意思があるなら、やったらどうか」

村山の突然の提起に、河野は、驚きの表情で答えた。

「ちょっと考えさせてください」

武村が続いた。

「それは、ちょっとここで決めるわけにはいきません。わたしは、村山政権を継続してやるということを前提に、ここに来ている。政権が替わると言うのなら、党のみんなの意見も聞かなくてはなりません」

村山は言った。

「こんなことが外に漏れたら、大変なことになる。ここで決着をつけたほうがいい」

河野は言った。

「少し時間をください」

河野は、官邸内の別の応接室に控えていた森幹事長と話し合うため、いったん公邸を出た。

十分ほどたったであろうか。まもなく、公邸に帰ってきた。河野は言った。

「この際、村山さんに引き続き総理をやってもらいたい」

　村山は思った。

〈突然の話で相談もできない、無理な話だった。やむをえない〉

　村山は言った。

「わかりました」

　翌二十四日午前十時半、村山は、社会党本部で記者会見し、今後も引き続き政権を担当する決意を表明した。

「景気対策は緊急の課題であり、政治の空白は一日たりとも許されない。二党首で話し合い、引き続き政権を担当する決意を固めた。決意を新たに国民の期待に応えたい」

　村山は、のちに反省した。

〈こんなことは、わしが個人的に話すことじゃなかった。辞める、辞めないは、自分で決断しないといけないが、政権をどうするという話は、わしが個人的に判断して決める性格のものじゃない。あまり迂闊《うかつ》なことは、言えんな〉

　村山は、十二月十八日ごろから退陣を考えるようになった。総理就任から、すでに一年半が経過していた。

〈被爆者援護法、従軍慰安婦問題、水俣病《みなまたびょう》問題、地方分権問題など、そして「戦後五十年の首相談話」と戦後処理の問題は、ある程度ケリをつけることができた。沖縄問題も、できれば自分の手で解決したい。しかし、わが党は、新党構想で揺れている。分裂する恐れもある。これから先の課題を考えたら、とてもじゃないが、こんな基盤の弱い政権では乗り切れない。力の限界だ。力の限界を感じているものが、のんべんだらりと政権に居座り続けるような無責任なことはできない。幸いにも、平均株価は二万円台になった。景気も、上向いている。そろそろ、けじめをつける時期かもしれんな〉

暮れが近づくにつれ、はっきり決意を固めた。

〈退陣しよう〉

問題は、いつ表明するかである。

〈区切りよく、年末にしようか〉

しかし、年末は予算編成など何かと慌ただしい。それに、大臣として初めて年末年始を迎えるものもいる。故郷に錦を飾りたいのが人情だ。

〈国会は、一月二十日ごろに召集される。新しい大臣に、いきなり答弁させるより、若干の勉強の期間があったほうがいい〉

村山は、総合的に判断し、一月五日に決めた。誰にも、相談をしなかった。

一九九六年一月四日、村山総理は、三重県伊勢《いせ》市の伊勢神宮に参拝した。神宮司庁で記者会見し、当面の政局運営について意欲を示した。

「景気回復や不良債権の処理、（ビル・）クリントン米大統領の訪日など、国内的にも国際的にも多くの課題を抱えており、全力を挙げて国民の期待に応える」

記者から質問が飛んだ。

「自民党には、いつ政権を譲るおつもりですか」

村山総理は、キッパリ答えた。

「難問が山積しているから、わたしは、誠心誠意取り組んでいきたい」

翌日に退陣を表明するつもりでいることなど微塵《みじん》も感じさせなかった。仮に逡巡《しゅんじゅん》していたら、いろいろな質問を受けるなかでボロが出ただろう。が、村山は肚のなかで割り切っていたのである。

その夜、村山は、盟友の野坂官房長官を公邸に呼んだ。午後九時半、野坂は、公邸にやってきた。

村山は、伝えた。

「わしは、総理を辞めることにした。明日、表明するよ」

野坂は、反対した。

「それは、ダメだ。予算を編成した内閣なんだから、責任を持って予算の審議をし、予算を通すのは当然のことじゃないか。辞めるなら、予算を通してからにすべきだ」

村山は答えた。

「それも、一つの理屈だ。だが、わしに言わせたら、もうひとつ理屈がある。予算を通して辞めたら、あとの内閣が予算を執行することになる。予算の審議に全然タッチせんで予算を執行するなんて、おかしいじゃないか。新しい内閣が責任を持って予算案を審議し、誠意を持って執行するというのも一つの考え方だ。だから、理屈は両方にある」

野坂は、懸命に翻意を促してきた。

が、村山は引き下がらなかった。

話し合いは、三時間にもおよんだ。

野坂は、残念そうに言った。

「そんなに固い肚なら、しょうがない」

翌日の午前七時過ぎ、村山は、やはり苦労をともにした前官房長官の五十嵐広三《いがらしこうぞう》に電話をかけた。五十嵐は、北海道旭川《あさひかわ》市の自宅にいた。

「今日、退陣を表明する」

五十嵐も、翻意を迫った。

「いま、辞める必要はないのではないか。もう半年、辛抱してほしい」

しかし、村山の決意は固かった。

午前十時、新年初の閣議がおこなわれた。

閣議後、自民党総裁である橋本龍太郎通産大臣、新党さきがけ代表である武村大蔵大臣に残ってもらった。

村山は、淡々としていった。

「じつは、今日退陣する肚を固めた。午後に記者会見をおこなう」

午後三時半、村山は、官邸で記者会見を開いた。

「わたしは、本日、内閣総理大臣を辞任することを決意した。思いがけなく総理の重責を担うことになってから、最初の半年は税制改革や政治改革の決着に努力した。この一年は想定できない事件、事故が相次いだ。

国民の暮らしに関係の深い景気回復についても全力投球してきた。内外ともに日本の金融の信用を高めるという意味では、一応、住専（住宅金融専門会社）の問題でも処理の方針を決めてきた。

また、前年は戦後五十年の節目の年であり、八月十五日には首相談話を発表して、日本の過去の歴史に対する認識と、これからの外交の基本方針を明らかにした。この三党連立政権でなければなしえないと思われてきた被爆者援護法、従軍慰安婦、水俣病の問題についても一応の決着をつけることができたと思っている。

わたしは、この任に就いたときに、五十年の節目に遭遇して、世界が大きく転換する時代における歴史的役割に全力を尽くさないとならない、という決意で取り組んできた。景気も明るい兆しが見えてきた。こうした状況を、新しい年に人心を一新してさらに日本の景気の足取りを確実なものにし、当面する内外の諸問題にも積極的に取り組んでもらいたいという思いで決意した。

これまで一年半、難題を処理できたのは、三党連立政権ががっちりスクラムを組んで、おたがいに主張すべきは主張し、議論を深めながら合意点を見いだして政権を支えてきたからだ。わたしは、自民党総裁や新党さきがけの代表らにそのことを申し上げ、今後とも三党連立を強化して政策合意を目指しながら、国民の期待に応え、当面する諸問題の解決に努力してほしいと申し述べた。三党とも重く受け止め、慎重に検討させてもらうとのことだった」

一月十一日、村山内閣は総辞職。与党三党は、自民党の橋本総裁を首班に推し、橋本内閣が発足した。

三年四カ月を経て復活した自民党単独政権

一九九六年一月四日の夜、港区六本木《ろっぽんぎ》にある自民党総裁の橋本通産大臣の自宅に、村山総理から電話がかかってきた。村山総理は、思わぬことを口にした。

「総理を辞めたいと思っている」

橋本は、驚きを隠せなかった。突然「退陣」を口にするとは思ってもみなかったのである。

橋本は答えた。

「そのような大事なことは、電話で話す話じゃないですよ」

橋本は、一九三七年七月二十九日、東京都生まれ。吉田茂《よしだしげる》内閣の厚生大臣、岸信介《きしのぶすけ》内閣の厚生大臣、文部大臣を歴任した佐藤《さとう》（栄作《えいさく》）派幹部の橋本龍伍《りょうご》の長男。一九六〇年、慶應義塾大学法学部卒業後、呉羽《くれは》紡績（現・東洋紡績）に入社。一九六二年十一月、父親龍伍の急逝により、その後継者となる。

一九六三年十一月の衆院選に出馬し、初当選。このとき、二十六歳の若さであった。社会福祉行政に精進し、一九七八年十二月、第一次大平内閣の厚生大臣として初入閣。親子二代の厚生大臣と注目を集めた。その後、党行財政調査会長として鈴木善幸《すずきぜんこう》内閣、中曽根内閣の行財政改革の最前線で活躍。一九八六年七月の第三次中曽根内閣で運輸大臣。竹下派経世会では、いわゆる七奉行の一人。政策通で切れ者だが、鼻っ柱が強く、「ケンカ師龍太郎」の異名を取る。一九八九年六月、自民党幹事長に就任。七月の参院選では、リクルート事件、消費税導入、農政不信、総理大臣個人のスキャンダルという自民党逆風のなか、全国を遊説で飛び回り、国民的人気を博す。同年八月の海部内閣で、大蔵大臣に就任。一九九三年七月、党政調会長となる。一九九四年六月、村山内閣で通産大臣に就任。

一九九五年九月の総裁選で、小泉純一郎を破り、総裁に就任。

翌五日午前十時、新年初の閣議がおこなわれた。閣議後、村山総理、橋本通産大臣、武村大蔵大臣の与党三党首が総理執務室に残った。村山総理は、淡々として言った。

「今日、退陣する肚を固めた。午後、記者会見をおこなう」

橋本は、面食らった。

〈今日、辞めるつもりだったのか〉

村山総理の辞任表明を受けて、この日、与党三党は党首会談などを開き、連立の枠組みを維持する方針を確認。後継総理には、与党第一党の橋本を推すことで一致した。

橋本は思った。

〈これは、エライことになったな……。沖縄との関係など、村山さんの人柄や社会党の持ち味

でつながっている部分がある。おれが政権を受け継ぐことによって、その糸が切れやしないだろうか。大丈夫かな……〉

一月十一日、衆参両院本会議で橋本が首班に指名された。橋本総理は、この日夕方に組閣を終え、橋本政権が発足した。

九月二十七日、臨時国会が召集された。

橋本総理は、冒頭で衆議院を解散。小選挙区比例代表並立制のもとで初となる十月八日公示、二十日投開票の衆院選に突入した。

十月二十日、投開票がおこなわれた。

自民党は、単独過半数に届かないものの、選挙前勢力の二百十一を二十八議席上回る二百三十九議席と復調した。

十一月七日、第二次橋本内閣が発足。社民党（一九九六年一月に社会党が改称）と新党さきがけが閣外協力に転じたため、三年四カ月ぶりの自民党単独政権となった。

鳩山由紀夫の「排除の論理」で民主党が誕生

いっぽう、一九九六年一月十日の夜、新党さきがけの枝野幸男は、代表幹事の鳩山由紀夫に赤坂プリンスホテルのバーに呼ばれた。枝野を説得することが目的のようだった。

枝野は、栃木県宇都宮《うつのみや》市出身。東北大学法学部を卒業。弁護士となり、一九九三年の衆院選に日本新党から旧埼玉五区で立候補し、初当選。

鳩山は、一九四七年二月十一日、東京で生まれた。祖父は、元総理大臣の鳩山一郎《いちろう》。父親は、元外務大臣の鳩山威一郎《いいちろう》。東大工学部を卒業後、専修《せんしゅう》大学助教授を経て、一九八六年に自民党で衆議院議員に当選。一九九三年に離党し、新党さきがけに参加。細川内閣で官房副長官となる。

枝野は、聞いてみた。

「これは、社民党とさきがけによる新党をつくるまでの時間稼ぎなんですか？」

枝野には危機感があった。

〈新しい党にならなければ、自民党と新進党の間で埋没してしまう〉

そのため橋本内閣に協力するなら、新しい内閣が続いている間に新党づくりを進め、自民党体制を打ち壊せる極を形成するということ以外、理由はないと鳩山にただした。

鳩山は、明言した。

「そのつもりだ」

返答に納得した枝野は、条件を出した。

「薬害エイズ（問題）は、ちゃんとやってもらえるのか？」

「大丈夫だ」

そう言う鳩山が、枝野に尋ねた。

「厚生大臣がうちの党から出たら、枝野君はやりやすいか、やりにくいか。どっちだ？」

「わたしは、どちらでも関係ないと思います」

このとき、鳩山の頭のなかには、「菅直人厚生大臣」の絵があったのかもしれない。

菅は、一九四六年十月十日、山口県宇部《うべ》市に生まれた。父親の転勤にともない、山口県立宇部高校から東京都立小山台《こやまだい》高校に編入し、卒業。東京工業大学理学部に入学した。

卒業後は、弁理士事務所に勤務。政界入りのきっかけは、一九七四年の参院選で市川房枝《いちかわふさえ》の選挙スタッフを務めたことだ。

その後、自らも一九七六年の衆院選に無所属で立候補し、落選する。こうした活動を通して江田三郎《えださぶろう》に誘われるかたちで社会市民連合に参加。翌一九七七年の参院選では社会市民連合から出馬するも落選。一九七九年の衆院選では社会市民連合から名称を変更した社会民主連合から出馬するも、またもや落選した。

念願の国政入りは一九八〇年。三度目の正直ならぬ四度目の正直でつかんだ初当選だった。以降は、土地問題などを中心に市民派の政策通として少数政党の社民連のなかで活躍していく。

一月十一日、村山内閣は総辞職し、首班指名がおこなわれた。自民党、社民党、新党さきがけによる橋本連立内閣が発足した。

厚生大臣には、菅が就任した。

一九九六年春、厚生大臣として菅が薬害エイズ問題で脚光を浴びているころ、新党さきがけ代表幹事の鳩山は、簗瀬進《やなせすすむ》や新進党幹部の船田元と新党構想を打ち上げていた。

「鳩船《はとふな》新党」と呼ばれたこの動きは、結局、船田が保守政党に固執したため、断念することになる。

新党への動きが進められていたが、枝野がこの動きにかかわることはなかった。

枝野は、一九九五年の参院選で新党さきがけが惨敗したときから考えるようになっていた。

〈社会党とさきがけが合併するしか道はない〉

社さ丸ごと合併が枝野の理想だった。が、鳩山が違う道を選択し、新党をつくろうとするなら、それはそれでいいと思っていた。

枝野は新党さきがけの限界を感じていた。新党さきがけは、一人ひとりの議員の素質、志にはすばらしいものがある。しかし、そのため、一種の排他主義のようなところもある。体質が少しでも異なる人は入りにくいところがある。少数精鋭の党であり、大きくなっていくことはない党だった。これでは、単独での政権を目指すことはできない。

また、与党にいたことが、新党さきがけの限界をつくっていた。まだ村山内閣はましだったが、橋本内閣では自民党の補完勢力になってしまった。そんなふうに分析していた枝野にとって、発展的解消はやむをえないことだった。

が、いっぽうで思っていた。

〈さきがけが分裂してしまうのは勘弁してくれよ。全員一緒に新しい党に移行する。そうであってほしい〉

しかし、鳩山ひとりが新党をつくるためにどんどん先に進んでいく。鳩山は、思っていることを根回しなしに、どんどんマスコミに発表した。マスコミは、それを大きく取り上げる。その様子を見ていた枝野は、やきもきした。

〈武村さんとの関係は、どうなってしまうのか……。武村さんと鳩山さんに別れられては困る。「おまえはどっちにつく?」。そんな選択は迫らないでくれ〉

こうした動きのなかで、菅は大臣という立場もあり、新党づくりの表舞台からは半歩引いたところにいた。

枝野や若手議員は、菅が間に入り、武村と鳩山も結びつけ、新党の頭は菅になってもらうことを希望していた。

一九九六年八月二十七日、武村・鳩山会談が翌日開かれるという夜、当選一回議員八人が千代田区紀尾井町のホテルニューオータニに集まり、鳩山を囲んだ。

枝野は、鳩山に訴えた。

「鳩山さんが、本当にたった一人で旗を揚げ、この理念と政策に共感する人は集まってくれ、とやってほしい。最初から何人かで集まり、だんだん増やしていく、そんなやり方ではダメです。だから、これから一週間でも十日でもホテルにこもり、その政策をつくってください。それが先です。このようなやり方なら、われわれはついていきます」

鳩山は答えた。

「わかった」

しかし、八月二十八日の会談で、二人の話し合いは決裂する。

鳩山は離党し、新党グループを結成すると表明。武村は新党さきがけ代表を辞任した。

枝野は、記者からの質問に答えた。

「鳩山さんがやろうとしていることは、わたしの想定と違う」

新党さきがけ全体で鳩山新党に合流する考えを示してきた枝野は、新党さきがけにとどまって新党結成を模索する考えを示した。

取り残されたかたちの枝野ら若手議員たちからは、いろいろな声が上がった。

「われわれは、どうしたらいいのか」

「残ったもので、再生させるしかないのか」

「菅さんに新代表になってもらおう」

ところが、菅はしたたかだった。

出張先の長崎から帰ってくる菅を羽田《はねだ》空港で待っていた枝野は、一緒の車に乗り込んだ。

薬害エイズ問題で一緒に活動していたこともあり、若手議員たちが枝野に頼んだのである。

「おまえが説得してこい」

頼まれたものの、内心では思っていた。

〈鳩山さんが抜けたこの時点で、さきがけの新代表になんて、菅さんはならないだろう〉

それでも、言ってみるだけ言ってみることにした。

「みんな、動揺しています。菅さんが頼りみたいです」

菅は、厳しく言い放った。

「動揺したいやつにはさせておけばいい。こんなときに動揺するようなやつに、政治をやる資格なんかない」

それから数日後、菅と鳩山の間で、話し合いの場が持たれた。

また、鳩山は、北海道知事の横路孝弘《よこみちたかひろ》とも接触を重ねていた。

鳩山は、すでに動きかけていた鳩山新党の動きを、いったん凍結させることに合意。もう一度、鳩山が離党する前の段階に戻って新しく立ち上げるという構想が進められることになった。

こうして、鳩山と実弟である新進党の鳩山邦夫《くにお》、菅、横路の代理で社民党の岡崎《おかざき》トミ子《こ》の四名が「民主党設立委員会」結成の呼びかけ人となる。

この時点で、枝野は思っていた。

〈武村さんを排除するとかしないとかより、社民党のほうが問題だ〉

社民党の村山は新党の動きを了解し、党の機関でも「個人の資格で、ただし全員が参加しよう」との方向が決定される流れになっていた。

ところが、イレギュラーの発言が飛び出す。

「あらゆる人に呼びかけるが、入ってもらっては困る人もいる」

鳩山が、自社さ政権の中心人物である元総理の村山、新党さきがけ代表の武村の参加拒否を主張した「排除の論理」である。

これにより、社民党の一部が反発し、全員の参加が消えてしまうことになる。

新党さきがけも、全員が参加することにならなかった。

一九九六年九月中旬、新党「民主党」に対して、衆議院から五十一人、参議院から三人の現職国会議員が参加の意向を表明した。

枝野は言った。

「菅さんがいる限り、民主党に参加する」

新党さきがけと別れることはつらいという思いもあったが、菅と行動をともにしてきたことが民主党に加わる決意につながった。

いっぽうで、不満も漏らしていた。

「来てもらいたい人は、全部来てもらうという姿勢でないとダメ」

こうして、民主党の結党と同時に、枝野にとっての二度目の衆院選が始まろうとしていた。

一九九六年十月八日、第四十一回衆院選の公示日を迎えた。

十月二十日、投票日の夜。開票速報を見ながら、枝野は複雑な心境だった。

〈仲間は、大丈夫だろうか……〉

枝野は、五万一四二五票を獲得した。自民、新進の候補についで三位だった。小選挙区では落選したが、惜敗率が民主党のなかでトップだったため、比例代表北関東ブロックで当選した。

自分の当選に喜ぶいっぽうで、落胆もした。特に、民主党の荒井聰《あらいさとし》の落選が一番こたえた。日本新党から一緒で、薬害エイズ問題で本当に評価される水面下の重要な役割を担っていたのが荒井だったからだ。

衆院選後、民主党は、連立政権に参加しなかった。

枝野は、仙谷由人政調会長を補佐する政調会長代理に就任した。

その後、一九九七年九月十八日、民主党は共同代表制を廃止し、党代表に菅、新設の党幹事長に鳩山が就任した。

一九九八年七月十二日投開票の第十八回参院選で、橋本総理率いる自民党は歴史的な大敗を喫した。自民党百三議席、民主党四十七議席、共産党二十三議席、公明二十二議席、社民党十三議席、自由党十二議席、新党さきがけ三議席。参議院での単独過半数割れに追い込まれたのである。

橋本総理は、選挙直後に辞任し、後継には、小渕恵三が選ばれた。

小沢一郎を「悪魔」とまで呼んだ野中広務

七月三十日に発足した小渕内閣は、参議院で少数与党であるために、非常に不安定な舵取《かじと》りを強いられていく。

臨時国会最終日の十月十六日に防衛庁調達実施本部背任事件があり、参議院本会議に防衛庁長官の額賀福志郎の問責決議案が提出された。可決され、参議院で不信任された閣僚が参議院で答弁に立つことは認められないという理屈から額賀は小渕総理に辞表を提出した。

自民党にとって参議院が少数であることは致命傷になっていたのだ。

一九九八年十月二日、総理官邸に野中広務官房長官を訪ねた自由党の国対委員長の二階俊博は迫った。

「小沢党首と野中官房長官は、おたがいに国家のため、政治家として話し合いをされてはいかがですか」

野中は答えた。

「この際、ぜひお会いをしたい。小沢党首と話し合うことは大事なことだと思う」

小沢と野中は、経世会分裂抗争以来、激しく対立してきた。野中は、小沢のことを「悪魔」呼ばわりしている。

野中は『私は闘う』（文藝春秋《ぶんげいしゅんじゅう》）という著作で、金丸信が佐川急便からの五億円の献金を認めて副総裁を辞めると耳にしたときに、「わたしは『クーデターやな』と直感した」と書いている。

《私は、この金丸辞任後に神奈川県・箱根《はこね》で開かれた経世会の研修会でも、会長代行だった小沢一郎さんが「金丸会長の問題処理は私に任せてほしい」と言った時、猛然と反対している。私は小沢さんの派閥乗っ取りの野心を警戒していた。金丸献金問題で揺れる経世会を竹下、金丸を放逐することで一気に自分の手勢で乗っ取ろうとしていると踏んでいたのである。

小沢さんは金丸問題の処理を独占するためにあらゆる手段を使った。金丸邸に来ては「私に任せてください」と言いながらさめざめと泣いたり、号泣したりした。大の大人が本当にこれをやったのである。人情家の金丸さんは「小沢に涙を出して泣かれた」と言っては「一郎、もういい。お前の言う事は分かった」と、次第に小沢さんに問題をあずけてしまうような形になっていた。私は横にいて「ようあれだけうまいこと涙が出るな」と思い歯ぎしりをしたが、どうしようもなかった。

小沢さんは金丸問題の処理を独占していくことによって派内の抗争を勝ち抜こうとしていた。突然の「五億円授受を認め、副総裁を辞任する金丸会見」も、経世会の反小沢派がすべて出払っている夏休みの時期をねらって、強行したのである。

私は何としてもこれを阻止しなければと考えた。》

十月八日、小沢・野中会談が始まった。

この小沢・野中会談は、自自連立を大きく前進させるターニングポイントとなる。

じつは、自民党は与党に参議院議員が欲しく、本当は自由党より公明党と連立を組みたかった。自由党と組んでも、参議院の数は過半数に遠かったのだ。公明党の参議院議員は自由党より多く、公明党と組めば過半数に達するのだ。

しかし、公明党はそれまで敵対していた自民党といきなり組むことはできない。

そこで、自民党はまず自由党と組み、それから公明党と組もうとしていたのだ。

十一月十九日正午過ぎに小渕・小沢会談が総理官邸中二階の執務室でおこなわれた。

小沢は、最初から「いまただちに実行する政策」というペーパーを提示し、迫った。

「この合意なしに連立の枠組みをつくるのは無理だ」

このペーパーが、総理官邸地下の小食堂に持ち込まれた。そこには、自民党五役である森幹事長、池田行彦《いけだゆきひこ》政調会長、深谷隆司《ふかやたかし》総務会長、井上裕《いのうえゆたか》参議院議員会長、青木幹雄《あおきみきお》参議院幹事長、それに野中官房長官が控えていた。

ただちに、この提案内容の検討に入った。

彼らは、そのペーパーに目を通した。

「政治・行政改革」は、次のように厳しい内容であった。

（1）国会の政府委員制度を廃止し、国会審議を議員同士の討論形式に改める。そのために必要な国会法改正など法制度の整備は次の通常国会において行う。
（2）与党の議員は大臣、副大臣（認証官）、政務次官あるいは政務補佐官として政府に入り、与党と政府の一体化を図る。そのための国家行政組織法改正など法制度の整備は次の通常国会において行う。
（3）行政改革の一環である中央省庁の再編は、一府十二省とする。ただし、閣僚の数は金融監督庁所管の大臣を加えて、十四人とする。なお、経過措置として連立政権の発足にあたっては現行二十人の閣僚の数を十七人に削減する。
（4）国家公務員は来年度（引用者注＝一九九九年度）採用分から毎年新規採用を減らし、公務員数を十年間で二五％削減する。
（5）衆院、参院とも、当面、両議員定数を五十ずつ削減することを目標として、自民・自由両党間で協議を行い、次の通常国会において公選法の改正を行う。

小沢は、小渕が自由党のこの政策を呑み込み、合意したことに、内心びっくりした。喜びが湧き上がってきた。

〈この政策が、本当に実現できるんだ……〉

小沢は、さらに思った。

〈この政策を成し遂げたら、小渕内閣は、歴史に残る大変な内閣になる〉

小沢は、小渕総理が「政府委員制度廃止」まで合意するとは思えなかった。

〈近代国家になった明治以来の官主導の仕組みを、民主的プロセスによって変えることができるんだ。今度の国会で実現したら、大変なことだ〉

小渕総理は、小沢に言った。

「政府委員の問題でも、安保の問題でも、みんなわたしは個人的には大賛成だ」

小沢は、午後四時過ぎ、合意書にサインを交わした。

小渕は、「一つよろしく」と小沢に声をかけて握手を求めた。小沢は、目をうるませて「はい」と小声で答え、頭を下げた。小沢が竹下派を割ってから六年。同じ釜の飯を食べて育った二人の政治家が、ここに手を結んだのである。

小沢・小渕の党首会談で話し合われたこと

十二月十九日午前十時から、小沢・小渕の党首会談が総理官邸でおこなわれた。

小沢は、ほとんど一方的にしゃべりまくった。一カ月前の小渕・小沢党首会談で基本的方向性が一致した行政改革などの合意事項の実現を強く迫った。もっともこだわったのは、閣僚数の削減であった。小沢は要求した。

「行政改革を進める立場から、閣僚を二十人から十七人に減らすべきだ」

消費税の凍結や国連軍参加にともなう憲法解釈の変更など、税制や安全保障では次々と譲歩を迫られている。これ以上の妥協は、党内的にも許されないという事情があった。

が、もっと大きな理由は、閣僚の削減数が、内閣改造の規模に直結すると見られていることだ。削減数が少なければ、自由党の入閣ポストだけを代えるなど、小幅改造に終わる可能性がある。

その場合、自由党が連携してきたいわゆる「保保派」である亀井静香ら非主流派が狙う党三役や主要閣僚入りは難しい。自由党が与党の片隅で干される可能性すらある。

が、小渕総理も譲らなかった。

「二十人から一人減らして、十九人ではどうか……」

小沢の主張どおりに閣僚三ポストを削減し、さらに自由党にポストを渡せば、自民党は、一気に五ポストを失う。連立政権づくりの代償としては、痛みは小さくない。

とりわけ党内では、加藤紘一《かとうこういち》ら主流派と、梶山静六、亀井ら非主流両派が主導権争いを演じている。この問題の処理を誤れば、総理に不満の矛先が向くことにもなりかねない。

二時間四十五分にもおよんだ小渕・小沢会談は、「十七に」「いや、なんとか十九で」と平行線に終わり、ついにまとまらなかった。

この間、小渕総理は、森幹事長に電話を入れて説明した。

「小沢氏は、この種の問題を足して二で割るような性格の人ではないから」

小沢の強硬姿勢を伝えることでポスト削減を自民党側が受け入れやすくしようという狙いであった。

しかし、党首会談の直前、小沢が自民党側に難色を示してきた。

「閣僚数は、十八で譲歩する。しかし、安全保障をなんとかしてくれ」

小沢は、閣僚数で一人分譲歩する代わりに、安全保障問題にはこだわったのである。

官邸は「安全保障の原則を確立する」というくだりを合意に書き込むことを打診。

小沢も、了承した。

小渕、小沢の党首会談は、夜の十時二分から総理官邸で再開された。

小渕総理は、閣僚数十七にこだわる小沢に妥協案を出した。

「十七プラス金融再生委員長ポスト一を加え、十八では……」

小沢も呑んだ。

小渕は、このあと総理官邸で開いた自民党五役との会談で語った。

「引き続き、執行部のみなさんには、次の国会でもご苦労願いたい」

森幹事長、池田政調会長、深谷総務会長の党三役と、参議院議員会長、参議院幹事長を留任させる考えを伝えた。党人事に手をつければ、党内の主流派と非主流派との抗争が拡大して政権基盤を揺るがしかねないため先送りしたのである。

小沢党首は、小渕総理から三回目の党首会談を要請された。

当初、小沢党首は、党首会談を受けるつもりであった。が、連日、自由党がポストを要求してごねている、という報道が流されている。党内にも、「これなら連立政権は断念せざるをえないのではないか」という声がにわかに起こってきた。

小沢党首も、人事の話なら党首会談に応じられない、と十二月二十八日に予定されていた会談の延期を申し入れたのである。

二十八日夕、総理官邸で協議した小渕総理と野中官房長官、森幹事長は、念仏のように言い合うばかりだった。

「我慢。我慢、だ……」

小渕総理は、記者団から難航気味の連立協議について感想を聞かれたときも、苦笑交じりで言った。

「それはいま、自由党との間で協議している。僕がこうしなさい、とは言えないじゃないですか」

小渕総理らは、自自連立へのレールはすでに敷き終わった気分でいた。小渕総理が加藤紘一、山崎拓《やまさきたく》、小泉純一郎のいわゆるＹＫＫに会って協力を求めたのも、あとは仕上げの党内調整だけ、といった気持ちからだった。

それだけに、小沢の瀬戸際の踏ん張りには、総理周辺ですら、戸惑いの声が上がった。

「最後まで小沢氏が安保問題でこだわるなら、連立話をなしにするしかない」

自民、自由両党は、十二月二十八日の幹事長会談で、連立政権の政策に関する五つのプロジェクトチームの設置に合意した。

「閣僚に代わって官僚が国会答弁をする政府委員制度の廃止・副大臣制導入に関する協議」「国会議員の定数削減に関する協議」「安全保障の基本原則に関する協議」「中央省庁再編・公務員定数削減に関する協議」「経済・税制に関する協議」の五つであった。

プロジェクトチームは、一九九九年一月十九日の通常国会召集日までに結論を出す。「経済・税制に関する協議」だけは、随時協議することに決まった。

十二月二十九日午後九時前、小沢党首は、総理官邸に向かった。

二階は、小沢党首の後ろ姿を見送りながら思った。

〈場合によっては、この会談によって連立が壊れるかもしれない〉

自分たちが提案している政策を曖昧に呑み、まるで子どもをあやしているような調子で真剣に受け止めないということであれば、それもしょうがないのではないか。自自連立は、自由党の議員にとっても政治生命がかかっている。各議員が、これまで選挙区で行動してきたこと、世間に発表してきたことと自自連立のための政策課題が合致するのか。小沢党首は、一人ひとりの国会議員の意向を確かめておきたいとして全員と話し合いをおこなった。そして、われわれ全国会議員が小沢党首に一任することを決めた。

自民党は、いい言葉で言えば幅が広くて奥行きもある。歴史も伝統もある。さらに論客もそろっている。それぞれ整備された派閥がある。こういう状況のなかでは、議論は簡単に結論を得られないということが、わからないわけではない。が、この国難とも言えるような状況に置かれているときに、政治家として打開していくために何をなすべきか、何をすればいいのか。

そのことを考えて自分たちは、政策の似通ったグループが一致団結、一致協力して国難に立ち向かおうと決意したのだ。

「自自連立」から「自自公連立」へ

一九九九年一月十四日、自自連立政権が発足した。

小渕総理は、小沢党首に入閣を要請した。が、小沢党首は辞退した。代わって野田毅幹事長が自治大臣として入閣した。

一九九九年三月十二日、新しい日米防衛協力のための指針、いわゆるガイドライン法案の審議が衆議院本会議で始まった。

三月十八日には、衆議院ガイドライン特別委員会が開かれ、本格的な論戦がスタートした。

だが、自由党は「周辺事態」の定義の明確化にこだわり、自民党との協議は難航した。小沢党首は、連立離脱も辞さずという強硬な姿勢を見せていた。

四月二十五日午前十一時三十分から自自の国対委員長会談が開かれた。

正午には、自公の国対委員長会談。

午後一時、自自公の国対委員長会談。

午後二時、二回目の自自公の国対委員長会談。これらの会談は、院内の公明党役員室でおこなわれた。二階が顔を出すと、すでに自民党の古賀《こが》誠《まこと》国対委員長、公明党の冬柴鐵三《ふゆしばてつぞう》幹事長が顔をそろえていた。

いっぽう、ホテルニューオータニでは自民党の池田政調会長、自由党の藤井裕久幹事長が会談をおこなっていた。そこに自民党の古賀国対委員長と自由党の二階国対委員長も加わった。

さらに、その席に、公明党の冬柴幹事長と草川昭三《くさかわしょうぞう》国対委員長が加わった。

その会談で、「船舶検査活動に関する条項は削除し、今国会中にも別途、立法措置を取ることとし、ただちに、自民、自由および公明・改革の三会派間で、これについての協議を開始する」という覚書がまとまった。このときすでに自自公の合意がなされていたのだ。

午後八時、ホテルニューオータニで自由党の小沢党首、藤井幹事長、二階国対委員長の三人が自自公の合意について話し合った。

午後八時半、小沢党首はオーケーを出した。

一九九九年七月七日夕方、小渕総理は自由党の小沢党首、公明党の神崎武法代表とそれぞれ会談し、自自公連立政権づくりに着手する考えを正式に表明した。

一九九九年八月十日、小沢党首は、党本部で全議員懇談会を開いた。その席で、自ら作成した、①連立の一体化（自・自―公）、②連立継続（自―自―公）、③単独（自由党）という今後の政局シミュレーション図を示し、説明した。

小沢党首は、連立を離脱した場合でも次期衆院選ではかえって有利と分析し、強気の姿勢を貫いた。

一九九九年九月二十一日、自民党総裁選の投開票がおこなわれた。小渕総理は、全体の七割近い票を集め、再選を果たした。

小渕総理は、党役員・内閣人事の具体的な検討に入った。二階が運輸大臣兼北海道開発庁長官に就任した。

一九九九年十月五日、自民党と自由党の連立政権に新たに公明党が加わり、いわゆる自自公連立政権が発足した。

自民党は、公明党と組むことで、参議院の過半数は埋まったのだ。はっきり言って、数からして自由党は必要なくなったのだ。うるさい小沢自由党が煩わしくなっていく。

小沢は、自自連立はもうダメだという見切りをつけ始めていた。公明党が入ってきた秋以降は、いつ連立政権を離脱するか、そのタイミングを計っていた。

ただ、小沢は、なかなか踏ん切りがつかなかった。側近の達増拓也《たっそたくや》に、ぼそりと漏らした。

「二階にも、大臣として正月のあいさつをさせてやらないと気の毒だからな」

二〇〇〇年三月二十七日、小沢は、党常任幹事会で連立政権への今後の対応について、離脱問題をめぐって党内調整に入る意向を明らかにした。

「二十九日の全議員懇談会で、最近の状況について申し上げたい。意見のある人は、個別に言ってきてほしい」

小沢は、三月四日に小渕総理と会談した際に、自民党と自由党が衆院選前に解党して新党を結成することも視野に「両党間の完全な選挙協力をする」「両党間で新たな政党合意を交わす」などを申し入れた。

しかし、選挙協力はわずか五選挙区にとどまった。小渕総理は、衆院選前の自自合流はないとの見解も示した。

小沢は、自民党に不満を募らせ、講演などで発言していた。

「約束した政策を実行しないのなら、連立していても意味がない」

自由党は、これまでにも一九九九年八月の通常国会会期末、公明党が政権参加した十月、暮れの臨時国会の会期末と三回にわたって「離脱騒ぎ」を起こしてきた。今回で、じつに四回目であった。

党内は「連立を離脱して、自由党本来の政策や主張を貫くべきだ」という連立離脱派と「いや、あくまで連立にとどまり、自自公体制のなかで選挙を戦うべきだ」という連立維持派に分かれ、分裂含みの状況となった。

三月二十九日午後五時、自由党の全議員懇談会が開かれた。

小沢党首は、スライドなどを使って独自の世論調査結果として、自自公連立政権の支持率がいかに低下しているかを説明した。

「このままいったら、選挙は勝てない。自民党は、小渕総理をはじめ危機感が欠如している。健全な保守主義を標榜《ひょうぼう》して戦うことが必要だ。わたしが邪魔なら、わたしがどいてもいい。保守勢力は危機的状況にある。新しい保守勢力をつくらないと大変なことになる。聞き入れられなければ、外に出て批判勢力の受け皿になることも考えている。そのときにどうするのか。諸君も、自分の立場で考えてもらいたい」

そのうえで言った。

「近く、小渕総理とも話をしなければならない。その段階で判断することが大事だ」

「小沢党首との関係で、連立はうまくいかないと思う」

四月一日午後六時、小渕総理、自由党の小沢党首、公明党の神崎代表の与党三党首による会談が総理官邸でおこなわれた。青木幹雄官房長官も同席した。

小沢は、「三党政策合意要旨」を配った。

小沢は、その紙を読み上げげた。

その後、小沢と小渕二人きりで話し合った。

その後、再び青木、神崎も加わった。

小渕が言った。

「やっぱり、連立は、みんなが努力して、おたがいに誠実に対応することが必要。気持ちが合わないとうまくいかない。その意味では、小沢党首との関係で、連立はうまくいかないと思う。自由党との連立は、解消させていただきます。引き続き公明党さんとはやりたい」

小沢は言った。

「大変残念であり、はなはだ遺憾だ。あくまで政策の実現を求めるだけだ」

青木が言った。

「政策というより、体質の問題だ」

小渕も言った。

「そんなことを言うのなら、信頼関係が保てない」

小沢は思った。

〈おそらく、自由党を出ていく議員を引っ張り込む目処《めど》がついたからだろうな。そもそも、党首会談を開かなくても、結論はわかり切っていた〉

小沢は、すぐに立ち上がった。

「じゃあ、わたしはこれで失礼します」

会談後、小渕総理は森幹事長と協議し、その後、記者団に自由党との連立を解消する意向を表明した。

「連立の運営について協議したが、基本的な考えが一致せず、信頼関係の維持が困難になった。わたしと神崎代表は、自民、公明・改革クラブで引き続き連立を維持することで一致した」

小沢も、記者会見で表明した。

「粘り強く政策合意を求めていくというのはもう無理だ」

自由党の政権離脱が、事実上決まった瞬間であった。

午後七時五十分、小渕総理は、報道各社のインタビューで、自由党との連立解消を正式表明した。

小渕総理は、公明党に、自由党の野田毅らが結成する新党「保守党」を加えた新たな三党連立を構築する方針でいた。

が、小渕総理は、四月二日午前零時半ごろ、公邸で体調の不調を訴えた。

深夜一時過ぎ、秘書のライトバンで千鶴子《ちづこ》夫人につき添われ、順天堂《じゅんてんどう》大学附属病院に向かった。臨床診察で脳梗塞の疑いがあることが千鶴子夫人に伝えられた。緊急入院となった。

午後二時ごろ、順天堂大学附属病院のＭＲＩ（磁気共鳴断層撮影）で、小渕総理は、脳梗塞と診断された。

四月二日午後十一時半、思わぬ事態が明らかになった。青木官房長官が、緊急記者会見で言った。

「小渕総理は、本日午前一時ごろ、過労のために緊急入院した。現在検査中であり、結果については判明次第発表する」

小沢は、小渕総理の入院を知り、驚きを隠せなかった。

〈党首会談を終えての握手は、力強かった。まさか、倒れるとは思わなかった……〉

四月三日、自由党の全議員懇談会が開かれた。連立維持派は自由党を離党し、新党を結成することになった。二階も、新党に参画することを決めた。

四月五日、自民党は、森を新総裁に選出。公明党、保守党とともに森を総理に指名し、自公保三党による森連立政権が発足した。

第四章 「大連立構想」で自民党を揺さぶる小沢一郎

総理大臣に指名され、あいさつに訪れた麻生太郎（右）を迎える
民主党の小沢代表。総理大臣が毎年交代する「ねじれ国会」の異常事態のなかで、
二人の胸のうちにあった思惑とは（2008年9月24日）

「自自公連立」から「民由合併」へ

自由党が連立政権を離脱してまもない二〇〇〇年四月十三日、民主党の鳩山代表と自由党の小沢党首がひそかに会談した。仲立ち人は、民主党副代表の石井一であった。鳩山は、一九九九年九月の民主党代表選で、菅を破り、新代表に選出されていた。

小沢は、自自公連立について会談の席で言った。

「自民党に、だまされた。野中の卑怯《ひきょう》な手法に、またやられてしまった。一度はひれ伏して、何としても連立を、と言ったのに、裏からわがほうに手を突っ込んできた」

会談は、雑談に終始した。

石井は、二人のやりとりを聞きながら思った。

〈小沢は、「鳩山は、どの程度のタマなのか」とタマ調べをしている。鳩山は、「小沢は何を考えているのか」ということを探っているようだな〉

雑談のなかで、小沢はさらりと言った。

「野党連合を形成し、国民に政権構想を示して衆院選が戦えればいい。首班候補は、第三者でもいいじゃないか。おたがいに共通の首班候補を探せないだろうか。全野党が共闘すれば、自民党は一発で吹っ飛ぶぞ」

しかし、民主党は、民主党を中心とした勢力で、孤高の道を歩むという方針を決めている。石井は思った。

〈その着眼点は、鋭い。が、われわれの首班候補は、あくまでも代表の鳩山だ〉

なお、二〇〇〇年六月二十五日投開票の衆院選では、一部で、民主党と自由党の選挙協力は実現する。

二〇〇二年、小沢は鳩山民主党代表からの民主・自由両党の合併に向けた協議提案を受け入れた。しかし、民主党内の調整が不十分であったこと、および民主党内の小沢に対する拒否反応のために頓挫した。

鳩山が代表を辞任した後に党代表に選出された菅によって、いったん合併構想は白紙に戻ったが、小沢は党名、綱領、役員は民主党の現体制維持を受け入れることを打診し、両党間で合併に合意した。

二〇〇三年九月二十六日、自由党は民主党と正式に合併し、小沢は「一兵卒になる」と宣言して無役となった。

小泉政権による二〇〇三年十一月九日の第四十三回衆院選で民主党は、公示前議席より四十議席増の百七十七議席を獲得、十一月二十七日に小沢は代表代行に就任した。

民由合併後、小沢が最初に提携したのが社民党出身者で構成する民主党の派閥・新政局懇談会を率いる横路孝弘だった。小沢と横路は安全保障面での政策を擦り合わせ、その後、横路と旧社民勢力は小沢と行動をともにした。

二〇〇四年五月、年金未納問題による混乱の責任を取り、党代表を辞任した菅の後継代表に、小沢が内定したが、直後に小沢自身も国民年金が強制加入制度になる一九八六年以前に未加入だったとして、代表就任を辞退した。結局、岡田克也《おかだかつや》が後任代表となった。

七月十一日におこなわれた第二十回参院選のあと、岡田の要請により、小沢は党副代表に就任した。

二〇〇五年九月十一日、第四十四回衆院選で民主党は現有議席を六十四も減らす惨敗を喫し、岡田は代表を引責辞任し、小沢も党副代表の職を辞して六日後におこなわれた党代表選にも立候補しなかった。

二〇〇六年三月三十一日に、前原誠司《まえはらせいじ》が、ライブドア事件にからんだ「堀江《ほりえ》（貴文《たかふみ》）メール問題」の責任を取って党代表を辞任、四月七日の民主党代表選で小沢は百十九票を獲得して菅を破り、第六代の民主党代表に選出された。

両院議員総会の演説で小沢は、「変わらずに生き残るためには、変わらなければならない」という十九世紀のイタリア貴族の没落を描いた映画『山猫』の一節を引用し、そのうえで「まず、わたし自身が変わらなければなりません」と述べ、「ニュー・小沢」を印象づけた。

代表選後、小沢は菅を党代表代行、鳩山を党幹事長にするトロイカ体制を敷いた。また、前執行部と次の内閣メンバー全員を残留させた。

小沢は政令指定都市、都道府県の首長選挙に関しては原則として相乗り禁止の方針を打ち出した。また、国会対応では前原時代の「対案路線」ではなく、「対立軸路線」で与党とは対決姿勢を鮮明にした。

四月二十三日、メール問題での逆風下にあった衆議院千葉七区補選で、僅差ながら勝利した。半年後の九月十二日の民主党代表選に小沢は無投票で再選した。九月二十五日、臨時党大会で正式に代表に再任した。

七月二十九日におこなわれた第二十一回参院選で民主党は六十議席を獲得、参議院第一党となり、野党全体（共産党を含む）で過半数を得た。

この参院選の結果を受けて、国会は野党である民主党が参議院の議事の主導権を握る「ねじれ国会」の状態となった。

八月八日には、十一月に期限切れとなるテロ対策特別措置法（テロ特措法）問題について小沢は、アフガン戦争が国際社会のコンセンサスを得ていないとして海上自衛隊の支援活動は認められないと主張し、反対の意向を示した。

総理大臣の安倍晋三は事態を打開すべく、小沢との直接会談を検討したが実現せず、自身の体調の悪化などもあり、九月十二日に辞任を表明した。結局、テロ特措法は安倍内閣総辞職の影響もあり、期限の延長ができずに失効した。

安倍の後任を決める内閣総理大臣指名選挙が九月二十五日におこなわれ、参議院では野党が過半数を獲得しているいわゆる「ねじれ国会」での参議院で決選投票の末に福田康夫自民党総裁を抑えて、小沢が指名された。小沢百三十三票、福田百六票。

衆議院で指名された福田が、衆議院の優越規定に基づき、総理となった。

福田康夫から持ちかけられた「大連立構想」

二〇〇七年十月三十日午前、公明党代表の太田昭宏《おおたあきひろ》は、福田総理から電話を受けた。福田は、これから、民主党代表である小沢との党首会談に臨むところであった。

福田ももちろんだが、安倍、小泉ら歴代総理をはじめとした自民党は、節目節目で必ず連立を組んでいる公明党と連絡を取る。自民党側の思いを伝えること、行動を起こしたことの報告をすることで、常に密な関係性を保とうと配慮している。

しかも、このたびは、インド洋での海上自衛隊による給油活動継続のための新テロ対策特別措置法案の行方が混沌《こんとん》とするなかでおこなわれる党首会談である。さまざまな憶測を呼んでいた。福田総理が、小沢代表に、連立を持ちかけるのではないかという噂も立っていた。

福田としては、公明党に対して、より礼を尽くそうとしたに違いなかった。

太田は、あらためて党首会談に臨むことを報告した福田に聞いた。

「ところで、今回の首脳会談は、どちらから持ちかけた話なのですか」

福田は、はっきり口にした。

「こちらからです」

そして、さらに決意を強調するかのように、やや語り口を強めた。

「いわゆる、〝ねじれ国会〟と言われる状況のなかで、なんとか政策実現の道を模索したいと思っています。特に、テロ特措法、これをなんらかのかたちで成立させる道を模索したい。そのあたりをご理解いただきたい」

「ええ、それは、わかります」

その後、太田は、四十五分間におよぶ会談を終えたばかりの福田から、再び電話を受けた。

太田は、会談の労をねぎらったあと、福田に聞いた。

「合意点が見いだせたなどの、なんらかのかたちができましたか」

「いえ、いまのところは、まだないです。ないですが、もう一度、会談をします」

二回目の党首会談は、十一月二日午後三時から始まり、二時間あまりの休憩を挟み、午後七時半ごろまで続いた。

関係者によると、会談では、小沢が、福田に語ったと言う。

「自衛隊の海外派遣には、恒久法が必要だ。連立協議で恒久法について協議するなら、給油再開のための新テロ特措法案も、これまでの反対姿勢を改め、成立に協力する」

福田も、恒久法には賛成の立場である。会談をいったん中断し、自民党の伊吹文明《いぶきぶんめい》幹事長らに言った。

「法制上詰めないといけないので、時間をもらうことになった」

総理官邸に引き返したという。

連立の話が福田の口から出たのは、休憩が終わったあとのことであった。

連立については、太田は、福田から直接、二回目の会談の報告の一つとして受けた。

「政策協議、政策実現への新しい体制をつくるということで、政策協議をする機関をつくるか、あるいは、連立するかについて、小沢さんは党に持ち帰りました」

そのニュアンスからは、連立と言っても、閣内協力なのか、閣外協力なのかといった中身についてもよく詰めていないようであった。入閣する人数までも詰めた話をしたと、のちに一部で報道されたが、そこまで話し合われたとは太田には思えなかった。

太田としては、党としての結論を早急に出す段階にはないと判断した。実際に連立を組むのかどうか。その推移を見守る段階だと思った。率直に言えば、小沢が連立に同意したとしても、民主党が納得するとはとうてい思えなかった。連立には乗らないといった空気を、太田は、民主党から感じ取っていた。

なお、この大連立構想の背後には、中曽根元総理、読売新聞主筆の渡邉《わたなべ》恒雄《つねお》がいると言われている。

「みんなが言うなら、わかった。断る」

二回目の会談の日、小沢は、役員会で求めた。

「総理から連立の申し入れがあった。協議に入れば農業政策など参院選の公約が実現できる。みんなの意見が聞きたい」

役員からは、いっせいに驚きの声が上がった。

「えっ！」

輿石東《こしいしあずま》参議院議員会長は、困惑して語った。

「とにかく驚いた」

真っ先に挙手したのは、赤松広隆《あかまつひろたか》選対委員長だった。

「待ってほしい。ドイツは大連立だが、選挙前からこういうことをやる、と言ってからだった。今回のは、それとは違う。選挙で民意を得ないで連立を組むのは、おかしい。今すぐ断るべきだ」

小沢は、即座に切り返した。

「自社さ政権の例もある」

野田佳彦広報委員長が、たたみかけた。

「その場で、断ってほしかった」

結局、手を挙げた六人全員が、反対論を小沢に浴びせた。

「政策ごとの協議ならまだしも、連立は受け入れられるはずがない」

小沢は言った。

「みんなが言うなら、わかった。断る」

そう言って席を立ち、代表室から福田に断りの電話を入れた。

「せっかくの誠意だったが、対応できない」

十一月四日、小沢の記者会見が午後四時四十分から始まった。小沢は、自分で用意した「民主党代表としてけじめをつけるに当たり」という文書を読み上げた。

《福田総理の求めによる2度の党首会談で、総理から要請のあった連立政権の樹立をめぐり、政治的混乱が生じたことを受け、民主党内外に対するけじめとして、民主党代表の職を辞することを決意し、本日、鳩山由紀夫幹事長に辞職願いを提出し、執行部をはじめとして、同僚議員の皆さんに私の進退を委ねました》

小沢は、大連立への真意を読み上げた。

《2．民主党は、先の参議院選挙で与えていただいた参議院第一党の力を活用して、「マニフエスト」で約束した年金改革、子育て支援、農業再生をはじめ、「国民の生活が第一」の政策を次々に法案化して参議院に提出していますが、衆議院では依然、自民党が圧倒的多数を占めている現状では、これらの法案をいま成立させることはできません。逆に、ここで政策協議を行えば、その中で国民との約束を実行することが可能になります。

3．もちろん、民主党にとって次の衆議院総選挙に勝利し、政権交代を実現して、「国民の生活が第一」の政治を実行することが最終目標であり、私もそのために民主党代表として全力をあげて参りました。しかし、民主党はいまだ、様々な面で力量が不足しており、国民の皆様からも「自民党はダメだが、民主党も本当に政権担当能力があるのか」という疑問が提起され続け、次期総選挙での勝利は厳しい情勢にあります。その国民の懸念を払拭するためにも、政策協議を行い、そこで我々の「生活第一」の政策が取り入れられるならば、あえて民主党が政権の一翼を担い、参議院選挙を通じて国民に約束した政策を実行し、同時に政権運営の実績を示すことが、国民の理解を得て、民主党政権を実現する近道であると、私は判断いたしました。政権への参加は、私の悲願である政権交代可能な二大政党制の定着と矛盾するどころか、民主党政権実現を早めることでその定着を確実にすることができると考えています。》

翌五日の新聞各紙も、いっせいに報じた。

《民主党代表、辞意表明》（朝日新聞）

ところが、十一月七日午後四時半過ぎ、民主党本部で両院議員懇談会が開かれた。両院議員懇談会の場で小沢の代表続投が決まった。

小沢は、代表留任のあいさつをおこなった。

シャンシャンムードが漂うなか、挙手して発言を求めたのは仙谷由人であった。

「この会場の内輪の熱気と世間の感性には、相当ギャップがあります。政策をつくる際の議論の過程で『小沢代表がこう言っている』と間接話法で語られると、そこで議論が止まってしまう。議論停止、思考停止という感じで危ない。自立の気概が萎えている。小沢代表と議員との意思疎通が表層的で、だんだん少なくなっているのではないか。大連立をめぐるギャップはその一つの象徴だ」

小沢と仙谷の闘争が目に見えるかたちで火蓋を切ったのはこのときだった。「小沢」と聞くと、闘争心に火がつき、とたんに燃えてくる。政界にはそんな人間が二人いる。一人は仙谷、もう一人が自民党で小渕内閣の官房長官だった野中広務だ。

のちに仙谷は、小沢との闘争路線を取る……。

二〇〇八年九月一日、福田総理が突如として辞意を表明し、福田内閣は総辞職した。それを受けた総裁選では、麻生太郎、与謝野馨《よさのかおる》、小池百合子、石原伸晃《いしはらのぶてる》、石破茂といった閣僚級の候補者が顔をそろえて戦った。だが、盛り上がりに欠けた。すでに次を受け継ぐのは麻生という流れができあがり、自民党内が、勝ち馬に乗ろうとしているのが明らかだったからである。

案の定、麻生は、次点の与謝野とでさえ三百票近い差を開けた三百五十一票を獲得。第二十三代自民党総裁に選出され、九月二十四日には、第九十二代総理大臣に就任した。

しかし、組閣直後の世論調査では、麻生内閣への支持率は四八・六%と五〇%を切った。福田内閣発足時の五七・八%より低い数字であったものの、民主党の枝野幸男には、思ったより高かった。総裁選をした効果がゼロではなく、表紙を代えるだけでも支持率は上がるということを示していた。

そして、政権奪取を目指す民主党にとっては、このときこそ、もっとも解散に打って出てほしくなかった。いくら民主党に追い風が吹いていようとも、麻生に総理が代わったことで浮揚している自民党と戦うことになれば、選挙の結果はわからなくなる。

だが、麻生は、勝負には出なかった。解散が取り沙汰された十月二十六日、十一月三十日のタイミングを見過ごした。

枝野は、麻生の周辺で、「選挙をしないように」と麻生を引きとめてくれた人物に、民主党から感謝状を贈りたいとさえ思った。

あとから考えても、解散していれば、自民党に追い風が吹いた可能性は大きい。選挙期間中は、ちょうど株価が暴落し、経済的な不安感が広がった時期とぶつかっている。そのような状況で、有権者の投票行動は変わったのではないか。先行きの見えないときには、政権を担当したことのない民主党ではなく、政権を担当してきた自民党へと傾く。自民党が過半数の議席を獲得する可能性も十分に考えられた。

その後、麻生は、定額給付金問題でも右往左往する。国民が期待していたリーダー像からはかけ離れた、中身のともなわないリーダーの姿をさらした。麻生は、外務大臣、総務大臣などの閣僚のほかに、自民党幹事長、政調会長も経験している。特に、政調会長は、政策を打ち出す際の、いわば、調整役である。さまざまな動きを予測し、調整したり、根回しをしたりする。その経験はなんだったのか。

それにしても、まさか、内閣樹立からほぼ二カ月で二〇%まで支持率が落ちるとは、枝野も思ってもみなかった。やはり、麻生の公の場での漢字の読み間違いの影響は大きい。

枝野は、麻生内閣がこれから浮上することはほぼゼロに等しいと見る。漢字が読めなくても、中身がともなっていれば、まだ浮上の余地はあった。しかし、政治にあまり関心のない人でさえも、「今度の総理はダメね」とレッテルを貼ってしまっている。

自民党は、もう一度、総理を替えることはできない。まず、小泉総理が退いてから二年の間に三人も総理が替わっているのである。さらにもう一人ということになれば、自民党自体の体たらくをさらすことにもなる。ダメージは大きい。

それでも、政権維持のために総理を替えることを選択したとしたら、では、誰があとを継ぐのか。この状況を一転させられるような人材はいない。自民党のほとんどが、前回の衆院選で麻生を推してしまった。総主流派になってしまったのである。

自民党がこのような脆弱な体制になってしまったのは、「自民党をぶっ壊す」と宣言した小泉元総理が、郵政民営化に反対する亀井静香らを追い出してしまったからである。自民党にとっては、じつは、亀井ら抵抗勢力は、党内にいるからこそ価値があった。そのうえ、安倍内閣が成立するときにも、本来なら、若返りを嫌うはずの世代が抵抗してもおかしくなかったのに、ベテランたちも安倍に乗っかった。安倍も、勝つためにベテランの世代を取り込んだ。このようにして、自民党は、総主流派的な体制を築き上げ、福田政権、麻生政権では惰性のままになっていた。

総主流派のなかから後継候補を選んでも、国民に、変わったという印象を与えられない。若手の塩崎恭久《しおざきやすひさ》、石原伸晃でもくたびれてしまっている。もし変わったという印象を与えられるとすれば、小泉、安倍、福田、麻生の四代の政権から距離を置いていた人材であろう。あえて言えば、加藤紘一、山崎拓だろうか。若手で言えば、渡辺喜美。しかし、そのような人材を担ぎ上げる構造に、自民党はなっていない。非主流派が存在感を示していない組織は、危ない。その意味でも、自民党にとっても、九月の総裁選、そして、麻生内閣樹立直後はラストチャンスだった。

二〇〇九年一月、渡辺喜美が離党した。これから、泥舟状態となった自民党からは、離党する議員も出てくるに違いない。民主党には、絶好のチャンスが訪れている。

これまでも、民主党が政権を奪うチャンスはあった。しかし、そのたびにチャンスをふいにした。小泉内閣時代も、民主党は、選挙のたびに議席数は増やした。着実に追い詰めた。ところが、認識の甘さを露呈した。最後に惨敗を喫した郵政解散のときでも、まさか郵政民営化問題で解散するわけがないと、執行部のほとんどが、小泉を舐《な》めてかかっていた。

「小泉さんは、本当に、自民党がぶっ壊れてもいいと思っているんです」

そう語る枝野の声などは、まったく耳には届いていなかった。民主党のほとんどが、小泉が、政局を読む天才だと思っていなかったのである。

民主党も、これまで、何度かにわたって危機を経験してきた。鳩山代表の求心力の急減、菅元代表の年金未納問題と三年に一度は、あわや分裂かと思わせる状況が訪れた。小沢が、福田総理との間で話し合っていた大連立も、一つ間違えれば分裂につながっていたかもしれない。だが、一時落ちていた民主党の支持率も持ち直した。民主党はさまざまな経験を積んだことによって、復元力を鍛え上げてきた。

そのことによって、政権を任せられる政党に成長した。

民主党は、この機を逃さず、政権を奪い取る。そのうえで、まず、次の衆院選まで政権をきちんと運営する。そこに向けて、コンセンサスが一致している。

それほど政権は手の届くところにまで近づいていると、民主党議員は感じている。

民主党は、自民党が崩れる動きを、あくまでも静観している。離党を望む議員と情報交換をすることはあっても、手を突っ込んで無理やりに離党させることはない。

「政権交代を果たせば、わたしは総理になる」

小沢代表の辞任表明から一夜明けた五月十二日午前、民主党は役員会、常任幹事会を相次いで開き、十六日に後継代表を決める代表選を開催することを決めた。

二〇〇九年四月、その前年に民主党代表選で無投票で三選していた小沢は筆者に力強い口調で言った。

「迫る衆院選で政権交代を果たせば、わたしは総理になることを受け入れる」

これまで総理になる機会は何度かあったが、あえて拒んでいた。が、今回ははっきりその機会が来れば、拒まないと口にしたのだ。それまで長く小沢を描き続けてきた筆者は興奮すら覚えたものであった。筆者はそのことをはっきり書いた。

ところが、その一カ月後に思わぬことが起こった。五月十一日、西松《にしまつ》建設疑惑関連で、小沢の公設秘書の大久保隆規《おおくぼたかのり》が政治資金規正法違反で逮捕されたのだ。それを受けて、小沢は民主党代表の辞任を表明。自身の後継を決める代表選では、側近としてともにトロイカ体制を支えた鳩山を支持した。

五月十七日、岡田克也を破り、後継の代表となった鳩山の要請を受けて、選挙担当の代表代行となった。

ここから衆院選で民主党が勝利を果たすまでの小沢の活躍はすさまじかった。

二〇〇九年八月三十日投開票の衆院選で長崎二区から立候補し、自民党の重鎮である久間章生《きゅうまふみお》元防衛大臣をみごとに破り、小選挙区で初当選を果たす福田衣里子《ふくだえりこ》に立候補の話が持ち上がったのは、二〇〇八年一月に薬害肝炎救済特別措置法が国会で成立した直後のことである。

声をかけてきたのは、政権を担える内閣を目指す民主党の「次の内閣」で厚生労働大臣を務めていた、長崎三区選出の山田正彦《やまだまさひこ》であった。山田は、京都六区選出の山井和則《やまのいかずのり》とともに、薬害肝炎救済特別措置法成立に向けて力を貸してくれていた。

山田は言った。

「小沢代表と、会ってもらえませんか」

福田は、薬害肝炎訴訟団とともに、民主党代表である小沢と何度か語り合ったことがあった。小沢ほど、薬害肝炎問題に関心を抱く政党の党首を、福田は知らなかった。

福田は、一九八〇年十月三十日、長崎県長崎市に生まれた。一九九九年四月、広島修道大学人文学部人間関係学科に入学。心理学を専攻した。

しかし、二〇〇一年、思いもよらぬことが発覚した。出生時の血液製剤クリスマシン投与によるC型肝炎ウイルスへの感染である。

二〇〇一年三月二十九日、薬害肝炎問題の究明のために、厚生労働省は、血友病以外の患者に血液製剤を投与した可能性のある八百九の医療機関名リストを発表した。そのなかには、福田が生まれた病院名もあった。じつは、福田が出生したとき、血液製剤が投与されていたのである。

福田は、両親にすすめられ、検査を受けた。C型肝炎ウイルスに感染していた。大学を中退し、インターフェロン治療を開始した。

福田は、二〇〇四年四月、薬害肝炎九州訴訟団の原告として、国と製薬会社を訴えた。その際、福田は、あえて苦難の道を選んだ。「名前を隠さないといけないような悪いことをした覚えはない」と実名を公表したのである。だが、覚悟していたこととはいえ、さまざまなところから誹謗《ひぼう》中傷を受けた。傷つくこともあった。

二〇〇六年八月三十日、福岡地裁で判決が言い渡された。フィブリノゲン製剤に関し、被告である国と製薬会社について、一九八〇年十一月以降の責任を認めた。しかし、原告、被告双方が控訴した。

福田は、原告の一人として、薬害肝炎の実態を訴え続けた。また、原告の一人として、二〇〇二年に始まった薬害肝炎訴訟を全面的に解決するための薬害肝炎救済特別措置法の成立にも大きく貢献した。

この間、二度目のインターフェロン治療をおこない、ウイルスは沈静化した。経過観察の結果、肝炎は完治した。

小沢と会ったのは、それから数カ月後の五月、赤坂にあるチュリス赤坂の小沢の個人事務所だった。

小沢は、にこやかに切り出した。

「今度の衆院選で、長崎二区から出ていただきたい」

おおらかだが、語尾はキッパリ言い切る、小沢独特の話しぶりに、福田は、あらためて気持ちを引き締めた。

時の総理大臣である福田康夫が、解散総選挙に打って出るのではないかと言われていた。民主党にとっては、政権交代のチャンスが訪れたのである。小沢は、攻勢をかけたかった。その候補の一人として、福田衣里子に白羽の矢を立ててきたのだった。

だが、福田衣里子としては、心血を注いできた薬害肝炎救済特別措置法が成立してまもなかった。ようやくゆっくりできると思っていた。政界に打って出ることなど、考えたこともなかった。

しかし、薬害肝炎訴訟を通じて、長く、一党支配が続いていたことによる悪弊とも言うべきものがひた隠しにされた実態を、福田は、まざまざと見せられた。

薬害肝炎を起こしたことには、官僚に責任があると言ってもそれは一部の官僚にすぎず、政治家もやり玉に挙がったが、それも一部にすぎない。その政官と癒着していた民間企業もごく一部で、多くは真面目に働いている。それなのにと言うべきか、だからこそと言うべきか、ごく一部の癒着、つながり、しがらみのせいで、多くの人たちが犠牲を払わされているのはあまりにもおかしい。

このおかしさを断ち切る手段は、政権交代しかない。その実感はあった。とはいっても、政治経験もない自分に、いったい、何ができるのか。

さらに、恐怖心もあった。もし政治家となれば、まさに公人である。原告として実名公表したときより、いっそうひどい誹謗中傷を受けるかもしれない。

「とても引き受けられません」

そう言ってから、本音を打ち明けた。

「これから恋もしたいし、結婚して出産して、親を安心させたいですから」

小沢は、隣にいる山田に冗談めかして声をかけた。

「選挙でも、出会いがあるよな」

福田は言った。

「やはり、無理です。わたしは、いままで政治学を学んできたわけではないし、政治に携わってきたわけでもないです。選挙に出て政治家になることに不安があります」

小沢は、それまでのゆるみがわずかに残った表情で言った。

「福田さんの言われることは、十分にわかります。保守の強い長崎県で選挙に出ることは、あなたに苦しい戦いを強いることにもなる。しかし、僕は、何も、政治学を学んできた政治のプロを集めるつもりはない。頭で政治を知っている人だけを集めても意味はない。だから、あなたに、お願いしているのです。あなたは、肝炎のこと、医療のこと、官僚のおかしさを誰より知っている。そういった人を集めているのです」

そう言ってから、小沢は、再び、にんまり笑顔を福田に向けた。

「まあ、すぐに答えが出るとは思っていないから。考えてみて」

小沢と別れた福田は、ずいぶんと気持ちが楽になっていた。

「頭で政治を知っている人たちだけを集めても意味はない」

その小沢の言葉が、脳裏に焼きついていた。

ただ、それからしばらくたってもう一度会ったものの、決断まではいたらなかった。

「刺客候補」が見た小沢一郎の選挙戦略

福田衣里子が、小沢と三度目に会ったのは、九月のはじめ。選挙までは、秒読みの段階に入っていた。福田康夫総理が、突如として辞任を表明したのである。

「わたしが続けていくのと、新しい人がやるのでは間違いなく違うと考えた結果だ。政治的に判断した」

つまり国民的人気の高い麻生に代えて、解散総選挙をおこなったほうが追い風になるとの判断であった。

小沢の表情は、これまで会ったときより険しかった。

「選挙まで、もうまもない。福田総理のあとを継ぐ総理は、おそらく就任後すぐに選挙に打って出る。早ければ、選挙は一カ月後。早く決めてもらわないと、長崎県連が、選挙態勢に入れない」

小沢は、最終的な決断を迫ってきた。

福田衣里子は、もう一度考えた。これまでの間、何度も繰り返し考え続けたことを思い返した。そして、やっと、一つの結論にたどりついた。

〈ここで怖《お》じ気《け》づいて出なければ、多分後悔するな〉

勝つか負けるか。結果は関係ない。自分を選ぶとしても、それも民意。対抗馬となる久間を選ぶとしても、それも民意。勝ち目があるから出るということではなく、少なくとも、いま変えなければいけないことは何かを訴えていかなければならない。それが、自分に課せられた使命なのだ。

福田は、はっきり言った。

「わかりました。お話をお受けします」

小沢は、心からうれしそうに目を細めた。

「ありがとう」

福田は、二〇〇八年九月十八日、長崎市内で出馬会見を開いた。小沢、大久保潔重《おおくぼゆきしげ》参議院議員らも同席した。

福田は、決意を語った。

「いまの官僚主体の政治を変えないと、救える命が救えない」

小沢も語った。

「福田さんの肝炎の体験を通じて、政治が一部の官僚のためにあるのではなく、国民のためにあると、みなさんに理解してもらえる」

福田を擁立できたことで、保守地盤での議席奪取に自信を見せた。

福田にとって、この選挙での勝利は、小選挙区での勝利にしか意味がなかった。小選挙区での勝利こそ、民意を得た勝利だと信じていたからである。

小沢は、福田が出馬宣言をした日から、福田に、女性秘書をつけてくれていた。

「初めての選挙で、不安なこともあるだろうから、わからないことがあれば、なんでも聞けばいい。洋服のことでも、グチでも、なんでも話したらいい」

その女性秘書は、元衆議院議員で小沢の側近である達増拓也の秘書をしていたが、達増が二

○○七年四月の岩手県知事選に出るのを機に、小沢のもとで秘書をしていた。
その岩手県から、いきなり長崎県に移ったのである。衆議院議員時代の達増のもとで秘書をしているときには、地元の岩手県までちょくちょく帰れたが、長崎県となると、なかなかそういうわけにはいかない。それでも、彼女は、初めての長崎を喜んでいた。

「みかんがなっているのを初めて見たわ」

彼女は、小沢からは指示を受けていた。

「じかに接すれば、福田の人間的魅力がわかってもらえる」

洋服を一緒に買いに行ったり、福田の悩みも聞いたりした。

当初、選挙は、十月二十六日におこなわれると見られていた。しかし、福田政権を引き継いだ麻生政権が、経済政策を優先すると、なかなか解散に踏み切らなかった。一カ月の予定だった女性秘書の長崎滞在もずるずると延びた。

福田は、長崎二区内を走って回った。

はじめのうちは、手を振るのも、集会に出るのも恐るおそるであった。「年配の人に手を振るのは失礼ではないか」と躊躇することもあった。それでも、勇気を振り絞っての選挙活動が続いた。

小沢からは、「山のなか、山の奥まで、すみずみまで行くように」と指示されていた。やってみて気がついた。たしかに田んぼや畑に出ている有権者、車椅子の有権者、高齢の有権者には、街中で開かれる集会に出てきてもらうことはなかなかできない。自分から赴くことが大事だ。そこで、軽自動車を街宣車にした。大きな街宣車が入っては行けないような田舎道でも、軽自動車なら走れる。

運転は、大久保、西岡武夫《にしおかたけお》、犬塚直史《いぬづかただし》といった参議院議員の地元秘書、県議、市議らも協力してくれた。毎回選挙となると、みんなで力を合わせるのが長崎流らしい。

福田は、有権者が一人もいないようなところでも、台の上に立っていた。背が低いので、演説するときには必ずその台に立った。

しかし、福田の声は、なかなか有権者に届かなかった。それどころか、地元民からは、福田に対する不安の声が上がった。

「若い女に、何ができるんだ」

「農家には後継者もいない。そんな地元の問題がわかっているのか」

「どんだけ、長崎にカネもってこれるのか」

久間が落選することの恐ろしさも感じていたらしい。

「久間さんがいなくなると仕事がなくなる」

「久間さんがいなくなると、うちの会社は、つぶれてしまう」

そう思う有権者の声も聞いた。

福田は、選挙活動を始めてみて、保守の壁の厚さを感じ取った。それでも、福田は、選挙区内を走り回った。走行距離は、六万キロ。地球一周分より長い距離である。

衆院選勝利の原動力となった「小沢ガールズ」

小沢は福田のほかにも、いわゆる「小沢ガールズ」と呼ばれることになる女性候補者の発掘に力を入れた。愛媛一区で塩崎恭久に挑む永江孝子《ながえたかこ》、石川二区で森元総理を相手に戦った田中美絵子《たなかみえこ》、東京十二区で太田昭宏公明党代表を相手に戦った参議院議員の青木愛《あおきあい》、群馬四区で福田前総理に挑む三宅雪子《みやけゆきこ》、千葉七区から福島二区に選挙区替えした元祖小沢チルドレンの太田和美《おおたかずみ》、東京十区で小池百合子元防衛大臣を相手に戦った江端貴子《えばたたかこ》、東京二十三区で伊藤公介《いとうこうすけ》元国土庁長官と戦った櫛渕万里《くしぶちまり》、茨城六区で丹羽雄哉《にわゆうや》元厚生大臣と戦った大泉博子《おおいずみひろこ》、神奈川三区で小此木八郎《おこのぎはちろう》元経済産業副大臣と戦った岡本英子《おかもとえいこ》、京都五区で谷垣禎一《たにがきさだかず》元財務大臣と戦った小原舞《おはらまい》、愛知七区で鈴木淳司《すずきじゅんじ》総務政務官と戦った山尾《やまお》（現・菅野《かんの》）志桜里《しおり》などだ。

小沢が、福田の選挙区に入ったのは、二〇〇九年五月二十九日のことであった。農漁業が主体の強固な保守地盤となっている、長崎県諫早《いさはや》市の中山間地を視察した。

小沢は語った。

「長崎二区は、全国のなかの重点区の一つ」

認識を示すいっぽうで、久間を強く牽制《けんせい》した。小沢は、それからは、一度も長崎二区には足を踏み込まなかった。抜き打ちで事務所を訪れた選挙区もあったと、福田は耳にしたが、自分の選挙区ではそのようなことはなかった。

七月十二日、民主党の鳩山代表が、選挙区入りした。長崎県雲仙《うんぜん》市のしいたけ生産組合を視察したあと、小浜《おばま》マリンパークでおこなわれた福田の集会に参加した。約五百人を前に語った。

「自民党の長期政権に問題がある。あぐらをかいて国民の声が聞こえなくなり、政策づくりを官僚に丸投げした」

鳩山は、政権交代の必要性を訴えた。

二〇〇九年八月十八日、衆院選公示の日。流れは完全に民主党にあった。自民党の選対幹部である菅義偉《すがよしひで》の目から見ても明らかなほどだった。これまでに経験したことのない激動だった。新聞は「自民百議席」と書き始める。六月末の党内の情勢調査では、百二十。現実味のある数字だった。現実には解散直後から、予想獲得議席数は若干上向いている。百六十までの可能性は出てきたと菅は踏んでいた。

自民党の選挙対策担当者として菅が常に意識せざるをえなかったのが、小沢の影だ。小沢は選挙対策担当の代表代行として民主党の衆院選戦略のすべてを牛耳っていた。

「小沢さんはすごい」

選挙前からそんな言葉を多くの人が口にしていた。菅は、そのたびに疑問が湧いた。

〈小沢さんは、古いタイプの政治家。今様には合わない〉

小沢が選挙に備えて地方を回る際、訪ねる先は決まっている。労働組合の幹部か地域・職域団体の長といったところだ。それら支援団体の上層部と根回しをすることで選挙を乗り切っている。菅の認識とは根本的なずれがある。残念なことに現在の選挙ではそうした活動では票は取れない。

ただし、うらやましい点もある。小沢が全権を掌握していることだ。小沢のように、思いどおり選挙を取り仕切ってみたい。菅にもそんな思いはある。だが、自民党には党中央の権限もあれば、派閥もあり、地方組織もある。

「ここの選挙区で、彼を出したい」

「この候補者は、外そう」

トップダウンで候補者を決定する。そんなスタイルの選挙をするのは夢のまた夢だ。権限も資金も手元に集中している小沢とはずいぶん差がある。

「姫の虎退治」ならぬ「エリの熊退治」

二〇〇九年八月十八日、第四十五回衆院選が公示された。

福田にとって、まさに、いよいよであった。しかし、選挙が延び延びになったことで、福田は、選挙区を、そこにいる人たちを身近に感じるようになっていた。演説も、当初は、薬害肝炎の話が中心だったが、農業や漁業の話もするようになっていた。

それにともなって、空気が変わるのを実感し始めた。軽自動車で回る福田に、手を振り返す人の数が明らかに増えた。肺気腫をわずらっているのか、鼻にチューブをあてた老人が、わざわざ窓から顔を出して手を振ってくれたりもした。

集会では、車椅子で来たり、杖《つえ》をついたりしてやってきてくれた。動員している久間陣営とは違い、自然発生的に人が集まった。決起集会では、何千人規模であった。渋滞ができるほどだった。

「エリちゃん」

愛称で呼んでくれるほど身近に感じてもらえるようにまでなった。

福田は勇気づけられた。

〈負けるわけにはいかない。命がけの政治をしなければ〉

マスコミは、長崎二区を、二〇〇七年七月に投開票された参院選の岡山全県区になぞらえた。「姫の虎退治」をキャッチフレーズに活動した民主党候補の姫井由美子《ひめいゆみこ》が、自民党前職で自民党参議院幹事長の片山虎之助《かたやまとらのすけ》を破った。福田が、防衛大臣をも務めた大物の久間と戦う姿を、「久間」を「くま」と読み替えて「エリの熊退治」とはやし立てた。

福田にとって、久間は、たしかに倒さなければならない相手ではあった。しかし、福田は、年上に対して「熊」呼ばわりするつもりはまったくなかった。

それより困ったのは、福田が行くところ行くところ、報道陣が必要以上に訪れたことである。地方に行けば行くほど、テレビカメラには慣れていない人が多い。カメラを向けられると、どうしていいのかわからなくなってしまうお年寄りも少なくなかった。あるお年寄りは、身を固くして、福田から手を離さなくなってしまった。福田が、報道陣に、撮影しないように頼んだことも多かった。

久間も必死だった。選挙前から地元を回り、二〇〇九年七月十八日には、長崎県南島原市《みなみしまばらし》の広場で開かれた夏祭りのカラオケ大会に飛び入りし、五木《いつき》ひろしの「倖《しあわ》せさがして」を熱唱したりもした。

長崎県知事の金子原二郎《かねこげんじろう》までもが、久間の応援に回っていた。

「長崎県にとって、久間さんは大事な方です」

福田は、金子が無所属でもあるので、あくまでも中立の立場を取るものと思い込んでいた。ところが、明らかに久間に寄った演説を繰り返していた。

しかし、福田が耳にした久間の選挙戦術は、昔ながらのそれであった。利益誘導を約束しさえすれば票を獲得できると思い込んでいるらしい。赴いた地区赴いた地区で、「ここのこの道を整備します」「ここここを結ぶ道をつくります」とひたすら訴え続けていた。

そのいっぽうで、久間は、福田を攻め続けた。

「政策のわからない候補者を、国会に送っていいものでしょうか」

そのうち、会う人会う人が、福田のことを心配して聞いてくるようになった。

「エリちゃん、体は大丈夫？」

C型肝炎のイメージが強かったので、それをネタに、思わぬ噂も流された。「病気で入院している」とか「演説中に倒れた」という、根も葉もないものであった。福田は、C型肝炎に限ってはすでに全治している。

福田は、言い返したいことはいくらでもあった。だが、同じ土俵に立っては中傷合戦になるばかりなのは目に見えていた。代わりに、自分が元気だということを猛烈にアピールした。名刺には、空手のマークを刷り込んだ。高校時代に、空手をしていたことも強調した。

選挙区を自分の足で走って支持を訴えることもあった。宣伝カーに箱乗りをして手を振った。夏の盛りの選挙戦は、いつの間にか、もともと色白の福田を、すっかり日焼けさせていた。

選挙の行方は、最後の最後までわからなかった。以前から親しくしている記者からは、福田が少しリードしているとの情報が入っていた。それでも、選挙途中からは、久間が追い上げてきていた。

だが、選挙戦最終日の八月二十九日、福田は、最後の演説を終えたときに実感した。

〈わたしは、勝てる〉

確固とした根拠があったわけではない。

その直感は、みごとに当たった。福田は、「当選確実」の報を事務所で聞いた。

福田は、最終的に、一二万六七二票を獲得した。長崎二区で、民主党支持層と社民党支持層のそれぞれ九一％を固め、無党派層の六七％に支持を広げた。共産党支持層の七九％を取り込み、自民党支持層の二七％、公明党支持層の二六％にも食い込んだ。男性の支持が五五％と厚く、女性でも、久間を上回った。年代別では、二十代から六十代と幅広い世代で久間を上回る支持を得た。

選挙速報を流す放送局のうち、最後の最後に、ＮＨＫが当確を出した。福田は、それを見て初めて、近くの結婚式場「平安閣《へいあんかく》」に移動した。当選の万歳三唱は、事務所で開く予定にしていたが、マスコミだけでなんと百人も集まっているという。支援者を含めて、とても事務所には入り切らないということで、急遽、平安閣のロビーを借りることになったのであった。

福田は、平安閣のロビーに入ると、「えりこコール」が鳴り響いた。

「えりこ！　えりこ！」

福田は、国政での抱負を問われると、表情を引き締めた。

「肝炎患者支援の法制定と、地域医療の施策を実現させたい」

だが、福田は、自分が当選しても、まだ気をゆるめられなかった。久間の票の動向を、注視していた。その動きによっては、久間が、比例で復活するかもしれない。小選挙区で勝つことが何よりの目標とはいえ、もし久間が比例で復活当選を果たすのであれば、自分の勝利は真の勝利ではなかった。

久間落選の報が入ったのは、夜もかなり更けてのことだった。そのとき初めて、真の勝利を実感できた。

福田は、初登院した九月十六日、議員会館の部屋に着いて驚いた。鉢植えの花が、贈られていた。

贈り主名は、鳩山由紀夫。

メッセージカードには、こう書かれていた。

「ともに、これから新しい日本をつくっていきましょう」

小沢一郎と連合の蜜月の始まり

連合事務局長（のちに会長）の古賀伸明《こがのぶあき》は、この衆院選で、民主党が公認、推薦する候補者を応援するため、二十六都道府県、百二十八カ所で遊説をおこなった。

この選挙戦では、高木剛《たかぎつよし》会長や古賀ら連合の幹部が、小沢代表に同行するということはなかった。小沢は、二年前の参院選のとき、全国各地の地方連合会への行脚をおこなっていた。小沢は、すでに、地方連合会の幹部や組合役員とは顔見知りになっていた。高木や古賀が間に入らなくても、直接、地方連合会の組合役員たちに会いに行ける。そのため、わざわざ高木や古賀が、小沢に同行する必要がなかったわけである。

二〇〇七年七月の参院選が近づくころ、民主党の小沢代表は、連合の地方組織である地方連合会への行脚を重ねていた。高木と古賀は、小沢が全国各地の地方連合会を訪れるときは、必ずどちらかが小沢につき添うようにしていた。

小沢と連合が親密な関係を築くのは、この参院選のときからである。小沢は、民主党が、自民党に比べて、地方の後援会組織が弱いと認識していた。そのため小沢は、民主党の地方における支持基盤を、連合に求めたのであった。

いっぽう、連合の組合員のなかには、当初は小沢を警戒する向きもあった。小沢は、もともと自民党出身の政治家で保守的な思想を持ち、寡黙で剛腕といったイメージを持つ者も少なくなかった。しかし、小沢が地方連合会にあいさつ回りを繰り返すにつれ、連合の幹部や組合員たちは、次第に小沢と打ち解けるようになっていった。それは小沢が労働者重視の政策を打ち出したこととも関係しているが、小沢の人柄によるところも大きい。

小沢は、地方連合会を訪れると、夜の酒の席までつき合い、組合役員たちと一緒に杯を酌み交わした。小沢は、いつも熱燗《あつかん》を好んで飲んだ。小沢は、一カ所に座ったままでいるようなことはせず、自ら組合役員たちの席の前に移動し、手酌をしてあいさつする。そして組合役員の声を真摯に聞き、民主党への支持を訴えた。しばらくすると、また別の場所に移動し、組合役員一人ひとりと言葉を交わすのだった。

ただし小沢は、狭心症の持病があるため、たいてい夜九時過ぎになると、「そろそろ、僕は、もう……」と断って、退席していった。

それでも小沢と語り合った組合役員は、「よし、一緒にやろう！」という気になっていた。

当時、連合の事務局長で、小沢と行動をともにしていた古賀は、思った。

〈小沢さんは、人の心をつかむのがうまい〉

参院選を控え、小沢が地方行脚を重ねていたころ、民主党内には、テレビ討論への出演を避け、地方に出向いてばかりいる小沢の姿勢を批判する声もあった。たしかに小沢が訪れる場所は農村部が多く、街頭演説をしていても、都市部のように黒山の人だかりができるようなことはなかった。しかし、小沢の頭には、選挙に向けて確固たる広報戦略があった。

あるとき、小沢は、古賀に語った。

「おれが行くところは、別に聞く人が少なくても、構わないんだ。おれが行けば、たとえ山のなかでも、絶対にテレビが映してくれる。マスコミが『小沢がここに来た』と報じてくれる。それでいいんだ」

小沢には、常に新聞社やテレビ局の記者がついて回る。たとえ山村地域であっても、小沢の動向は、マスコミを通して国民に伝えられる。山村地域で地方支援策や農業支援策を訴える小沢の姿は、都市部で演説するありきたりな様子より、よほどインパクトを持って国民に伝えられる。そういったことを意図して小沢は行動していたのだった。

古賀は、感心した。

〈本当にすごい人やな……〉

古賀は、小沢が有権者の心をつかむ政策を上手《じょうず》に打ち出すことに感心した。参院選公示前のあるとき、小沢と古賀は、それぞれ別の地域で遊説や後援会組織への訴えをして回り、夜になって合同して、一緒に食事をした。小沢は、その場で切り出した。

「いやー、古賀ちゃんな、若い奥さんたちに、子ども手当の話をしていたら、目がキラキラ輝く。やっぱり、これだな」

のちに、小沢の言ったとおり、子ども手当は、民主党のマニフェストに盛り込まれることになった。古賀は、一連の動きを見ていて、小沢流のマーケティングリサーチといったものを感じた。

古賀は、小沢はPR戦略に優れていると感じた。小沢は、その三年前の二〇〇四年七月におこなわれた参院選での岡田克也代表のマニフェストを批判していた。

「学者の論文じゃあるまいし。こんな厚いやつ、誰も読みはしない」

小沢は、党のキャッチフレーズを「国民の生活が第一。」と定め、マニフェストの主要項目を「年金制度改革」「子ども手当」「農業の戸別所得保障制度」の三つに絞り込んだ。

小沢は、マニフェストについて、古賀に語った。

「三つから五つ。これをパッパッパッと出す。これでいい。国民は、それを見て、『おっ！』と思うんだ」

古賀は、小沢とともに選挙運動をおこないながら、小沢は選挙に勝つためには何をしなければいけないのかを熟知していると感じた。

古賀は、二〇〇七年七月の参院選で、小沢とともに全国を遊説して回った。特に農村部が多い一人区に力を入れた。田舎に行けば行くほど、ポスターやビラ貼りなど、民主党候補の実働部隊は、連合が担うことになった。

選挙の結果、民主党は、六十議席を獲得し、参議院で第一党となった。特に一人区では、二十三勝六敗と圧倒的勝利をおさめた。

古賀は、選挙戦を通して手応えは感じていたものの、予想以上の大勝利だった。特に一人区での圧勝には驚いた。一人区の四国四県で四戦四勝になるとは、正直予想していなかった。古賀は、実感した。

〈われわれ連合が行動すれば、政治が変わるんだな〉

と同時に、心に誓った。

〈いよいよ今度は、政権交代をしなければいけない〉

参院選の結果、民主党を中心とする野党が参議院で過半数を占め、いわゆる「ねじれ国会」と呼ばれる現象が起きた。年金保険料流用禁止法案、補給支援特別措置法案、改正道路財源特例法案、後期高齢者医療制度廃止法案などをめぐって、与野党は激しく対立した。参議院では、麻生総理に対する問責決議案が可決された。これらは連日マスコミでも報道された。

古賀は、これらの動きは、政治が国民の前にクローズアップされたという意味で、よい効果をもたらしたと思っている。また、国民の間で、一度政権交代をしてみようという気運が盛り上がることになった、と見ている。

今回の衆院選の結果、民主党は、三百八議席を獲得し、衆議院第一党となった。

古賀は、民主党が政権交代を果たしたことについて、連合がどれくらいの威力を発揮したのかは計量的には測れないと考えている。国民全体が政権交代を望む大きな流れのなかでの民主党の勝利だと思っている。ただし、地方組織が脆弱な民主党候補の選挙区で、地方連合会が、ポスターやビラ貼り、集会の準備など、まさに実働部隊として頑張った成果であるということは言えると自負している。

古賀は、麻生政権が崩壊する過程を見ていて、哀れな印象を抱いた。自民党は、解散直前には、党内で「麻生降ろし」が起き、選挙後の首班指名では、麻生総裁に投票することに異論が噴出し、結局、若林正俊《わかばやしまさとし》両院議員総会長に投票することになった。古賀は思った。

〈組織が崩壊するというのは、こんなものか……〉

古賀は、自民党は、まったく組織の体をなしていないと感じた。それは、自民党がいままで政権の座にしがみつくことだけに固執していたため、いったん政権という求心力が失われたとたん、組織がバラバラになってしまったのだと考えている。

それに対して、古賀は、民主党は、長年野党として国会で質問をするために一所懸命に勉強し、優秀な人材がそろっていると思っている。政策ごとに各分野のスペシャリストがいる。副大臣、政務官などの中間層も、層が厚い。古賀は、今後の民主党の政権運営に期待している。

八月三十日、衆院選投開票の当日、参議院議員会長の輿石東は、六本木の貸しホールに出向いた。民主党は、そこに開票センターを設置したのである。当初は、民主党本部に置くことを決めていたが、手狭ということで貸しホールに変更になったのであった。

開票センターには、鳩山、菅、小沢、岡田といった首脳陣が集まっていた。

前評判では、民主党の圧勝は間違いなく、三百議席を超えるのではないかとも言われていた。だが、輿石は、さすがに三百議席には届かないだろうと思っていた。せいぜい二百九十台だろうと見ていた。ところが、結果は、輿石の予想をはるかに超えた。民主党は、百十五議席から百九十三議席も増やし、三百八議席も獲得。

自民党は、三百議席から百八十一議席も減らし、百十九議席までに落ち込んだ。公明党も三十一議席から十議席減らし、二十一議席と振るわなかった。

鳩山代表のもとで、みごとに政権交代は果たされた。

民主党の鳩山代表は、二〇〇九年九月十六日、特別国会の内閣総理大臣指名選挙で、第九十三代、六十人目の総理大臣に選ばれた。

第五章 民主党政権が「悪夢」と化した理由

民主党の衆院選マニフェストを発表する民主党の鳩山由紀夫代表。
国民の期待値はピークに達し、みごと政権交代を成し遂げたが、
複雑な党内事情からマニフェストが守られることはなく、
希望が失望に変わるのは時間の問題だった（2009年7月27日）

「鳩山政権は五月までもたぬ」

仙谷由人行政刷新担当大臣は、「インサイダー」編集長の高野孟《たかのはじめ》に、二〇一〇年正月早々縁起でもないことを口にした。

「鳩山政権は、五月までもたないな。小沢も、一緒に辞任だろう」

高野は、仙谷の言葉にひどくガッカリして反論した。

「しかし、せっかく政権交代したのに、もう五月でつぶれるなんて。せめて何年かもたせなければダメだ」

高野は、仙谷と一緒に旧民主党の立ち上げにかかわった人物である。民主党に対する思いは熱く、「なんとかしてやらなきゃ」という思いでいっぱいだった。それなのに、当事者の仙谷のほうが、他人事《ひとごと》のような顔をしている。

高野は、冷静な仙谷の態度が気に入らなかった。仙谷のこうした「くそリアリズム」ぶりは、いつも徹底したものだった。

二〇一〇年五月末、鳩山政権の支持率はついに二〇%以下に転落した。

民主党の参議院議員会長で幹事長代行でもある輿石東は、参議院議員たちから不満の声が上がっているのを聞いた。

「このままでは、参院選を戦うことができない。どうにかしてほしい」

輿石は、議員たちをたしなめた。

「何でも不満をぶつければいいというものではない。ここは、おれに引き取らせてくれ」

五月三十日、社民党は、都内で全国幹事長会議と党常任幹事会を開き、米軍普天間《ふてんま》飛行場の移設問題をめぐって、福島瑞穂《ふくしまみずほ》消費者担当大臣が罷免されたことを受けて、連立政権からの離脱を決めた。

社民党の連立離脱を受けて、鳩山総理の求心力は一段と下がった。

六月二日、鳩山総理は、民主党両院議員総会であいさつし、「政治とカネ」の問題と普天間基地移設問題をめぐる社民党の連立政権離脱の責任を取るとして退陣の意向を表明した。

また、小沢幹事長に対しても、「政治とカネ」の責任を負うべきだとして幹事長辞任を求め、小沢も、これを受け入れた。

この日午後、菅直人財務大臣は、記者団に対し、六月四日におこなわれる民主党代表選への出馬を表明した。

六月三日の昼、中堅、若手議員の支持を受けた樽床伸二《たるとこしんじ》が、国会内で開いた会合で代表選に出馬する意向を表明した。

「日本の明日を切り開く先頭に立たせていただきたい」

六月四日午後、代表選がおこなわれた。

勝利をおさめた菅は、党人事は、幹事長に枝野幸男、政調会長に玄葉光一郎《げんばこういちろう》、国対委員長に代表選で戦った樽床を起用した。官房長官に仙谷を起用した。

七月十一日、参院選の投開票がおこなわれた。その結果、民主党は、菅総理が目標に掲げた「改選五十四議席以上」を大幅に下回る四十四議席にとどまった。参議院での民主党の議席は、非改選の六十二議席と合わせて百六に減少。国民新党（二〇〇五年八月、郵政民営化に反対した自民党議員が結成）との連立与党で過半数を割り込んだ。

いっぽう、自民党は、五十一議席と「改選第一党」に復調し、みんなの党（二〇〇九年八月、渡辺喜美らが結成）も、改選第三党となる十議席に躍進した。

民主党は、二十九の「一人区」のうち二十七選挙区で公認を擁立したが、秋田県、栃木県、群馬県、長崎県の計四選挙区で現職候補が落選し、八勝十九敗と大敗した。

民主党の候補者には、いい人材がそろっていた。たとえば、再選を目指した長崎選挙区の犬塚直史は、アメリカのダラス大学院で経営学修士（ＭＢＡ＝Master of Business Administration）を取得した国際派で、絶対に落としてはいけない人材であった。が、自民党新人の金子原二郎前長崎県知事に約七万票の大差で敗れ、落選してしまった。

鳩山が総理にとどまっていても旗色が悪かったが、ここまで激減していたかどうか。

のち、九月の民主党代表選の前に、平野博文《ひらのひろふみ》前官房長官と鳩山と小沢の三人は、ホテルニューオータニで食事をともにした。

前総理の鳩山は、前幹事長の小沢に聞いた。

「わたしで参院選を戦っていたら、どれくらい取れました？」

「最低でも、四十七は取れてたよ」

鳩山が退いたことの意味はなんだったのだろうか。

民主党は、小沢前幹事長の方針で、改選定数二以上の複数区に比例票の掘り起こしなどを狙い、原則二人の候補を擁立したが、複数当選は、五人区の東京都と三人区の愛知県にとどまり、二人区での議席独占は皆無であった。

枝野は、小沢の方針は間違っていなかったと思う。ただし、なんでもかんでも無理やり複数の候補を立てることもなかった。結果的に共倒れはなかったが、しこりを残した県連もあった。

小沢は、参院選で二人区に二人を擁立したが、心配された共倒れはまったくなかった。比例で自民をはるかにしのぐ票を取れたのも、その影響だと達増岩手県知事は見ている。

〈しかし、二人当選させたい地域へのてこ入れを選対でしっかりやるべきなのに、それができていなかったのは問題だ。街頭演説ばかりで、見えない部分での選挙運動がおろそかになって

いた〉

八月二十六日午前八時過ぎ、小沢は、港区の鳩山事務所が入るビルで鳩山と約二十分間、会談した。

会談を終えた小沢は、ビルの前で待ち構えていた約八十人の報道陣に対し、代表選に出馬することを表明した。

「〈鳩山から〉『出馬の決断をするなら全面的に支援していきたい』という話をいただいたので、不肖の身だが、代表選に出馬する決意をした」

いっぽう、鳩山は、やはりビルの前で報道陣に語った。

「〈二〇〇三年の旧自由党と民主党との合併時に〉わたしの一存で小沢さんを民主党に入れた。小沢さんを支持するのが大義だ」

九月の代表選は、菅総理と小沢の一騎打ちとなる可能性が濃厚となった。

菅は、八月三十一日午後三時前、ようやく決断した。

「選挙をします」

その三十分後、菅の事務所には枝野幹事長、岡田外務大臣、野田佳彦財務大臣ら菅陣営の主力メンバー二十数人が続々と結集した。この時点で、菅と小沢の会談はただのセレモニーと化していた。

午後五時七分、菅と小沢は、民主党本部八階で会談をおこなった。二人は、代表選後の「ノーサイド」を誓い合った。が、真に受ける民主党議員は誰もいなかった。

任期満了にともなう今回の代表選は、国会議員、党員・サポーター、地方議員の投票を合計し、ポイント換算して勝敗を決する本格的な選挙となった。国会議員は、一人二ポイントが与えられ、約三十四万二千五百人の党員・サポーター票は、衆議院三百小選挙区ごとに開票され、得票の多い候補が一ポイントを獲得。約二千四百人の地方議員票は一括して集計され、得票割合に応じて百ポイントを各候補にドント方式（得票数を一、二、三……と自然数で割って得られた商の順に配分する方式）で配分する。

投票できる国会議員は、四百十一人で計八百二十二ポイント、地方票を合わせた総数は千二百二十二ポイントで、過半数は六百十二ポイントとなる。郵便投票でおこなわれる党員・サポーターと地方議員投票は、十一日到着分で締め切られ、十四日午後の国会議員による直接投票と同時に集計結果が発表されることになった。

小沢一郎が菅直人に敗れた民主党代表選

九月十四日午後、民主党は、港区芝公園《しばこうえん》の「ザ・プリンス　パークタワー東京」で臨時党大会を開き、代表選の投開票がおこなわれた。

開票の結果、党員・サポーター票二百四十九ポイント、地方議員票六十ポイント、二百六人の国会議員の支持を得て四百十二ポイントとして計七百二十一ポイントを獲得した菅が、党員・サポーター票五十一ポイント、地方議員票四十ポイント、二百人の国会議員の支持を得て四百ポイントとして計四百九十一ポイントを獲得した小沢を大差で破り、再選された。

この日の朝、六人の議員から電話を受けた石井一は、菅二百六人、小沢二百人という国会議員票を聞き、驚きを隠せなかった。仮にその六人が石井らの説得を受け入れず、そのまま小沢に票を入れていれば、まったく逆の展開になったのである。

長きにわたる政治家人生のなかで、これまで数々の修羅場をくぐり抜けてきた石井も、これにはさすがに肝を冷やした。

〈恐ろしいなぁ……〉

また、党員・サポーター票、地方議員票についても、菅が計三百九ポイント、小沢が計九十一ポイントを獲得し、一見、菅が圧勝したかのように見えるが、数字を細かく分析してみると、実際は、そうではなかった。

政治のプロである約二千四百人の地方議員票は、菅六十ポイント、小沢四十ポイントとなったが、この差は、ちょっとしたことですぐに逆転は可能である。

党員・サポーター票は、二百四十九ポイント対五十一ポイントとなり、菅が小沢に約五倍もの差をつけたが、得票数は、約一・五倍であった。しかも、衆議院の三百小選挙区ごとに一票でも多く得票した候補者が一ポイントを得る「総取り制」のため菅がポイントを獲得したが、小沢があれだけ「政治とカネ」の問題で叩かれているにもかかわらず、十票差、二十票差というきわどい勝利の選挙区が約五十あった。もし小沢に「政治とカネ」の問題さえなければ、党員・サポーター票はワッと小沢に流れたかもしれない。

石井は、つくづく思った。

〈長年の同志である小沢を応援できず、小沢には悪いことをしてしまった。しかし、いまの情勢では、この選択肢しかなかった〉

議員の投票は、菅に二百六、小沢に二百と五分五分であった。

仙谷の言葉を聞いていた高野は、その結果を知って思った。

〈何をやったかは知らないが、仙谷が裏で老獪《ろうかい》なことをやったに違いない〉

議員票に関しては、明らかに小沢が有利なはずであった。この結果はどう考えても、仙谷が動かなければなしえないものだった。

高野は思った。

〈やはり仙谷はかなりの悪党だ。たぬきおやじというやつだな〉

が、官房長官ともなれば、そのくらいの芸当はできてしかるべきである。仙谷は久々に官房長官らしい官房長官だと言えた。

高野は思った。

〈これほどできる男が民主党にとどまっていたのが不思議なくらいだ〉

九月十六日、菅総理は、党役員人事をおこない、幹事長であった枝野の後任に岡田外務大臣、樽床国対委員長の後任に鉢呂吉雄《はちろよしお》を起用し、菅総理が復活させた党政策調査会の運営を担う玄葉政調会長の留任を決めた。

また、枝野は、岡田幹事長の要請で幹事長代理に就任した。

九月十七日午後、菅総理は、内閣改造をおこない、やはり代表選で自分を支持した仙谷官房長官、野田財務大臣、北澤俊美《きたざわとしみ》防衛大臣、蓮舫行政刷新・公務員改革担当大臣を留任させ、前原誠司国土交通大臣を外務大臣に横滑りさせた。

また、代表選で小沢を支持した鳩山グループからは、海江田万里《かいえだばんり》経済財政担当大臣と大畠章宏《おおはたあきひろ》経済産業大臣の二人が入閣。旧社会党、旧民社党系の中間派グループの議員も入閣したが、小沢グループからの入閣はゼロ。小沢支持を表明した総務大臣の原口一博《はらぐちかずひろ》と農林水産大臣の山田正彦は、退任となった。

ベテラン記者は、仙谷はここでも徹底した分断策を断行し、小沢支持の議員をポストで引き裂こうと試みたという。

原口をはじめ、閣内や党執行部にいた小沢支持の有力議員は完全に一掃された。これだけ大胆な人事は、菅にはできない。「仙谷人事」と評する声がもっぱらだ。口では「ノーサイド」と強調しながら、実際には論功行賞で突っ走る。ここが仙谷の非情さであり、強みでもある。

仙谷と縁の深い高野は、かつてテレビ朝日系「サンデープロジェクト」に仙谷が出演した際に、田原総一朗《たはらそういちろう》から聞かれた。

「高野さん、仙谷さんとは長年のつき合いだが、この人は、どういう人？」

高野は、とっさにこう答えた。

「民主党きっての……インテリヤクザです」

インテリもできるが、ヤクザもできる、民主党には珍しい人材だという、これはほめ言葉である。

仙谷は、民主党の「ケンカ番長」とも呼ばれている。刑事事件の弁護士出身ということもあり、相手を威圧するために、大げさな言動をしたり、強気な態度を取ったりする。国会の質問に立てば、ヤクザを連想させるようなさまである。

それだけに、菅総理が目に余るような言動を繰り返すようであれば、仙谷官房長官が菅総理を見放す可能性がある。それが、菅総理の転ぶときである。

高野は思う。

〈そのあたりが、面白い。菅がどこまでしたたかなリアリストぶりを発揮し、仙谷がインテリヤクザぶりを発揮して両者の緊張感がうまく生まれるか、そこが菅政権の見どころというわけだな〉

高野が見る限り、仙谷は、「自分が総理になりたい」という野心を抱いているようには見えない。

〈自らの体調も考慮して、キングメーカーに徹するつもりなのではないか〉

小沢もまた、「インテリヤクザ」であった。インテリは政策、ヤクザは政局。この二つができるのは、小沢と仙谷しかいなかった。つまり、小沢と張り合えるのは仙谷しかいないということである。

高野は思う。

〈二人の共通点は多い。違うのは、二人が持っている政治カルチャーだ〉

民主党が政権を取るためには、仙谷一人の力では不可能だった。政権を取るまでのプロセスのなかで、小沢の力がどうしても必要であった。

が、政権を取ってしまったあととなると事情が変わってくる。小沢の政治カルチャーと決別したい仙谷からしてみれば、「小沢さんありがとう。もう用済みです」ということなのである。

細川護煕が仲立ちした野田・小沢極秘会談

民主党の代表選が近づく二〇一一年八月二十五日前後、野田佳彦は、じつは小沢と極秘の会談をおこなった。

これまでまったく接点のない両者を結んだのは、野田の政治の師の一人である細川元総理だった。

野田は、一九五七年五月二十日に千葉県に生まれる。一九八〇年に早稲田《わせだ》大学政治経済学部を卒業後、松下《まつした》政経塾に一期生として入塾。一九八七年に千葉県議に当選し、二期務める。その後、細川を補佐して日本新党の結党に参画。

一九九三年の衆院選で初当選し、細川連立政権を支える。一九九六年の衆院選で落選し、二〇〇〇年の衆院選で国政復帰を果たす。二〇〇二年には、民主党代表選に若手の代表として出馬するが、鳩山に敗れた。

細川は、野田が代表になった場合には小沢の力を頼るべきだと思い、野田にアドバイスをしていた。

「小沢さんは、百人以上のグループを持っているのだから、そこに気を使わないで政治なんて動きっこない。ちゃんとあいさつしたほうがいいよ」

三人の会談は、小沢と野田の双方から「同じ党にいるのに、話もしたことがない」との話を聞いた細川が設定した。

細川は、小沢が代表選で野田支持に回ることを期待していた。

会談には野田も小沢も記者をまき、細川も参加し、都内のホテルで食事抜きで四十分ほどおこなわれた。小沢が野田の増税論について言及した。

「言っていることはわかるが、すぐやる話ではない。選挙で増税か否かで仕分けられると大変だ」

野田は説明した。

「すぐ増税という話じゃないです。いまの財政を考えたら、なんとかしなければならないということはみんなわかっていることじゃないでしょうか。どういう段取りでやっていくかは、もちろん慎重に考えたいと思っています」

細川も、野田にアドバイスした。

「将来の増税を国民に理解してもらう努力が必要だ」

会談後、細川はそれなりの感触を得たという。小沢も細川に伝えてきた。

「とてもよかった」

八月二十六日には、小沢が前原を支持せず、対抗馬を支援する方向が明らかになった。近藤洋介《こんどうようすけ》にとっては、仙谷が小沢に会いに行ったことが予想外の出来事だった。小沢に会いに行ったはいいが、その小沢が難色を示したということで、民主党の前原に対する風が変わってしまった。

〈いったい、なんなんだ……〉

そんな雰囲気が、いっせいに広がった。野田陣営にとっては、追い風となる風だった。

この決定によって、代表選は今回も「親小沢」と「脱小沢」をめぐる激突となることが確定した。

小沢は、八月二十六日、ついに沈黙を破った。海江田支持を表明した。

野田を支援する手塚仁雄《てづかよしお》は思った。

〈これでまた、本命が代わる〉

手塚は、小沢グループは、せいぜい七十票から八十票と読んでいた。マスメディアの票読みの半分である。たいがいのメディアは、小沢グループは百四十から百五十を固めていると見ていた。

しかし、いずれにしても、野田は、小沢グループより票は取れない。小沢グループが推す海江田の一位が揺らぐことはありえない。あとは、いかに、野田陣営が、二位に食い込むかであった。

ほかの立候補者では、鹿野道彦《かのみちひこ》に二十名は集まった。馬淵澄夫《まぶちすみお》が最後の最後まで推薦人を集められるか、微妙なところにいた。

八月二十七日午前九時、民主党の代表選が告示され、野田財務大臣、前原前外務大臣、鹿野農林水産大臣、海江田経済産業大臣、馬淵前国土交通大臣の五人が立候補した。

代表選に向けた多数派工作が過熱するなか、一、二位による決選投票にもつれる公算が高まってきた。

一回目の投票では、小沢と鳩山の支援を受ける海江田が一位となる見通しだ。が、過半数を取れるかどうかは微妙な情勢だった。二位には前原、野田、鹿野の三人の誰かが入る可能性が高まっていた。

海江田陣営の幹部は、八月二十八日、戦術の変更について語った。

「昨日までは『決選投票では頼む』という活動をしていたが、一回目の投票で過半数を取りにいく戦術に切り替えた」

海江田陣営のターゲットは、中間派を標榜する鹿野を支持する議員に向かった。

鹿野陣営の幹部は、反発した。

「小沢グループがすさまじい〝引きはがし〟を始めた。議員が何人か、まったく顔を出さなくなった。ポストで釣っているのか何かわからないが、うちを狙い撃ちにしている」

海江田陣営が一回目の投票で過半数を狙い、激しく活動するなか、前原、野田、鹿野の各陣営は決選投票への進出を狙い、二位争いを必死におこなっていた。どの陣営も、一回目の投票で二位の座を勝ち取り、決選投票で三位以下の陣営の支援を受けて、海江田に勝つ戦略を描いていた。

菅総理を支持するグループは、八月二十八日夜、決選投票で海江田以外に投票する方針を決めた。

グループ幹部は、語気を強めて語った。

「海江田さんを破り、〝小沢支配〟を絶対に許してはいけない。一回目と決選投票の間には時間がないので、いまから徹底させる」

八月二十八日、旧民社党系グループは、自主投票を決めた。

野田陣営からは、配慮する声が上がった。

「ベテランで識見もある川端達夫《かわばたたつお》衆議院議院運営委員長を幹事長に起用すべきだ」

鹿野陣営の幹部もこの日、党主催討論会が開かれた都内ホテルのエレベーターで乗り合わせた議員に決選投票での支援を呼びかけた。

「決選投票では完全中立の鹿野さんに投票を。でないと、〝親小沢〟と〝反小沢〟で党が割れてしまう」

野田と前原の陣営では、決選投票では二位以内に残ったほうに支持票を集中させる「二、三位連合」を想定していた。

野田陣営には、支援を期待していた前原が立候補したしこりも残っていた。が、岡田幹事長、玄葉政調会長、安住淳《あずみじゅん》国対委員長ら党執行部の幹部が野田の支援に回った。菅グループも野田、前原の両陣営を仲介するかたちで、グループとしてどちらを支援するかは明確にせず、決選投票での主流派結束に動いた。

野田と前原の仲介に汗をかいた玄葉は、周辺に語った。

「しこりは解消された」

野田勝利の原動力は前原との「二、三位連合」にあった。連合が実現したのは、やはり松下政経塾で同門だった絆《きずな》なのだろうか。

山田宏《やまだひろし》の見方は複雑だ。

〈背景には、政経塾も確かにある。だが、OBのすべてが一致して行動するわけではない〉

代表選でも政経塾系議員の動きはバラバラだった。

TPP（環太平洋パートナーシップ協定）に慎重な姿勢を見せたり、三党合意の破棄に言及したりするなど海江田が発言の迷走を見せ、前原が外国人による違法献金問題などで失速するなかで、逆に一時は当選圏外で立候補すら危ぶまれた野田だったが、安定感ある受け答えと愚直でブレない姿勢を示すことによって少しずつ支持議員を増やし、息を吹き返していた。

野田への支持が伸びた背景には、海江田だと小沢の影響が強い、前原だと解散しかねない、鹿野は地味すぎる、馬淵は経験不足などの心理が中間派議員に働いていることが要因だった。

野田陣営の幹部は、野田の勢いについて満足そうに打ち明けた。

「野田さんはずっと前から根回ししてきたんだよ。それがいま花開いている」

「どじょうは金魚のまねはできません」

八月二十八日、代表選を翌日に控えた夜遅く、野田に一本の電話が入った。

電話の相手は、野田の政治の師の一人であり、かつて所属した日本新党の党首だった細川元総理だった。

細川は、何かと野田に目をかけ、また期待していた一人であった。

代表選前日、野田の演説を心配した細川は、アドバイスするために電話をしたのだった。

ここ数日、野田の演説は硬さが目立っていた。そのため、細川は懸念を抱いていた。

〈最近の野田君の演説は、財務大臣の所信表明みたいだ。あれでは、心に響かない〉

細川は、野田に危惧を伝えた。

「もっと、演説に野田さんの人間性が出るような訴えかけをしないと、心に響かない。野田佳彦の人間性を出さないとダメだぞ」

野田は、細川のアドバイスに耳を傾けていた。

「わかりました。考えてみます」

また、細川は、野田の政治姿勢についてもアドバイスした。

「増税路線について、批判が厳しくなっているが、それを曲げちゃおしまいだ。突っ張らないといけないよ」

代表選は、八月二十九日午前十一時からホテルニューオータニで始まった。

小沢元代表、鳩山前総理らの支援を受ける海江田は約百四十票を固め、優勢を維持しているが、第一回投票での過半数獲得は難しい情勢と見られた。

野田、前原の二人が二位を争っており、両陣営は決選投票での逆転をにらんで反小沢勢力による「二～五位連合」を模索。野田選対顧問の岡田幹事長と前原陣営の仙谷代表代行は都内で会談し、どちらが二位になっても決選投票での連携を確認した。

野田は前原より劣勢だったが、中間派を中心に支持を拡大し、八十票前後を固め、前原を上回る勢いとなっていた。

ただ、態度を決めていない議員は七十人近くいると見られ、動向が焦点となった。野田は、民主党の両院議員総会で、民主党代表選に向けて最後の演説をおこなった。原稿は、すべて野田自身が書き上げた。

野田は、自分の過去を振り返った。

「いっぽうで、シャイな文学好きの、そんな少年でもありました。いまも時折読みます。時代小説が大好きです。時代小説で政治の素養というものを学んだと思っています。司馬遼太郎《しばりょうたろう》から夢と志の世界を、藤沢周平《ふじさわしゅうへい》から下級武士の凛《りん》としたたたずまい、矜持《きょうじ》を、山本周五郎《やまもとしゅうごろう》から人情の機微を学びました。政治に必要なのは、夢、志、矜持、人情、血の通った政治だと思います。いまそれらが足りないから、政治に対する不信、政治に対する不安が出てきているのではないかというふうに思います」

最後に語った。

「わたしの大好きな言葉、相田《あいだ》みつをさんの言葉に『どじょうがさ　金魚のまねすることねんだよなあ』という言葉があります。ルックスはこのとおりです。わたしが仮に総理になっても支持率はすぐ上がらないと思います。だから、解散はしません。どじょうはどじょうの持ち味があります。金魚のまねをしてもできません。赤いべべを着た金魚にはなれません。どじょうですが、泥臭く国民のために汗をかいて働いて、政治を前進させる。円高、デフレ、財政改革、さまざまな課題があります。重たい困難です。重たい困難でありますが、わたしはそれをしょって立ち、この国の政治を全身全霊を傾けて前進させる覚悟であります。どじょうかもしれません。どじょうの政治をとことんやり抜いていきたいと思います。みなさまのお力の結集を、わたし野田佳彦に賜りますように、政治生命をかけて、命をかけて、みなさまにお願いを申し上げます」

多くの人たちは、野田の演説を「うまい」とほめる。確かに、演説はうまい。しかし、野田のように、うまく演説ができる議員はほかにもいる。野田の演説は、ただ「うまい」だけの演説ではないのだ。演説の節々に、ほとばしるような熱さ、ぬくもり、人間性が現れる。そして、言葉の端々に出てくる強みは、ほかの人にはまねができない。人の心を動かす演説なのだ。

細川元総理は、このどじょうの演説をテレビで見て思った。

〈この演説で、三、四十票は増えたな〉

野田の巧みで重みのある演説が、野田自身を押し上げた。このおかげで、野田の票は百を超えた。前原を抑え込み、決選投票に進んだ。

絶叫型の小泉純一郎に対して、寡黙な野田の演説は味を感じさせる。

〈熱狂的ではないけれど、心にあたたかい、魂を揺さぶる力強いものを感じさせるのが野田さ

んの演説だ〉

小沢元代表の全面支援を受けた海江田は、民主党マニフェストの見直しに関する民主、自民、公明の三党合意見直しに言及。経済産業大臣として推進したTPPについても、「出馬をきっかけに慎重に対応する」と消極姿勢に転じるなど、「小沢傀儡《かいらい》」色をにじませ、党内に「票のためにブレた」と疑念が広がった。

近藤は、海江田はブレたことで自滅してしまったと思った。

〈これなら、行ける〉

野田も、決選投票直前の演説で語りかけた。

「さまざまなことをなすときに野党と向き合う。三党合意を無視して果たして国会は進むでしょうか、政権は立ち往生しないでしょうか」

海江田の「ぶれ」を印象づけた。

手塚は、代表選の一回目の集計こそハラハラしていた。

〈前原を超して二位になれるのか〉

自信を持って家を出たはずなのに、緊張感で顔が強張っていた。

投票では、海江田が百四十三票、野田が百二票、前原が七十四票、鹿野が五十二票、馬淵が二十四票だった。

いっぽう、海江田陣営は、一回目の票が伸び悩んだことを感じていた。小沢元代表の支持グループ議員らが浮動票確保のため、若手らに積極的に接触したことが、逆に「高圧的」という受け止めを招き、「浮動層」獲得が進まなかった。

決選投票では、前原に投票した七十四名のうち七十名は野田に入れる。それだけでも百七十票近くなる。それだけあれば、鹿野の五十二票、馬淵の二十四票のうちの半分が野田に投票すれば、代表の座は獲得できる。

結果として、海江田は、一回目の百四十三票にわずか三十四票を足した百七十七票だった。それに対し、野田は、百十三票を足した二百十五票を獲得した。

細川元総理は、新聞、テレビで野田総理への助言をおこなっている。

小沢元代表への対応についても語っている。

「小沢さん支持の人が百人以上いる。それ抜きに民主党は動きません。ペコペコすり寄ったらおかしいが、言いたいことは素直に言えばいい。わたしは、細川政権で武村さんの首を切れと言われても、切らなかった。それで機嫌は悪かったけれど、小沢さんもあれからずいぶん苦労されたから、わかってくれると思います。小沢さんの党員資格停止処分の問題もありますが、すぐに解除したら批判も出る。小沢さんもそこはよくわかっていると思います。輿石幹事長がうまくやるのではないでしょうか」

資金管理団体「陸山会《りくざんかい》」の土地取引をめぐり、政治資金規正法違反（虚偽記入）罪で強制起訴された民主党元代表、小沢一郎被告の判決公判が二〇一二年四月二十六日、東京地裁であり、大善文男《だいぜんふみお》裁判長は無罪（求刑禁錮三年）を言い渡した。

虚偽記入に関し、元代表が元秘書から報告を受け、了承したと認定したが、共謀は認めなかった。また、裁判長は検察の捜査を厳しく批判した。

判決を受け、小沢は復権に向けた動きを強める見通しだった。小沢は消費増税に批判的な発言を繰り返しており、関連法案の成立を目指す野田総理は難しい政権運営を迫られる。

なお、この年十一月十二日、検察官役の指定弁護士が控訴をあきらめ、無罪が確定した。

民主党の最後の政権となった野田政権は、消費税率を現行の五％から一〇％まで段階的に引き上げる消費増税関連四法案を含む社会保障・税一体改革関連法案を閣議決定し、自民党、公明党との合意のもとで法案を実現させた。

その後、野田総理は代表選で再選されると、解散総選挙に踏み切り、その結果大敗を喫し、政権を失った。それ以降、日本では自民党の政権が続いている。

当時の小沢は、野田の推進する消費増税路線に反対し、民主党を離党したが、振り返ってみて、野田政権が政権を失った原因をどのように見ているのか。

「僕らが消費増税に反対したのは二〇〇九年の衆院選で掲げたマニフェストに反するものだったからです。そのときのマニフェストでは、決定的にムダを省いてそこから財源を捻出するから次期衆議院の任期中は消費税を上げないと約束した。わたしも演説でそれを強調して歩きました。段階を踏んだといっても、突然一〇%を打ち出したわけでしょう。わたしとしては国民との約束を破るということだけでなく議会政治上あってはならないことだと思っていました」

野田総理が消費増税を推進するなか、党内の反対派の議員たちの間には、景気が悪化した際に増税を中止するという経済条項を入れることで妥協点を見いだそうとする動きもあった。だが、野田はその仲裁案にも乗らなかった。

小沢がさらに語る。

「あのとき、野田君はその案も蹴飛ばして、自民党と一緒に消費増税を強行した。それで民主党が国民から支持を得られるわけがないんだ」

「安倍・菅＋橋下・松井」の新党構想

安倍晋三が二〇一二年九月の自民党総裁選に勝利する前、安倍や菅義偉は、まだ国政に進出する前の松井《まつい》一郎《いちろう》や橋下徹《はしもととおる》ら大阪維新の会との連携を模索していた時期があった。

安倍は、一九五四年九月二十一日、外務大臣をのちに務める安倍晋太郎《しんたろう》の次男として生まれた。父方の祖父の安倍寛《かん》も、母方の祖父の岸信介も衆議院議員という政治家一家である。一九七七年に成蹊《せいけい》大学法学部政治学科を卒業後、南カリフォルニア大学に留学。一九七九年に神戸《こうべ》製鋼所に入社。一九八二年に父親の外務大臣就任とともに、秘書官となる。

一九九三年の父の死去にともない、衆院選に出馬し、初当選。二〇〇〇年に森内閣で官房副長官、二〇〇三年に幹事長に就任。その後、二〇〇五年に官房長官に就任。

二〇〇六年九月の自民党総裁選に出馬し、麻生太郎、谷垣禎一を抑えて勝利し、五十二歳で第九十代総理大臣に就任した。

しかし、二〇〇七年七月の参院選で自民党が惨敗。その後、持病悪化を理由に退陣していた。

橋下は、一九六九年六月二十九日、東京都渋谷区に生まれた。実父の死去にともない、母や妹と一緒に小学五年生のときに大阪府吹田《すいた》市に転居。その一年後には大阪市東淀川区《ひがしよどがわ》東中島《ひがしなかじま》に移り住んだ。

大阪府立北野《きたの》高校、早稲田大学政治経済学部を卒業後、一九九六年に司法試験に合格し、翌年に弁護士登録。タレント弁護士として、テレビのワイドショーや、バラエティ番組に積極的に出演し、知名度を上げた。

その後、二〇〇八年一月の大阪府知事選に自民党の推薦、公明党の支援を受けて出馬し、当選する。知事就任後は、財政非常事態宣言を出して、職員人件費の削減や、文化関連事業や私学助成のカットなど歳出の徹底削減を実行する。

そのいっぽうで、全国学力テストで大阪府が二年連続して下位に低迷したことを取り上げて、「教育非常事態宣言」を出し、知事の教育行政への関与を明確化し、徹底した教員管理を軸とした「大阪府教育基本条例」を提案した。

二〇一〇年には、大阪都構想を打ち出して、地域政党の大阪維新の会を立ち上げて、自ら代表に就任した。

二〇一一年十月には、大阪市長の任期満了にともなう市長選に出馬するために知事を辞任し、十一月のダブル選挙で、知事選では大阪維新の会幹事長の松井、市長選では自らが当選を果たした。

現在、日本維新の会の代表を務める馬場伸幸は、一九六五年一月二十七日、大阪府堺《さかい》市(現・西区《にしく》)鳳《おおとり》に生まれた。

一九八三年三月、大阪府立鳳高校を卒業した馬場は、オージーロイヤル(現・ロイヤルホスト)に勤務。その後、一九八六年二月から自民党の中山太郎《なかやまたろう》参議院議員の秘書となり、一九八九年からは外務大臣となった中山の秘書として東京に勤務する。一年後には東京事務所の統括責任者に抜擢《ばってき》されるなど、中山を支え続けた。

一九九三年十月、馬場は、堺市議会の補選に出馬し、初当選。以降、六度の当選を重ね、二〇一一年五月には堺市議会の第七十六代議長に就任した。

市議時代は長らく自民党に所属していた馬場だが、二〇一〇年に自民党を離党し、松井や橋下らとともに、大阪維新の会を結成した。

両者が関係を深めるきっかけは、二〇一二年二月二十六日の夜、大阪市内の大阪市立こども文化センターで民間教育団体の「日本教育再生機構」が開いたシンポジウムだった。

「日本教育再生機構」は、内閣府直属の「教育再生会議」を民間の立場から後押しするために第一次安倍政権下の二〇〇六年十月に設立された一般財団法人で、麗澤《れいたく》大学国際学部教授の八《や》木秀次《ぎひでつぐ》が理事長を務めている。

その日のシンポジウムでは、八木が司会進行役を務め、安倍と当時、大阪府知事だった松井が対談した。

安倍は、この席で松井にエールを送った。

「教育基本条例は閉塞状況にある教育現場に風穴を開ける意義がある。松井さんには岩盤のような体制を崩す役割を担ってほしい」

さらに安倍は、大阪維新の会が制定を目指す大阪府の教育基本条例についても語った。

「教育再生は道半ばだ。わたしも同志のみなさんと頑張りたい」

松井も安倍のエールに応えつつ、語った。

「教育基本条例を制定するのは、安倍政権で教育基本法を改正したのに教育現場に民意が反映されていないからだ」

シンポジウムの終了後は、安倍と松井が二人で記者団のぶら下がり取材に応じ、「教育の方向性は一緒だ」と口をそろえた。

この晩、安倍、衛藤晟一参議院議員、松井、馬場、遠藤敬の五人で会食し、意気投合したという。

馬場が振り返って語る。

「会場近くの居酒屋で、五人でいろんな話をしました。まだ当時の安倍さんはどん底でしたから、激励の意味を込めて、『もう一回、日本の舵取りをしてください』と申し上げました。総裁選に出るかどうかもはっきりしていない時期ですから、純粋に、また頑張ってほしいなあと思っていたんです。そのとき忘れられなかったのが、安倍さんが居酒屋の掘り炬燵《ほごたつ》のなかに足を入れずに、自分で足を抱えて三角座りをしていたことです。いま思うと、その姿勢がそのときの安倍さんの不安な気持ちを表していたのかなと思います。まだ少し本調子ではないのかなという印象を受けましたから」

この日を境に、安倍たちと松井や馬場ら大阪維新の会のメンバーとの距離は近くなっていく。

また、こうした動きだけでなく、当時は国会でも大阪維新の会との連携を模索する動きが起きていた。

大阪維新の会が導入を推進しようとしていた道州制についての勉強会が立ち上がったのだ。当時、民主党に所属していた松野頼久《まつのよりひさ》と自民党に所属していた松浪健太《まつなみけんた》衆議院議員が中心となった「道州制型統治機構研究会」には、民主党、自民党、みんなの党などに所属する議員が参加していた。松野や松浪のほかには、民主党の石関貴史《いしぜきたかし》、自民党の西村康稔《にしむらやすとし》、平井卓也《ひらいたくや》、みんなの党の小熊慎司《おぐましんじ》、上野宏史《うえのひろし》らが参加していた。自民党の西村と平井以外は、のちに日本維新の会が結党された際に参加するメンバーである。

馬場が語る。

「一カ月に一度くらいのペースで勉強会をやっていました。松野さんや松浪さんに『道州制型統治機構研究会』のメンバーの名簿を見せてもらったら、会長欄が空白になっていたので、『会長が空席やけど、誰なん？』と聞いたんです。すると松浪さんが『会長には驚くようなVIPが就任します』と答えたことがありました。安倍さんのことを考えていたんでしょう」

結局、このとき、安倍を大阪維新の会をベースに結成する新党の党首に迎える構想は実現しなかった。安倍がおおかたの予想を覆して、自民党総裁に返り咲いたからだった。

だが、大阪維新の会が安倍を党首として迎えようと動いていたことは、マスコミに大きく報じられた。

結果的に、安倍にとっては、世間から再び注目を集める機会となり、安倍の持つパイプが自民党総裁に返り咲くうえでの武器となった。

馬場が当時を振り返る。

「安倍さんが総裁選で勝ちますが、当時の永田町では『大阪に橋下徹という暴れん坊を抱える何かやりそうな集団がいるぞ』と警戒する雰囲気がありました。道州制の勉強会にも、多くの自民党の議員が参加していましたから、自民党内にも、維新と組んで引っくり返してやろうという気持ちがあったのでしょう」

安倍や菅は、このとき、自民党総裁選で敗れた場合、自民党を離党し、松井や橋下らと合流する覚悟があったという。馬場がさらに語る。

「後日談ですが、安倍さんが総裁選に不出馬か、出馬して負けたときには、自民党を出る覚悟をしていたようですね。特に菅さんは強い覚悟を持っていたみたいでした。ただ、わたしたちとはその場合の細かい話はまったく詰めていませんでした。僕らも国政進出前の微妙な時期で、準備しているときでしたから」

結局、橋下や松井は、安倍ではなく、石原慎太郎《しんたろう》や平沼赳夫らと組むことを選択する。

第六章

安倍晋三の大復活劇を仕掛けた菅義偉

衆院予算委に臨む安倍晋三総理（左）と菅義偉官房長官。
半ば「過去の人」となっていた安倍を政権奪取の旗頭として押し上げたのは、
菅の熱意だった。この二人の蜜月は、2022年に安倍が
凶弾に倒れるまで続いた（2014年2月12日）

「安倍晋三は、もう一度国の舵取りをやるべきだ」

二〇一二年八月十五日夜、東京・銀座《ぎんざ》の焼き鳥店で、菅義偉は、安倍晋三を口説いていた。第一次安倍内閣で総務大臣を務めていた菅は、安倍の辞任後も、ことあるごとにずっと励ましていた。

二人とも酒は飲まない。テーブルの料理にも、ほとんど手をつけなかった。

「次の自民党総裁選には、ぜひ、出馬すべきです。円高、デフレ脱却による日本経済の再生と、東日本大震災からの復興、尖閣《せんかく》諸島や北朝鮮の問題による危機管理といった三つの課題に対応できるのは、安倍さんしかいない。絶対に出るべきです」

民主党外交の失政に次ぐ失政によって、竹島《たけしま》、尖閣諸島、北方領土と日本の領土主権が侵害される事態が止まらない。国家観に欠け、責任感も気概もない民主党政権では、国益が損なわれるばかりの状況に、ますます菅は、次期自民党総裁選に安倍が出馬することを期待するばかりだった。

安倍が総理を辞任して五年、菅はずっと思っていた。

〈もう一度、安倍晋三という政治家は、国の舵取りをやるべきだ〉

そう心に強く思いながら、時が来ることを待ち続けていた。

その時が、どうやら来たらしい。

民主党政権の存続が危ぶまれている。次の衆院選では、自民党が政権を奪回できるほどの状況に追い込まれた。

そんないまこそ、安倍にとって最高のチャンスだと菅は読んだ。

〈野党自民党の総裁選ではあるが、次の総裁選は「総理大臣」になる可能性のある選挙に必ずなる。当然、マスコミの注目度も高まる。それほどマスコミの脚光を浴びる選挙の場というのなら、安倍晋三という政治家を再び国民のみなさんに見てもらおうじゃないか。

安倍晋三の主義主張というものをきちんと表明すれば、国民の期待感は高まり、一気に支持は広まるはずだ。これは、逆に安倍晋三にとっても、ものすごい自信につながるはずだ〉

菅は、そう強く確信していた。

しかし、党内には、「安倍の復帰は早すぎる。まだ禊《みそぎ》は終わっていない」というような声も上がっていることは十分承知している。

安倍自身も迷っていた。第一次政権の退陣のあり方に対する批判を気にしていた。

菅は、安倍にははっきり言っていた。

「でも、あの辞め方は、必ず一回は批判されますよ」

批判されているからといって、怯《ひる》んでいては始まらない。

総理を辞める理由となった安倍の体調も、開発された新薬によっておさまり、安倍は心身ともに力がみなぎっている。体調面での心配は払拭できている。

それより気がかりなことは、日本が国難とも言える危機にさらされていることのほうだ。東日本大震災からの復興は遅々として進まず、竹島、尖閣諸島など日本の領土が他国に脅かされるまでになってしまった。

また、長引くデフレ、円高によって経済は低迷し、若者たちは未来に夢や希望が見いだせずにいる。だが、安倍はずっと日本経済を回復させるための勉強を積み重ねてきている。

それを披露するには、絶好の機会だ。

そのうえ、民主党政権の三年で揺らぎ、悪化した日米同盟関係が、日本の死活問題となっている。この日米関係を、再び強固にしなければならない。

日本の命運が、このときにかかっている。

〈日本を立て直し、未来に導くことのできるリーダーは、安倍晋三をおいてほかにいない。総裁選で安倍晋三の姿を見れば、絶対、国民から支持されるはずだ〉

ただし、安倍に対する国民の支持は少なく、石破茂の半分と見られていた。菅は、安倍の自民党総裁選出馬をいろいろな人から反対された。安倍に近い人物のなかには、「待望論が出るまで待つべきだ」と言う人もいた。

それを、菅は説得して歩いた。

「待望論は本人が出馬して、国民に訴えて初めて出てくる」

そんな菅に、こう言う人もいた。

「これで負けたら、政治生命がなくなる」

が、菅は思っていた。

〈そんな綺麗事《きれいごと》では、政権なんて取れない〉

総裁選のルールを熟知している菅の頭のなかでは、緻密な計算がされていた。一回目の党員選挙で八割を取られたら負けるが、七割だったら勝機ありと見極めた。

自分の見立てを話しながら、説得を続けた。

「もちろん、絶対勝てるという保証はありません。三番目になるかもしれません。しかし、勝てる可能性は間違いなくあります」

だが、安倍は首を縦に振らない。

菅は民主党政権のつまずきを並べ立てた。尖閣諸島をめぐる中国との対立、デフレ不況の深刻化、東日本大震災の復興の遅れ……。

「いまこそ、日本には安倍さんが必要です。国民に政治家・安倍晋三を見てもらいましょう。

総裁選に立候補すれば、安倍晋三の主張を国民が聞いてくれるんです」

菅の声は、どんどん熱を帯びてきた。

「今回、出馬した際の最悪のことも考えました。でも、ここで敗れたところで、一年以内に選挙があるじゃないですか。最悪敗れたとしても、次の選挙に出馬する人たちから選挙運動を頼まれますよ。必ず地方組織から、『応援に来てほしい』と声が上がります。いずれにしても、次が完全に見えてくるじゃないですか」

そして、決断を促した。

「もう一度、安倍晋三という政治家を世に問う最高の舞台じゃありませんか？　このチャンスを逃したら、次は難しいですよ。この最高の舞台を、みすみす見逃すんですか！」

安倍と菅の話し合いは、三時間にもおよんでいた。

何も、菅はこの日ばかり、安倍を口説いていたわけではない。二年ほど前から、「もう一回、総理大臣をやるべきです」と言い続けてきた。この最高の舞台に、安倍を上がらせないわけにはいかない。

菅が長年抱いてきた思いが伝わったのか、この日三時間にもおよんだ説得を前に、とうとう安倍が首を縦に振った。

「じゃあ、やりましょう」

かつて、わたしが安倍昭恵《あきえ》夫人に聞いたところによると、総裁選に出馬する前、昭恵夫人は安倍に次のように話したという。

「森（喜朗）先生も、今回の出馬はやめておけと言っていますが……」

森は、安倍に忠告していた。

「もし今回失敗すると、二度と総裁の目はなくなるぞ。もし待っておけば、必ず総裁への待望論が起こる」

しかし、安倍は昭恵夫人に敢然と言った。

「いま、日本は、国家として溶けつつある。尖閣諸島問題にしても、北方領土問題にしても、政治家としてこのまま黙って見過ごしておくわけにはいかない。おれは、出るよ。もし今回失敗しても、おれはまた次の総裁選に出馬するよ。また負ければ、また次に挑戦するよ。おれは、自分の名誉や体のことなんて構っていられない。国のために、おれは戦い続けるよ」

昭恵夫人は、そんな安倍を励ましたという。

もし、安倍が、一九六〇年に反対勢力の抵抗を押し切って、日米安保条約改正に踏み切った岸信介の孫でなければ、第一次安倍内閣でお腹を壊し、世間からボロクソに叩かれて一年で政権を投げ出しながら、再び総理に挑戦するような無謀なことはしなかったであろう。

が、彼は、岸総理の遺言とも言える「憲法改正」を実現しなくては……という宿命を背負っていた。おそらく、総裁選に再挑戦するまでの間、寝ていても、岸の亡霊に悩まされ、いても立ってもいられなかったのではないか。

「晋三！　永田町にただ員数としてだけいるのなら、政治家なんて辞めてしまえ！　憲法改正は、どうした！」

安倍は、岸に突き動かされ、ついに立ち上がったのである。

石破茂を決選投票で大逆転した自民党総裁選

二〇一二年九月十二日、安倍は、出馬表明した。それは、奇しくも五年前に安倍が総理辞任を表明したのと同じ日であった。

安倍は、まず第一次内閣を退陣したことについて陳謝した。

「病気のためとはいえ、突然、辞する結果になり、国民、党員に心からおわび申し上げます」

そのうえで、決意を表明した。

「全身全霊をなげうって、同志の声に応える決断をした。『日本人の命を断固として守る』と宣言する。国難に立ち向かいたい」

テレビにも出て、街頭でも自分のやりたい政治を訴えた。

「ひ弱だと思っていたけど、すごく力強いじゃないか」

「吹っ切れた感じがする」

清和政策研究会の世耕弘成《せこうひろしげ》参議院議員の耳にも、かつてのイメージを払拭した安倍の姿に、驚く声が聞こえてきた。会見での安倍の姿を見て、清和政策研究会の山本一太《やまもといちた》参議院議員は思った。

〈迷いのない表情だ〉

しかし、この瞬間、安倍は茨の道を踏み出すことにもなった。次期衆院選で政権奪回を目指す「顔」として、党内外の期待に応えるかたちでの出馬であるとはいえ、健康面への不安や、出身派閥である清和会・町村《まちむら》（信孝《のぶたか》）派の分裂を招くとの反発も少なくなかった。

もし、投票の結果、下位に沈めば、その後の再登板への道筋が、ますます厳しくなることも考えられた。

まだ、党内にはこんな声もある。

「総理大臣としての責任を放棄した精神面の弱さと、健康不安が残っている」

伊吹派の衛藤晟一参議院議員は、その時点で、一回目の投票で安倍が二位になる確信があった。つまり、決選投票に持ち込めさえすれば、勝てる。衛藤が勝利を確信したのは、自民党長老たちが、こぞって石原伸晃の応援に回ることを表明したときであった。

いっぽうで、出身派閥の清和会からは、会長の町村信孝元官房長官が出馬表明した。安倍の出馬による派閥分裂を、危惧する声もある。

森元総理が分裂を回避しようと、安倍に出馬を自重するよう求めることもあった。

その要請を振り切っての出馬は、町村派への影響力を強く残す森の反発を買うことになる。

安倍は会見で、脱派閥をアピールした。

「わたしは長老の支配を受けたり、派閥の論理では動いたりしていない」

それでも、重鎮による党内力学がマイナスに働くのは間違いない。

さらに、上位二人の決選投票に残れなければ、政治家としての命運を絶たれるとの見方もあった。

陣営幹部の一人は、強気に言った。

「今回は、批判や健康不安を払拭する。真の狙いは次回総裁選だ」

しかし、対立陣営の幹部は総裁選告示を前にこうつぶやいた。

「上位に入る目算はあるのか。安倍はバカを見るぞ」

九月十三日、十二人が所属する麻生派会長の麻生太郎と、七人の高村《こうむら》派会長の高村正彦《まさひこ》は、都内で記者団に対し、安倍に対する支持をそれぞれ表明した。

麻生は言った。

「個人的につき合いがあり、信念のある安倍さんに自民党を引っ張ってもらいたい」

高村も「統治能力という点で一番優れている」として、高村派として安倍を支持するとした。

九月十三日、自民党総裁選は、林芳正《はやしよしまさ》政調会長代理が立候補を正式に表明したことを受け、安倍、石原、石破、林、町村の五人で争う構図が固まった。

九月十四日午前十時から、安倍の出陣式がおこなわれた。

結果的に、九月二十六日におこなわれた自民党総裁選で、国会議員票と党員、党友による地方票とで争われる一回目の投票では、石破が議員票三十四票・地方票百六十五票で計百九十九票、安倍が議員票五十四票・地方票八十七票で計百四十一票、石原が議員票五十八票・地方票三十八票で計九十六票、町村が議員票二十七票・地方票七票で計三十四票、林が議員票二十四票・地方票三票で計二十七票という結果になった。

こうして、石破がトップの得票を獲得するも、過半数を制することはできずに、二番手につけた安倍と、国会議員だけの投票による決選投票に決着は持ち込まれた。

決選投票では、安倍が百八票を獲得し、八十九票の石破を逆転し、総裁の座に返り咲いたのである。

この安倍の勝利は、おおかた古屋圭司《ふるやけいじ》の読みどおりであった。強いて言えば、石破の地方票の獲得数が予想を若干上回る結果になったことくらいが誤算だった。

当初は、百五十票前後を予測していたため、百六十五票を獲得との知らせを聞いたときには多少の焦りを感じていたという。石破は、党の政調会長としてたびたび地方行脚を重ねていたこともあり、地方票をかなり獲得するであろうことは予測されていた。古屋が会長を務める自民党岐阜県連でも支持を集め、十票中五票を獲得するほどであった。

地方票では優勢に見られていた石破だったが、一度、自民党を離党し、政党を転々とし、復党していたため、党内の国会議員からの反発はいまだ根強かった。森元総理などは、いまだに表立って批判しているほどで、国会議員票での票の伸びはイマイチであった。

そのため、古屋はさほど焦らなかった。古屋は前から周囲に語っていた。

「石破さんがいくら地方票で健闘しても、国会議員票での決選投票になれば、安倍さんがトップを取るよ。小泉さんが勝ったときのような雪崩現象は起きないよ」

結局、古屋の予想どおり、決選投票で石破の票は伸びず、安倍が勝利をおさめた。

石破は、地方票で過半数を占める百六十五票を獲得。安倍は八十七票だった。ドント方式では圧勝だ。ただし、得票率では五対三だ。石破がずば抜けた支持を集めたのは事実ではあったが、安倍も三割の票を集めたことを考え合わせて見ると、石破が「党員の間でも、国民的にも、安倍よりずっと人気がある」という見方は、ちょっと違う気がしていた。

今後、安倍が自民党の新総裁としてメディアなどに頻繁に登場することになれば、いずれ安倍の支持率はもっと上がるはずだ。

高市早苗が発案した「日本を、取り戻す。」

二〇一二年十月四日、自民党は午前の総会で党三役などを除く幹部人事を了承し、高市早苗は広報本部長に就任した。

じつは、九月末に安倍総裁から、広報本部長就任を打診された際、高市は情けないことに、即答ができずにいた。理由は、自分の美的センスにまったく自信がなかったからだ。

高市は、自分の選挙区で発行している政策広報物をすべて手づくりにしている。が、お世辞にもセンスがよいとほめてもらったことがない。洋服の趣味や化粧にしても、東京では「関西のおばちゃんスタイル」と陰口を叩かれている有様だ。

そんな美的センスがコンプレックスになっている高市に、自民党の広報本部長が務まるのかと真剣に悩んだ。

高市の夫の山本拓《やまもとたく》衆議院議員からは、厳しく叱られる始末だった。

「おまえが受けなきゃ、あとの人事が進まないんだよ。安倍総裁だって、困るじゃないか」

一夜、大いに落ち込んだ。

しかし、翌朝には決心がついた。

〈受けよう。何がなんでも、やり抜いてみよう〉

そして、安倍に、即答しなかった失礼をわび、就任の意思を伝えた。

衆院選という大きなイベントが迫るなか、高市は懸命になって頑張った。

それまで、関東を選挙地盤とする広報本部長が続き、どちらかと言えば「お洒落感《しゃれかん》」を重視したデザインでやってきた。

だが、安倍自身が、関西人の高市を本部長に選んでしまったわけだ。

高市は、すっかり開き直っていた。

〈この際、関西風に「こってりした」「ベタでわかりやすい」デザインにしてみてもいいんじゃないかな……〉

二〇一二年の十二月には衆院選がおこなわれ、高市は、有権者に響く政党ポスターのデザインやキャッチコピーを考えることが最初の大仕事となった。このときも、高市は安倍と口論になった。

高市が提案したキャッチコピーは、

「日本を、取り戻す。」

いっぽう、安倍の希望は、

「強い日本を、取り戻す。」

であった。

安倍が「強い日本」と強調したい気持ちは高市にもわかった。

だが、ポスターの字の大きさや、「政権公約」の表紙のインパクトを考えると、文字数が少ないほうがよい。

高市も譲れなかった。

「『強い日本を』ではなく、『日本を』とシンプルにしたほうが、有権者のみなさまのイメージが広がります。強い日本、美しい日本、成長する日本……さまざまな日本の姿を期待していただけますよ」

高市は安倍に対する説得を続けて、最後は了承を得た。だが、安倍は不満いっぱいの顔であった。

二〇一二年十月二十五日の朝、自民党新体制発足後、第一弾となる新しい政党ポスターが完成した。

安倍総裁と石破幹事長が街頭演説をしている写真に、「日本を、取り戻す。」というスローガンが入ったポスターは、これまでのお洒落系なポスターとは違い、こってりベタなデザインとなった。

しかし、自民党の強い決意を示すために、顔と文字を大きくし、迫力のあるポスターを目指しての制作である。

高市には、「日本を、取り戻す。」というスローガンに、強い思い入れがあった。民主党政権によって、日本や日本人の本来のよさが壊されつつあった。

たとえば、「自立と勤勉の倫理」「政治の意思決定の透明性」「法運用の安定性」「公共サービスの安定供給」「外交の信頼性」などだ。

雇用と成長力を生み出すイノベーション戦略も後退し、防災事業も後退、教育改革も後退している。ところが、民主党政権による不公平で不公正なバラマキ政策によって債務だけは異常なスピードで増大している。このスローガンは、「強く美しく成長する国、日本」を取り戻す決意の表れでもあった。

高市は、広報物の作成に没頭した日々を過ごした。政党ポスター、政権公約集、政党政策ビラ、総裁政見放送、政党CMなどの制作に追われ、衆議院解散から十二月四日の公示日直前まで、ほとんど選挙区に戻れない状態だった。

古屋によれば、自民党総裁に就任後、安倍は近々衆院選になることを見越していたという。総裁就任後に安倍に会ったとき、古屋は安倍から言われた。

「すぐ衆院選だから、選挙のあとには大臣をやってもらおうと思っている。よろしくお願いします」

古屋は思った。

〈安倍総裁は、選挙が近いのを読み切っているな〉

古屋は総裁になった安倍に、提案した。

「わたしは、シニアの人に嫌われても、なんとも思わないから、党改革を大胆にまとめますよ」

古屋は、党改革実行本部長を引き継ぐことになった。

党改革実行本部の仕事は多岐にわたり、ネット選挙の実現に向けた提言や、自民党総裁選で決選投票でも地方票が反映されるようなシステムづくりなどであり、現在もその方向で改革が進んでいる。

「約束の日」――安倍・野田の党首討論

二〇一二年の第百八十回国会において、野田内閣総理大臣・民主党代表は社会保障と税の一体改革をめぐる消費増税法案の採決に際して、近いうちに国民の信を問うことを条件に自民党、公明党の協力を取りつけ、同法案を成立させた。

しかし、この国会中に解散はされずに会期を終えた。その後、九月の民主党代表選、自民党総裁選を経て、十月末に第百八十一回国会が召集されたが、それ以降も解散がおこなわれる気配はなかった。

二〇一二年十一月十四日、国家基本政策委員会合同審査会で、野田総理と安倍自民党総裁による党首討論がおこなわれた。

安倍がまず斬り込んだ。

「わたしが総裁に就任してこの一カ月半、総理に厳しい言葉を投げかけてきました、約束を果たすべきだと。なぜ私たちがそう言い続けてきたか。それは、政治の本質、国民の政治への信頼にかかわるからであります。

さきの国会において、当時の谷垣総裁とわたしたち自由民主党は、国民の信を問うべきだ、そう要請しました。なぜかといえば、さきの総選挙において、野田総理そして民主党の皆さんは、マニフェストに書いてあることを実行するために消費税を上げる必要はない、そう約束をされた。そして、政権をとったんです。その約束をたがえて、主要な政策を百八十度変えるんですから、国民に対して改めて信を問うのは当然のことであります。

私たち自由民主党は、三年前の総選挙において、将来伸びていく社会保障費に対応するためには消費税を上げていかざるを得ない、正直にそう説明をしてまいりました。その私たちが、約束をたがえた民主党と三党合意を成立させ、法律を成立させる以上、改めて国民の信を問わなければならない、そしてそれが国民の信頼をつなぎとめる唯一の道である、そう考えたんです。党利党略ではないんです。だからこそ、野田総理に、国民に信を問うてください、そうお願いをした。

そして、野田総理は確かに約束をされました。法律が成立をした暁には、近いうちに国民に信を問うと。

私たちは約束を果たし、法律は成立をいたしました。

あの約束の日は八月八日、夏の暑い日でした。夏は去り、そして秋が来て、秋も去りました。もういよいよクリスマスセールが始まろうとしています。いわば約束の期限は大幅に過ぎている。しかし、一度解散を口にした総理大臣は、内閣は、力を失います。経済を再建させていく力も、外交政策を進めていく力も失います。なぜかといえば、相手国から交渉相手としては認められないんです」

安倍は詰め寄った。

「野田さん、もうこの混乱状態に終止符を打つべきです。一日も早く国民に信を問うて、国民の信を得た強力な新しい政権が、経済を立て直し、そして外交を立て直していくべきであります。

勇気を持って決断をしていただきたい。改めて、そのことについて総理の決意をお伺いしたいと思います」

野田が応じた。

「今、安倍総裁からも御指摘があったとおり、八月の八日、当時の谷垣総裁と党首会談を行いました。その党首会談は、私が政治生命をかけると言った社会保障と税の一体改革がデッドロックに陥ったからであります。

政治生命をかけるという意味は、先般の予算委員会で石破幹事長の御質問にお答えさせていただきましたが、もし果たせなかったならば、解散をするのでもない、総辞職をするのでもない、私は、議員バッジを外すという覚悟で、党首会談で谷垣総裁とお会いをさせていただきました。（中略）

谷垣総裁をだまそうなどという気持ちは全くありません。近いうちに国民の皆様の信を問うと言ったことにはうそはありませんでした。

先輩方から、内閣総理大臣は公定歩合と解散はうそをついてもいいということを自民党政権時代には言っていた人もいるというお話もありましたが、うそをつくつもりは私はありませんでした。

私は、小学校のときに、家に通知表を持って帰ったときに、とても成績が下がっていたので、おやじに怒られると思いました。でも、おやじは、なぜか頭をなでてくれたんです。五や四や三、そんなの気にしなくて、生活態度と書いた講評のところに、野田君は正直のうえにバカがつくと書いてありました。それを見て、おやじは喜んでくれました。

安倍総裁の教育論は傾聴に値するものがたくさんあります、歴史観、国家観から。私の教育論は、そこから始まるんです。偏差値や百点や五段階じゃなくて、数字にあらわせない大切なものがあるんだということをおやじは教えてくれました。だから、もともとうそをつくつもりはありません。

近いうちに解散をするということに、先般の十月十九日、党首会談をやったときにもお話をしました、ぜひ信じてくださいと。残念ながら、トラスト・ミーという言葉が軽くなってしまったのか、信じていただいておりません。

定性的にぎりぎりの表現をいたしました。でも、この近いうちにという言葉の解釈をめぐって、太陽作戦やら、北風作戦やら、今のこの党首討論の冒頭もここからのお尋ねです。この問題を解決しないと、私は、政治は前進しないと思っております。近いうちに、この討論の中で明らかにしたいと思います。

そのためには、どうしても、とりわけ越えなければいけない環境整備として申し上げた特例公債法案、そして一票の格差と定数是正、このことについて早期に成立をさせる安倍総裁の確約をいただきたいんです」

安倍がより強く迫る。

「いま、総理は随分長々とお答えになりましたが、わたしの質問には全く答えていません。大変残念ですね。（中略）

そして、今、トラスト・ミーという言葉が軽くなったとおっしゃった。確かにそうですね。トラスト・ミー、軽くなったのはトラスト・ミーだけではありません。マニフェストという言葉も軽くなった。近いうちにという言葉も軽くなった」

二人のやりとりが続いたのち、野田総理が口にした。

「この政治改革の議論は、もう与野党協議では相当やってまいりました。あとは、我々与党と野党第一党が決断をして、特に、我々の提案は中小政党に配慮した比例の削減であります。民主党にとってプラスの提案ではありません。そのことを踏まえて、各党の御理解を得るべく努力をしながら、早く結論を出す、ぜひこれは協力してやりましょうよ。

そして、そのことをもって、わたしは、いずれにしてもその結論を得るため、後ろにもう区切りをつけて結論を出そう。（十一月）十六日に解散をします。やりましょう、だから」

安倍が野田総理の「十六日」の言葉に興奮して、言った。

「今、総理、十六日に選挙をする、それは約束ですね。約束ですね。よろしいんですね。よろ

しいんですね。（中略）

しかし、十六日に解散をしていただければ、そこで、皆さん、国民の皆さんに委ねようではありませんか。どちらが政権を担うにふさわしいか、どちらがデフレを脱却し、そして経済を力強く成長させていくにふさわしいか、そのことを判断してもらおうではありませんか。そして、この外交敗北に終止符を打って……（中略）

どちらの政党が、美しい海と日本の国土、領海、国民を守ることができるかどうか、それを決めていただこうではありませんか。

選挙戦で相まみえることを楽しみにしております。どうもありがとうございました」

野田総理も決意を語った。

「技術論ばかりで覚悟のない自民党に政権は戻さない。それを掲げて、我々も頑張ります」

安倍自民党総裁もこれに同調したため、その日の夕方に政府民主党の首脳が総理大臣官邸で会合を開いて協議した結果、衆院選の日程を十二月四日公示、十二月十六日投開票とする旨を決定した。

こうした動きを受け、衆議院議院運営委員会が十一月十五日に理事会を開催し、十一月十六日に衆議院解散を宣するための本会議開催を決定、十一月十六日午後三時五十分、日本国憲法第七条の規定によって衆議院が解散された。

解散をめぐる野田佳彦の「大誤算」

十二月十六日、安倍は「第四十六回衆院選」に臨んだ。

安倍の尊敬する人物は、選挙区山口県の雄たる吉田松陰《よしだしょういん》、そして、もうひとりが高杉晋作《たかすぎしんさく》である。衛藤が思うに、安倍は、今回の選挙では、長州藩《ちょうしゅうはん》の守旧派に一度は覆されながらも、奇兵隊《きへいたい》を結成し、新たな国づくりのために単騎突入していった高杉に、自分をなぞらえていたのかもしれない。

安倍自民党のもとで政調会長代理となった衛藤は、自民党の公約に、安倍の理念、考え方を組み込んだ。自民党が第一党になる自信はあった。それでも獲得議席はせいぜい二百二十議席ほどと衛藤は見ていた。二百九十四議席も取るとは、思いもよらなかった。

自民党は単独で半数を大きく超える二百九十四議席を獲得し、圧勝した。しかし、自民党に、これほどの追い風が吹いているようには見えなかった。実際、得票数がそれを物語っている。

この衆院選では、安倍が総裁に返り咲いた自民党が公明党とともに、与党に返り咲いた。それ以降、日本では自民党と公明党による自公連立政権が続いている。

自民党の比例区の得票数は千六百六十二万票。二〇〇九年に民主党に大敗した際の千八百八十一万票より、約二百二十万票も減っているのだ。また、小選挙区の得票率は四三％。それで獲得議席率は七九％である。全選挙区で候補者を立てられた政党がほとんどないことを考えると、自民党の支持率は、額面どおりに受け取ってはいけないと考えるべきである。

小選挙区は、このようなバイアスがかかる、いびつな制度である。これまでの法則からいくと、勝ちすぎた政党には必ず揺り戻しがある。

民主党は、前回三百八議席だったのに、今回は五十七議席と激減している。

ただ、民主党の凋落《ちょうらく》が止まらないうえに、第三極もバラバラの状態が続けば、再び参院選でも自民の勝利となる可能性はある。そうなれば、長らく続いた衆参の「ねじれ」状態が解消され、いろいろなことが一気に加速するかもしれない。

野田総理は解散に踏み切り、政権を失うことになるが、その判断にも野田総理の読み違いがあったと小沢は推察する。

「これは政治的な裏話だけれど、野田君は、おそらく、あんなに国民から批判を受けるとは思わなかったんだろうね。解散したのは、民主党も自民党も過半数が取れずに、結果的に連立になるという判断があったんじゃないかな。実際にはその見立ては外れて、民主党の議席は激減したわけだけれど。やはり、背景には国民との公約を反故《ほご》にして、消費増税を強行したことに対する国民の反発があった。それを読み間違えたのだと思う。それ以来、民主党側は足腰が立たなくなってしまった」

「日本維新の会」誕生に奔走する石原慎太郎

いっぽう、大阪維新の会を中心に結党した国政政党の「日本維新の会」は、二〇一二年九月二十八日、誕生した。

新党結成に走り出した石原慎太郎都知事は、次期衆院選に向けて連携を探る相手として橋下大阪市長を挙げた。

石原は、一九三二年九月三十日、神戸市生まれ。湘南《しょうなん》高校を経て、一橋《ひとつばし》大学法学部に入学。この間、「一橋文芸」に『太陽の季節』を発表し、芥川賞《あくたがわしょう》を受賞。一九六八年、参院選に全国区で出馬し、史上初の三百万票を取って当選。一九七二年に衆議院に鞍替《くらが》えし、環境庁長官や運輸大臣を歴任。一九九三年に議員辞職し、政界からの引退を表明したが、その後、一九九九年に都知事選に出馬し、当選。二〇一一年には四選を果たしていた。

その橋下が率いる日本維新の会の選挙公約素案を見ると、政策に違いもある。今後、政策協議などを通してどれだけ歩み寄れるかが鍵を握ることになった。

十一月三日、日本維新の会代表の橋下大阪市長と、新党を結成する石原前東京都知事らが、京都市内のホテルで約二時間会談した。

会談には、日本維新の会の松井一郎幹事長や松野頼久国会議員団代表、石原新党の母体となる、たちあがれ日本の平沼赳夫代表や園田博之幹事長らも同席した。

十一月十三日、減税日本を率いる河村《かわむら》たかし名古屋《なごや》市長は、たちあがれ日本と合流して太陽の党を結成した石原と東京都内で約二時間にわたり会談し、連携に向け、協議する方針で一致した。

当然、日本維新の会やみんなの党と連携、第三極を結集していくことも確認した。

いっぽう、愛知県の大村秀章《おおむらひであき》知事はこの日、石原の新党結成について、期待感を示した。

「次期衆院選の第三極の顔として引っ張ってもらいたい」

第三極結集に「橋下氏との間で早く話をつけてほしい」とも述べた。

さまざまな党、そして、いろいろな人たちが、大きく動き、一つの方向性がこれからつくられようとしているときが到来していた。

みんなの党の渡辺喜美代表も、焦りをにじませた。

「ちょっと時間が足りないのが現実だ。第三極同士でつぶし合いをおこなえば、〝民自公の談合体制〟が勝ってしまう。こんなばかげたことはない」

みんなの党と日本維新の会は十五日、衆院選に向けて、成長戦略や教育改革など両党の共通政策に合意した。みんなの党の浅尾慶一郎《あさおけいいちろう》政調会長と日本維新の会の浅田均《あさだひとし》政調会長が都内で合意文書に署名。両党は今後、具体的な選挙協力の調整を始める。

十一月十六日午前、東京都内のホテルで、日本維新の会代表の橋下大阪市長、幹事長の松井大阪府知事らとの会談を終えた石原は、群がる記者団の前で明言した。

「結論は出た！　明日（十七日）発表します」

二時間半にわたった維新と太陽の会談では、橋下が共通政策の案を手渡した。

そこには「脱原発」「道州制導入」「消費税地方税化」など維新の基本政策が並んでいた。

太陽としては即答できる内容ではなかったが、石原にとっては個別の「政策の不一致」は「小異」。会談終了後、所属国会議員に「呑んでほしい」と迫り、同意を得た。

しかし、橋下のもう一つの要求には躊躇した。

「維新として、減税日本とは連携できない」

橋下は「政策の不一致」を理由に減税日本との合流を白紙にするよう求めた。減税日本の「減税一辺倒」の政策が合わないことに加え、労働組合との戦いで名を売ってきた橋下にとって、労組支援を受けた国会議員がいる減税日本とは手を組むわけにはいかないからだ。

石原は説得した。

「自分はワンポイントだ。いまは市長を辞められないだろうが、その次は国政を担ってほしい」

が、橋下は動かなかった。橋下は、逆提案した。

「まずは、太陽と維新で協議しましょう」

石原は、夜、名古屋に入り、河村に事情を説明した。

いっぽう、みんなの党の江田憲司幹事長は、十一月十七日、読売テレビの番組で語った。

「日本維新の会とは、別々の党としてやっていく。共通政策で信を問う。おたがいに相乗効果が出るようにしたい。選挙区調整などで連携を図る」

十一月十七日午後四時四十分過ぎ、大阪市内で日本維新の会の全体会議が始まった。この席で、日本維新の会が、太陽の党と合流することが正式に決定した。

党名は、日本維新の会で、代表に石原、代表代行に橋下が就任した。幹事長には松井が留任した。国会議員団代表には、平沼衆議院議員が就任。

新代表になった石原は、あいさつのなかで、メンバーに呼びかけた。

「第三極というが、第二極にならないとダメだ。どうせわたしは先に死ぬんだから。小異を捨て、大同について一緒に戦おう」

さらに明言した。

「いずれ橋下さんにバトンタッチする。こんなに命がけでやっている政治家はいない」

石原慎太郎代表と橋下徹代表代行

石原が代表、橋下が代表代行となった日本維新の会は、結党からすぐに初の国政選挙となる衆院選を戦うことになった。

十二月四日、衆院選が公示されたこの日、石原は大阪で第一声を上げた。

「この国の政権は結局、中央の役人が支配している。政治がいかに硬直しているか。東京都と大阪府、そういうところを預かってみないとわからない。この変化の時代に継続性とか一貫性で新しいことができるのか。役人には任せられないとわたしたちは立ち上がった。原発の問題も心配だろうが、ただ原発が白か黒か、好きか嫌いかですむ問題じゃない。国民はもうちょっと冷静にならないといけない。わたしは体を張って苦労してきた。橋下さんはあえて知事から市長になった。彼は命がけだ。そういう橋下に惚《ほ》れた。わたしは武蔵坊弁慶《むさしぼうべんけい》みたいなもの。牛若丸《うしわかまる》をやがて義経《よしつね》にしようと思う。そうすると日本の政治が変わる。この大阪で大きな声を上げてほしい。みんなで日本の維新をやろう。やらないとこの国は滅びる」

十二月十六日、衆院選の投開票がおこなわれた。

石原と橋下がタッグを組んだ日本維新の会は、この衆院選で旋風を起こすことになる。

小選挙区では百五十一の選挙区に候補者を立てて、十四の選挙区で勝利をおさめた。特に地盤とする大阪府の小選挙区では、十四の選挙区に候補者を擁立し、十二勝二敗とよい結果を残した。

いっぽう、比例区では、全国で千六百六十二万票を獲得した自民党に次ぐ千二百二十六万票を獲得し、四十議席を獲得した。合計五十四議席を獲得し、大惨敗した民主党の五十七議席を超えることはできなかったが、公示前の十一議席から大幅に増やす結果となった。

橋下は不出馬だったが、石原は、比例の東京ブロックから第一位で出馬し、一九九五年に衆議院議員を辞職して以来、約十七年ぶりに国政復帰を果たした。

この日夜、石原は、都内の開票センターで語った。

「いままでの政治家ができなかったような政策をやっていく」

橋下も、大阪市内で記者会見し語った。

「大阪での改革だけでこれだけ議席を獲得できた。全国で同じような活動をして地域政党を立ち上げれば国政はガラッと変わる」

橋下は、過半数獲得の目標を達成できなかったことについても語った。

「有権者の支持を集めるのは僕の役割。しっかり全国に主張を届けられなかったのは力不足だった」

選挙では、自民党が二百九十四議席を獲得し、公明党と連立を組み、第二次安倍政権が発足した。

石原代表と橋下代表代行の双頭体制で初めて国政選挙に挑んだ日本維新の会は大きく議席を伸ばして、自民党、民主党に次ぐ衆議院第三党の勢力を確保した。

二〇一三年夏の参院選に向けて足場づくりができた。

ただ、目標にしていた、自民、公明両党の過半数を阻止し、自らがキャスティングボートを握るという結果は得られなかった。

関西を中心に日本維新の会は多くの票を得たが、全国各地でブームを巻き起こすほどではなかった。改革イメージの強い橋下と、タカ派で保守色の強い石原が組んだことにより、拒否感を持つ無党派層もいたためだ。

また、今後、橋下を慕う維新系の議員と、石原を慕う旧太陽系の議員との融和がスムーズにいくかどうかも不明であった。

「脱民主党政権」という空気

二〇一二年十二月二十五日、下野した民主党の代表選が党所属国会議員のみの投票でおこなわれ、海江田万里が馬淵澄夫を破り、代表に選出された。

野田前総理、枝野前経済産業大臣、前原元外務大臣らは、失敗に終わった民主党政権の中心人物として烙印《らくいん》を押された。

世の中は「脱民主党政権」という空気に包まれ、民主党の支持率は極端に落ち込んだ。のちに、二〇一六年に維新の党と合併して誕生した民進党の代表選で前原が自らを「国民を失望させた民主党政権の戦犯だ」と言ったとおり、世間の目は前原や枝野らに冷ややかであった。

二〇一三年七月の参院選で、民主党は改選四十四議席が十七議席に激減したことを受けて、細野豪志《ほそのごうし》幹事長は辞任したが、海江田代表は続投していた。

そのため、党内からは「責任を取れ」との批判をずっと浴び続けていた。

参院選の惨敗を受けてからも、一年以内に「目に見える成果」を挙げるとしたにもかかわらず、民主党は党勢回復のきっかけすらつかめていなかった。

二〇一四年十一月二十一日、安倍総理は衆議院の解散を宣言した。

十二月十四日の投開票の結果、自民、公明の与党は、参議院で否決された法案を再可決できる三分の二にあたる三百十七議席を超える三百二十六議席を獲得し、圧勝した。

民主党は、枝野幹事長と福山哲郎《ふくやまてつろう》政調会長の二人でつくった政策で選挙に臨み、現有議席を上回る七十三議席を獲得し、党勢を若干回復させた。

が、民主党代表である海江田が小選挙区で敗れ、比例復活もかなわず落選するなど、完全に勢いを取り戻したとは言いがたい結果となった。

衆院選後の二〇一三年一月十九日、日本維新の会は、石原と橋下の共同代表制に移行した。

衆院選では勝利をおさめ、最高のスタートを切ったかに見えた日本維新の会だが、その後、党勢は低迷していく。

共同代表を務める石原と橋下の二人が対立することこそなかったが、維新系と太陽系の議員グループの距離はじょじょに広がっていった。

二〇一三年六月二十三日には、都議選がおこなわれた。

日本維新の会にとって東京都は、共同代表である石原が十三年にわたり知事を務めたお膝元だった。そのため、日本維新の会は、選挙前の三議席に対して、三十四人の公認候補を立てていた。前哨戦《ぜんしょうせん》として都議選で躍進し、その一カ月後の参院選でさらに勝利することを目指していた。

ところが、選挙の結果は現有の三議席を下回る二議席にとどまり、惨敗だった。

橋下は、この都議選について、自らが辞任する可能性にも触れていた。

「東京都議選で支持を受けられなかったということになれば、やりたいことはできない。自分の共同代表の座はそのまま継続するわけにはいかない。党のメンバーが『代表辞めろ』ということになれば、僕自身は代表にいられない」

選挙結果を受けて橋下は、敗北の全責任は自分にあると表明した。

しかし、橋下の辞任を求める声は上がらず、橋下の続投が決まった。

都議選から一カ月後の七月二十一日、第二十三回参院選がおこなわれた。

日本維新の会は、選挙区十四名、比例区三十名の候補者を擁立し、前年の衆院選を再現するような躍進を期して臨んだ。しかし、開票の結果、当選は選挙区二名、比例区六名の計八名にとどまった。

橋下は、都議選の敗北後も「次の参院選にチャレンジさせてほしい」として共同代表の地位にとどまり、この参院選での勝利を目指していたが、参院選の結果について「勝ち目はない。代表という立場で誇れるような結果ではない。トップへの信頼がなかった」と語った。

衆院選では比例区で千二百二十六万票を得ていた日本維新の会だが、この参院選では六百三十五万票と半減した。

この結果を受けて、橋下と松井は共同代表と幹事長の座を辞任することを表明した。

だが、共同代表の石原を含む幹部からの慰留を受けて、二人とも辞意を撤回し、続投することになった。

石原・橋下の蜜月の終わり

石原と橋下との蜜月は、結局、維新系と太陽系の議員グループの対立が深まっていくこともあり、ついに二〇一四年五月末に終わることになる。

二〇一四年に入ると、政界再編を意識した橋下は、みんなの党の渡辺喜美代表を批判した江田憲司が率いる結《ゆ》いの党《とう》との合流に傾き、動いていく。

それに対して、憲法改正など保守色の強い政策にこだわりがあった石原や平沼は、リベラルな議員の多い結いの党との合流には否定的だった。

結局、五月二十八日に、石原、橋下両共同代表間で日本維新の会を分党することで合意した。

六月五日には、党所属国会議員が分党後、橋下と石原どちらを中心としたグループにつくかを発表し、石原を中心とするグループは山田宏を座長に新党準備会を設立した。

八月一日には、石原たち二十二人の国会議員は、平沼を党首とする次世代の党を結成。石原は最高顧問に就任した。

いっぽう、橋下たちのグループは、九月十九日に、結いの党と合併して、維新の党を結成することを発表した。

第四十七回衆院選がおこなわれた。

この選挙で、次世代の党は、現有議席から十七議席も減らす二議席と惨敗した。当選したのは、小選挙区で勝利した平沼と園田の二人だけであった。

石原は、衆議院の解散が明らかになると、高齢を理由とした自らの体調不安を理由に政界引退を示唆していた。しかし、党内からの強い希望もあって、比例区の単独候補として、東京ブロックからの出馬を決めた。

結局、石原本人の「後輩を一人でも多く当選させたい」という強い希望もあり、比例順位は最下位にあたる九位に位置づけられ、事実上の引退であった。

投開票の結果、次世代の党は石原が出馬した東京ブロックを含むすべての比例ブロックで議席を獲得することはできず、石原は落選した。

二日後の十二月十六日、石原は、日本記者クラブで記者会見をおこない、政界引退を正式に表明した。

石原は自らの心境を語った。

「歴史の十字路に何度か立つことができたのは、政治家としても物書きとしてもありがたい」

引退の経緯についても自ら振り返った。

「自分の一つの宿命。肉体的にひびが入り、国会議員のなかで最高齢となっていた」

そのいっぽうで、記者団から心残りについて問われると、自身が長年訴え続けていた憲法改正について触れた。

「憲法を一文字も変えられなかったこと」

また、石原が国政復帰後パートナーに選んだ橋下の質問についても語った。

「彼は天才。あんなに演説のうまい人は見たことない。若いときの田中角栄、たとえはよくないかもしれないけど、若いときの（アドルフ・）ヒトラーですよ。ヒトラーはあとにバカなことしましたがね」

政界引退後についても語った。

「内外の若い芸術家を育てたい。いくつで死ぬか知らないが、死ぬまで言いたいことを言い、やりたいことをやって、人から憎まれて死にたい」

二〇一五年一月十八日、先の衆院選で落選して代表を辞任した海江田万里に代わり、岡田克也が民主党代表に就任した。

いっぽう、選挙前の二〇一二年六月二十六日に衆議院で採決された社会保障・税一体改革関連法案に反対し、民主党を離党していた小沢一郎たちは、七月に新党「国民の生活が第一」を結党。

その後、衆院選の目前の十一月二十七日に、「脱原発」「反増税」「反ＴＰＰ」「地方分権」などの結集を目的として、嘉田由紀子《かだゆきこ》滋賀県知事が結党した日本未来の党に合流する。日本未来の党は、この衆院選で百二十一人の候補者を擁立するが、現有六十一議席から九議席へと減少した。

二〇一二年十二月の衆院選後、日本未来の党は、分党することになり、「国民の生活が第一」に所属していた小沢ら衆議院議員七名と参議院議員八名が「生活の党」に党名を変更して存続し、阿部知子《あべともこ》衆議院議員一名による政治団体「日本未来の党」が新たに設立されることになる。

「生活の党」はその後、二〇一四年十二月の衆院選で政党要件を失ったが、十二月二十六日に無所属の参議院議員である山本太郎《やまもとたろう》が入党して政党要件が回復し、党名を「生活の党と山本太郎となかまたち」に改めることになる。

二〇一六年十月十二日には、「生活の党と山本太郎となかまたち」から「自由党」に政党名を改名する届けを総務省に提出する。

野田政権が下野したあとに発足した第二次安倍政権は異例の長期政権となった。

小沢は当初は、第二次安倍政権は長期政権になるとは思わなかったという。

「最初は思わなかったが、周りの飾りつけがよかったのだろう。憲法問題でもなんでも、国民に人気がないとわかるとパッと選挙では言わなくなったり、都合の悪いときは引っ込めたりした。その押し引きが上手《じょうず》だった。制度改革的なことには踏み込まないし、ワーディングも巧み。株価上昇や円安が国民にとってよいことであるかのように宣伝するのもうまかった。だが、実態はなんにもいいことはない。経済成長は低いし、国民所得も下がるいっぽう。それに国民も気がつかなかったし、野党側も攻め手を欠いていた」

小池百合子に翻弄されて心が折れた蓮舫代表

第二次安倍政権は、発足以来、二〇一三年夏の参院選、二〇一四年十二月の衆院選、二〇一六年夏の参院選と乗り切り、長期政権を築きつつあった。

だが、二〇一七年の通常国会で、森友《もりとも》学園問題と加計《かけ》学園問題が発覚したことで政権の支持率が著しく低下していく。

通常国会閉会後の東京都議選でも、自民党は惨敗。そのいっぽうで、二〇一六年の都知事選で当選していた小池百合子都知事が率いる都民ファーストが大躍進し、小池都知事への注目が高まりつつあった。

小池は、一九五二年七月十五日生まれ。兵庫県出身で、関西《かんせい》学院大学中退後、カイロ大学卒業。一九七九年より日本テレビ系「竹村健一《たけむらけんいち》の世相講談」のアシスタントキャスター。テレビ東京系「ワールドビジネスサテライト」のメインキャスターなどを務める。

一九九二年、日本新党から参議院議員初当選（当選一回）。一九九三年に衆議院議員初当選（当選八回）。新進党、保守党を経て、自民党に入党。小泉第二次改造内閣で環境大臣として初入閣。第一次安倍内閣では内閣総理大臣補佐官（国家安全保障担当）を経て、防衛大臣。自民党広報本部長、自民党総務会長も務める。

二〇一六年九月十六日、小池を支援する政治団体として「都民ファーストの会」が発足。二〇一七年一月二十三日には小池系の議員による地域政党となる。六月一日、都民ファーストの会の代表に就任し、同日自民党に離党届を提出した。

七月二日におこなわれた都議選においては小池が主宰する政治塾「希望の塾」の塾生などを擁立し、選挙の結果、都議会で小池系の勢力が過半数を占めた。都議選後、すぐに党の代表を辞任したため、選挙だけが目的の食い逃げと批判された。都知事就任後は、築地市場移転問題等の対応にあたった。

七月二日投開票の都議選をどのように戦うかは、民進党内でも意見が分かれていた。小池都知事との連携を希望する声と、独自で民進党としての旗を立てて戦うべきだという声の両方があった。

当時、民進党の代表代行として蓮舫代表を支えていた安住淳は、その動きを見ていて思った。

〈蓮舫さんは小池都知事とうまく連携できればいいな、と考えているのだろう〉

事実、水面下でいろいろと動いていることは、安住も気づいていた。

が、安住をはじめ、党役員のなかでも東京都連とのかかわりを持たない議員たちは静観するしかなかった。しかし、連携の動きは、あまりしっくりいっていないようであった。安住は思った。

〈連携のありようで、おたがいの意見に違いがあるんじゃないか？〉

当時、民進党の東京都連を仕切っていたのは、会長の松原仁《まつばらじん》と幹事長の長島昭久《ながしまあきひさ》だった。二人の動きには、都議選を自らの小池都知事とのパイプづくりのきっかけにしようとしている節があった。実際に、長島は、都議選の三カ月前の四月十日に民進党を離党する。

松原も、今回の衆院選において、民進党が希望の党との合流を表明する直前に一足早く離党して、希望の党入りをしている。

民進党は、都議選で勝つための一つの方法として、都民ファーストと民進党の相互で候補者を推薦するという手段もあった。

しかし、小池サイドと接触していくうちに、小池の国政への野心に勘づいたのだろう。あまり積極的な連携を取ることはせずに、一部の都議や候補者が離党し、都民ファーストの公認や推薦で出馬するだけにとどまった。

その結果、民進党は、積極的な候補者擁立ができず、後手に回ってしまい、不戦敗となる選挙区が増え、党としての存在感は埋没してしまった。

小池都知事に対する方針も明確にしないまま、都議選に突入した結果、民進党は改選前から二議席減の五議席にとどまった。

いっぽう、小池率いる都民ファーストの公認候補は五十人中、島部選挙区の一人を除く四十九人が当選し、推薦した無所属候補六人の追加公認を含めて五十五議席を確保し、議席を大幅に増やした。この都議選の結果は、あまりにもインパクトが大きかった。

民進党は、この都議選で、改選前の七議席から二議席減らす五議席に終わった。

この結果を受けて、民進党の蓮舫代表は、党内からの批判にさらされることになった。

民進党の衆議院議員の辻元清美から見ていて、敗北の責任を問われる蓮舫の姿は、痛々しくて身につまされるものがあった。

民進党内からも執行部批判の声は日増しに強まっていき、七月二十五日には野田幹事長が辞任を表明した。さらに、二日後の七月二十七日、蓮舫代表も辞任する。

安住は辞任の報を聞き、思った。

〈ある日突然、「ガクッ」と気が萎えたんだろうな……〉

野田幹事長の後任人事を含めて、蓮舫代表は局面を変える打開策を打ち出すことが難しく、進退が窮まったようだった。

蓮舫代表の辞任により、民進党は代表選へと突入した。

第七章
平成政治史最大の謎「希望の党」騒動の全内幕

「希望の党」を設立し、記者会見する東京都の小池百合子知事（左）と、
仙台市で開かれた党関連会合であいさつする民進党の前原誠司代表。
民主党支持者にとっては「自爆テロ」とも言われた合流劇の真相は
謎に満ちている（2017年9月27日）

細野豪志が民進党から小池新党へ

九月一日、民進党の代表選がおこなわれた。その結果、前原誠司が五百二ポイント、枝野幸男が三百三十二ポイントで、前原が勝利した。

九月七日、『週刊文春《ぶんしゅん》』で男性弁護士との不倫疑惑が報じられた山尾志桜里は、「党や支援者に迷惑をかけることになると判断した」として、大島敦《おおしまあつし》幹事長に離党届を提出した。

山尾のスキャンダルと離党は、前原新体制にとって大きな打撃となった。森友・加計学園問題で安倍政権の支持率は低下していたが、この一件でまた政界の状況が微妙に変わり始めた。

そんななか、今度はある噂が、一気に永田町を駆けめぐった。

「安倍総理が、解散総選挙に打って出ることを検討しているらしい」

安倍晋三総理も、目の前に迫った秋の臨時国会で、苦しい運営を迫られることになるのは目に見えていた。

安倍政権は、森友・加計学園疑惑という爆弾を抱え込んでいた。一つ間違えれば、この火種はさらに安倍政権を炎上させ、支持率を低下させせかねない。

それなら、野党第一党の民進党が党勢回復の兆しを見せないこのタイミングで、一挙に解散総選挙に打って出て、政権の延命を図ろうと思ったのであろう。

長妻昭は、最初はにわかには信じられなかった。

安倍総理が政治生命を賭して実現しようとしているのは、憲法改正だった。ここで解散に打って出れば、議席を減らすこともありえた。せっかく手にしている憲法改正の発議に不可欠な三分の二以上の議席を手放すリスクもある。それなのに解散総選挙を仕掛けてくるとは思えなかったからだ。

長妻は、そのいっぽうで思った。

〈しかし、もし仕掛けてくると言うのなら、むしろ、民進党にチャンスがめぐってくるかもしれないぞ〉

選対委員長に就任した長妻は、民進党の情勢についてそれほど悲観してはいなかった。

二〇一七年九月に共同通信社がおこなった調査によれば、民進党の支持率は七・五%。自民党の三四・七%から大きく溝を開けられていた。

しかし、民進党が独自に実施した情勢調査によると、各選挙区の数字はそれほど悪いものではなかった。一年前の参院選で結果を出している東北地方や、もともと民進党が強い北海道などを中心に前回の衆院選以上のよい数字が出ている地域も多かった。

衆院選を考えるうえでの不確定要素は、小池都知事がどのように動くかであった。もし小池新党が結成され、多くの候補者を立ててきた場合、無党派層の多い都市部では民進党の苦戦が予想された。だが、小池都知事の影響を受けにくい地方では、地道に活動していた民進党の候補者の健闘も予想された。

党独自の世論調査を見ながら、長妻は思っていた。

〈これなら民進党は十分に戦える。議席増はもちろん、展開次第では百議席以上も狙えるんじゃないか〉

長妻は、衆院選への手応えを感じて、選対委員長として空白選挙区での候補者の擁立作業を急いだ。

事態はさらに急変していく。衆院選に突入することがほぼ間違いないと明らかになった直後から、ある噂が長妻の耳に入ってきた。それは、前原が自らと考えが近い議員たちを中心に、小池都知事のグループとの合流を模索し始めているということだった。

どうやら、枝野や長妻ら、前原と考え方を異にしていた議員たちは、その話からは外されているようだった。

前原たちは民進党のままで衆院選を戦うのか、それとも合流して戦うのか。その点について議論をしているようだった。

都議選に圧勝して以降、小池都知事は、国政への意欲を隠そうとしていない。

小池に近い若狭勝《わかさまさる》と、民進党を八月八日に離党した細野の二人は、小池新党結成に向けた動きを見せていた。

小池都知事は、二人を先行して動かして、世論の動向を見定めているようだった。長妻は、その先の状況によっては、小池自らが出馬する可能性もありうると見ていた。

〈若狭・細野コンビの動きが第一段、小池さん自身が代表に就任するのが第二段。最後は小池さん自身の国政への出馬……と三段階式のロケットで動こうと考えているんじゃないか〉

ニュースを小出しにして、メディアを通じて世論の動向をうかがいながら、世間の期待感を煽るのは、小池都知事のお得意の手法だ。じょじょに話題性を高めて、一気に仕掛けてくるように思えた。

このときも、小沢一郎は、安倍政権を打倒するために、野党共闘を推進していた。

当時、自由党の代表だった小沢は、九月一日の民進党代表選で当選し、代表に就任した前原と定期的に接触を続けていた。

九月中旬、アメリカ大統領ドナルド・トランプの十一月五日の日本訪問が取り沙汰され始めると、にわかに解散風が吹き始めた。トランプを迎える前に衆院選で勝利をおさめ、「国難」への対処を大いにアピールしたいという官邸の思惑が透けて見えた。

九月二十八日には第百九十四回臨時国会が召集される。だが、質問などさせていては、スケジュールに狂いが生じてしまう。

「安倍は冒頭解散に打って出る」

そんな観測がほぼ確実視され始めると、野党の動きも加速していく。

九月十七日には国会内で前原と小沢、社民党党首の吉田忠智《よしだただとも》が会談。統一会派結成の方向で意思統一が図られた。

連休明けには民進、自由、社民の三党が、統一名簿で選挙に臨む「オリーブの木」方式で共闘。共産党は比例区を独自に戦うが、小選挙区では徹底して協力するという構図が固まりつつあった。

だが、この体制は離陸直前で頓挫する。いったんは了承した社民党内部から一夜明けて反対の声が上がったからだ。

〈反対の声が上がったとき、押し切れないのが社民党という組織なんだろう〉

小沢はそう思ったが、ここであきらめる小沢ではない。野党が協力しなければ、自民、公明を倒すことなど夢のまた夢だ。

九月二十五日から二十六日にかけて、「前原が二十八日の民進党両院議員総会で自由党との合流を提案する意向」との報道が永田町から全国へと駆け抜けた。これも小沢の仕掛けだった。

社民党抜きで「第二の民由合併」。小沢の悲願が実を結ぶまで、あと一歩というところまで来ていたのだ。

だが、この構想も実現には至らなかった。背景には民進党の一部に根強く残る「小沢アレルギー」や「共産党アレルギー」があった。

小沢は、「たられば」の話をしても仕方がないが、四月から進めてきた四野党の協力が実現していれば、衆院選の結果はまったく違うものになっていたという。

同じ二十五日。小池都知事が記者会見で「希望の党」の結成だけでなく、自らの代表就任まで発表した。結党メンバーには小池のほかに、民進党を離党していた細野や、若狭ら現役の国会議員九人が顔をそろえた。

小沢には寝耳の水の出来事で、まさに青天《せいてん》の霹靂《へきれき》と言っていい。

〈前原君は、このことを知っていたんだろうか〉

七月の都議選で、小池率いる「都民ファーストの会」は四十九議席を獲得し、大勝をものにした。前回選挙で候補者全員が当選を果たした自民党は「森友・加計問題」や閣僚の失言が災いし、議長をはじめ多くの候補が枕を並べて討ち死にし、二十三議席の惨敗に終わった。

この勢いをかって、小池都知事は勝負に出ようとしていた。世論の反応も上々であった。

衆院選を目前に控えながら、「反安倍」の旗のもと、なかなか一つにまとまれない野党勢力にとって、小池新党はまさに「希望」のように見えていた。

「小池君とぶつかるには前原一人では危ない」

九月二十六日、小沢は前原と会った。

「人気も出てるようだし、じゃあ、希望を中心に一つでやるか。それもいいかもしれん」

ここで希望の党のもとに野党が結集することが決まった。

「行くときは、必ず三人でやろう」

小沢は前原にそう提案した。今後の方向性については前原、小沢、小池の三人で話し合い決めていくという意味だ。

「そうしましょう」

前原も同意した。

〈小池君とぶつかるには、前原一人では危ない〉

小沢はそう思い定めていた。

九月二十六日午後五時ごろ、小沢は前原と別れた。ここから流れが急速に変わっていく。小沢が何度連絡しても、前原からの反応が返ってこなくなったのだ。

翌日の報道で小沢は、二十六日の夜に、小池と前原、さらに連合の神津里季生《こうづりきお》会長の三人が緊急に会談したことを知る。

小沢の申し入れは反故にされた。

小沢が、当時の事情について語る。

「前原君とは、二人で小池都知事と会おうと話していたけれど、急に連絡が取れなくなり、一人で話し合いの席に向かったようなんだ」

結局、前原は、小沢を外して臨んだ小池との会談の場で、小池サイドに相当な譲歩を強いられたようであった。小沢の危惧していたとおりの展開であった。

神津会長は、小沢代表も参加すると聞いていたのに小沢がいなかったので驚いたという。

もっとも重要な候補者の公認をめぐっても、小池サイドの要望を呑み、東京や大阪などの都市部の選挙区を中心に民進党から公認を受けていた候補者が外されることになった。この候補者の公認を不明瞭にしたことは、直後の衆院選で大きな混乱が起きる要因となった。

当時は直前の都議選に圧勝したこともあり、小池都知事の人気は絶頂にあった。小池都知事は、居丈高な姿勢を隠そうとすらせず、強気の姿勢を見せていた。

小沢は、このときの前原の交渉の稚拙さについて嘆く。

「結局、前原君はだまされてしまったようなもの。当時の民進党は人気はイマイチだったけれど、政党としての組織力や資金力は結党から日の浅い希望の党とは比較できないほどの力があった。だから、交渉をするにしても対等以上の条件で相手と話をつけることはできたはずなんだ。それなのに、希望の党側に言われるがままにされてしまったからね」

なぜ、前原は独断専行したのか。

小沢によると、直前まで前原とは意思疎通を十分に取っていたという。

「前原君はあのとき、感覚が少しおかしくなっていたんだろうね。一人で行くにしても、普通なら自分に相談してから『最初は、一人で行ってきます』とか言ってくるはずなんだけれど、なぜか何も言わないままで、会談に行ってしまった。しかも、そのあとに失敗したという感覚がなくて、いまでも『あのときの判断は間違っていなかった』とまで発言している。ちょっと彼は感覚が違うんだろうね」

九月二十七日朝、衆議院第一議員会館の枝野の部屋に前原が急に「会いたい」と訪ねてきた。

「希望の党と合流したい」

前原の話を一とおり聞いた枝野は、言った。

「にわかには賛成できないよ。簡単な話じゃない。思ったとおりにはうまくいかないんじゃないか」

もともと枝野は、一般論として政党の合併や安易な合従連衡には否定的な立場だった。

一九九八年四月に、民政党（同年一月に旧新進党のうち元自民党、日本新党系を中心に結成）、新党友愛《ゆうあい》（同年一月に旧新進党のうち元民社党系を中心に結成）などと合併して新・民主党が結党されたときも、旧・民主党の枝野は最後の最後まで合併には反対だった。

二〇〇三年九月に民主党と自由党が合併したときも、政調会長だった枝野は最後まで反対の立場だった。

枝野は、このときの姿勢から「反小沢」の代表的な議員として報じられるようになるが、小沢個人に対する思いから反対したのではなかった。政党同士が合併するという手法そのものに否定的だっただけである。

さらに二〇一六年三月、維新の党と合併し、民主党から民進党に党名を変えたときも、枝野は最後まで否定的な立場であった。

政党同士が合併することにより、支持率が一時的に上昇する場合もないわけではない。だが、長い目で見ると、よいことばかりではなかった。政党の命とも言える政策や主義主張が曖昧になることや、異なる考えの議員を抱え込むことによる内輪もめによって、結果的にもともとの支持者が離れていき、うまくいかないこともある。実際に維新の党との合流後、民進党の支持率はそれほど上昇しなかった。

枝野は言った。

「賛成はしないが、邪魔をするつもりはないよ」

前原が、あわてて言った。

「いや、邪魔しないじゃなくて、協力してくれ」

が、枝野は首を縦には振らなかった。

「協力と言われるとね。つぶすような動きはしないけど、わたしがつき合うかどうかはわかりませんよ」

二人の話し合いは、ここで終わった。

枝野は、この時点で思っていた。

〈前原さんがその気なら、おれは一人でも無所属で出るしかないかな〉

この日の午前中、小池都知事および結党メンバーとなる国会議員十四人による記者会見がおこなわれた。「希望の党」の旗揚げを正式に発表、党の綱領および基本政策もあわせて発表された。

前原の「小池百合子に民進党を壊されるくらいなら、こちらから抱きついてしまえ」という考えは、選択肢のなかの一つではある。

枝野は、前原が民進党代表の立場として、そのように考えたこと自体は理解できた。

だが、自分もそこに参加しようとまでは思えなかった。

この日の朝八時半、議員会館の枝野の部屋に、辻元、枝野、長妻、福山、近藤昭一《こんどうしょういち》が集まった。のちに立憲民主党を結成するメンバーたちだ。

「これはいったい、どういうことだ？」

「なんか、怪しい気配がある」

二時間近く情報交換をおこない、今後も連絡を取り合っていくことを確認した。

その後は、選挙が近いこともあり、ほとんどの議員は、一度地元に戻った。

この日午後には、民進党の「希望の党」への合流が報道され、政界は一気に動いていく。


当初、有権者からの、小池都知事への期待は大きかった。

小池晃共産党書記局長は、小池都知事は、その期待に応えるために、当然のごとく、小池都知事本人も都知事を辞職して衆院選に出馬してくると思っていた。

「小池百合子」の名が書かれた街宣カーを準備しているとの情報も耳に届いていた。

さらに、驚くべき情報が小池書記局長の耳に入ってきた。

臨時国会が開かれる前日の九月二十七日のことだった。民進党の前原代表が、なんと、希望の党への合流を模索しているというのだ。

翌二十八日、前原は、民進党の両院議員総会で、希望の党への合流を提案した。

合流は議員の全員一致で決まった。この瞬間に野党四党での共闘態勢は崩れ去った。

かにした。

共産党の志位和夫《しいかずお》委員長は、二十八日に開いた議員団会議で、希望の党に対する姿勢を明ら
「希望の党は、自民党の補完勢力である」

「希望の党に合流する動きもあるが、そのなかでも、共産党は、野党共闘の姿勢は貫く。希望の党に合流しない人とは力を合わせる」

「希望の党が候補を立てるところには、原則として、共産党も対抗馬を立てる」

さらに、共産党は、その日のうちに、社民党とあらためて選挙協力を確認した。全国二十の選挙区で、力を合わせて闘うことが決まった。

じつは、小池書記局長には、前原が希望の党への合流を模索しているとの情報とともに、のちに立憲民主党を結成する枝野をはじめとする勢力の情報も漏れ聞こえていた。総会では合流に表立って反対していないものの、実際には、納得していないというのである。

志位委員長の表明として「希望の党に合流しない人たちとの共闘」を強調したのは、枝野ら希望の党への合流を躊躇する人たちに向けたメッセージの意味も込めてあった。

共産党が社民党と共闘の確認をしたことも、枝野らにインパクトを与えたに違いない。

世紀の大失言「排除します」の舞台裏

九月二十九日午後、毎週金曜日におこなわれる都知事の定例会見が、東京都庁六階にある記者会見室でおこなわれた。

定例会見後には、同じ場所で非公式の取材のかたちで政党関係の質問を受けることになっていた。

事件が起きたのはそのときだった。

フリージャーナリストの横田一《よこたはじめ》が、小池に問いかけた。

「前原代表が昨日発言した『公認申請すれば排除されない』ということについて、前原代表をだましたのでしょうか。共謀して、リベラル派大量虐殺とも言われているんですが……」

横田のテーブルにはマイクが入っていなかった。

そのため小池は、「音声入ってないの?」と質問を遮る。

横田が応じた。

「最初から(言いますか)?」

横田の質問の表現が過激だったこともあり、ほかのメディアからは笑い声も漏れた。

形式上は非公式の場ということもあり、記者会見室には、弛緩《しかん》した空気が充満し、小池自身も上機嫌で笑いながらの対応であった。

小池が笑みを浮かべながら、発言した。

小池がのちに後悔することになる一言はこの瞬間に飛び出した。

「わかりました、お答えします。前原代表がどういう表現をされたか承知をいたしておりませんけれども、排除をされないということはございませんで、排除いたします」

民進党からの合流組の一部を排除すると笑顔で言い切った小池の姿は、この日のニュースだけでなく、選挙戦中ずっとテレビを通して繰り返し報じられた。

小池や希望の党のイメージは、この映像が流れるたびに、一気に悪化していった。笑いながら「排除いたします」と言い放つ小池の姿は、傲慢な権力者の姿として有権者に認識されていった。

だが、渦中の枝野は、この排除発言のことをだいぶたってから知ったという。

選挙直前で忙しすぎてニュースを逐一チェックする余裕などまったくなかったからである。

枝野は、刻々と変わる状況をほとんど知らないまま、走り出していた。

ちょうどこのころ、Twitter（現・X）などのSNS（ソーシャル・ネットワーキング・サービス）で、「#枝野立て」というハッシュタグが一気に広がっていた。

ハッシュタグとは、発言内に「#○○」と入れて投稿すると、その記号つきの発言が検索画面などで一覧できるようになり、同じイベントの参加者や、同じ経験、同じ興味を持つ人のさまざまな意見が閲覧しやすくなる、というTwitterの機能の一つである。

この「#枝野立て」には元ネタがあった。

東日本大震災のときに、枝野は連日不眠不休で記者会見などへの対応に追われていた。その懸命な姿がネット上で話題になり、「一睡もしていないんじゃないか」と心配したインターネットユーザーを中心に、「#枝野寝ろ」というハッシュタグがあちこちで立った。

そのときの「寝ろ」に引っかけて、今回は「立て」となった。

つまり、希望の党との合流話に違和感を抱いた有権者たちを中心に枝野に対して「新党を立ち上げろ」と呼びかけているのである。

こうしたSNSを通じての政治のムーブメントは、海外でこそ頻繁に起きているが、日本では珍しいものだった。

一部の議員の排除についても、安住淳は最初は楽観的にとらえていた。

〈七十歳を過ぎた菅直人元総理など本当に一部の議員だけだろうし、さすがにそういう人たちには無所属で出馬してもらい、選挙区には対抗馬を立てないように配慮くらいするだろう〉

むしろ、地域を基盤として活動している多くの議員や候補者を排除してしまったら、希望の党自体がまともに選挙を戦えなくなり、首を絞めることになる。さすがにそんなバカなことはしないだろうと思っていた。

〈東京は、確かに希望が強い。しかし、東北なんかでは小池ブームも何もないし、希望と言ってもチヤホヤなんかされない。地方では、われわれ民進党の組織に頼って戦わざるをえないはずだ〉

そう思ったからこそ、希望の党との合流に賛同した。候補者の数から考えても、圧倒的に民進党が主流になるのだから問題もない。

安住は、順調にことが進み、選挙戦への準備に取りかかれるだろうと思っていた。

だが、混乱はさらに続いた。

民進党の議員が多く合流してくることにより、主導権を奪われることを恐れたのか、小池サイドの暴走は止まらなかった。

両党間での候補者調整が続いているなかで、安保法制への理解を求める「踏み絵」を迫る協定書のひな型が流出したり、排除される議員や候補者の名前が連ねられた「排除リスト」が出回ったりすることが続いた。

小池サイドは、選挙戦直前にもかかわらず、候補者たちを疑心暗鬼にさせるような情報を連日メディアを通じて、リークしていた。

出回った「排除リスト」には、安住自身の名前も含まれていたようだった。リスト自体を見たわけではなく、取材にやってきた記者からそのような話を耳にすることはあった。

安住は思った。

〈選挙直前にこんな不透明なやり方をしているのでは、希望の党はまともに選挙を戦うことはできないだろう〉


いっぽう、長妻は、小池が合流する議員や候補者の選別を強める方針であることを知り、思った。

〈小池さんは本当に今回の選挙で政権交代を実現する気があるのだろうか。完全に戦略を間違えているとしか思えない〉

都市部は小池ブームで勝てるかもしれないが、多くの選挙区では、野党が候補者を絞り、一対一の構図をつくらないと政権交代は簡単には実現できない。

しかし、希望の党は多くの議員や候補者を排除する気満々であった。その結果、野党系の候補者が乱立すれば、与党が漁夫の利を受けるだけだ。

長妻は、さらに思った。

〈なんでわざと野党が乱立するように仕向けるんだ。これはもう、排除かどうかではなく、政

権交代を真剣にする気がないんだろう〉

確かに小池サイドの動きには、迷走があった。公明党の候補者の出馬する選挙区はもちろん、自民党の石破茂や野田聖子《のだせいこ》など小池と近い自民党の議員がいる選挙区に候補者を擁立しなかったのもその一例だ。有権者からしてみたら、どこまで真剣に自民党と対立する気があるのかわからなかった。

小池の側近の若狭も、テレビ番組に出演した際に「次の次の衆院選で政権を狙う」とまで発言していた。

長妻には、小池がどのような方針で戦うつもりなのか、相当ブレているように見えた。

〈もしかしたらマスコミにどう報じられるかを気にする小池さんは、全員の受け入れを一度は検討したものの、マスコミから野合だと批判されて、すぐに考えを変えたのかもしれないな〉

どちらにしろ「排除します」とはっきり口にしたことからも明らかなように、小池は、自分の力を過信しているようであった。

九月二十九日、野党の未来は早くも暗転する。会見で小池が「排除の論理」を打ち出し、世論が反発を強めたのだ。

小沢はこの発言を聞き、危機感を強めた。

〈「リベラルはいらない」なんて言い出したら、票を減らすだけだ。この主張は安倍晋三とな

んら変わりがない。小池君がだんだん本性を現し始めたか〉
小沢は小池の「知恵袋」とも参謀とも言われる人物に意見をした。
「全国で戦う衆院選は、違うよ。都議選では小池君の人気一つで誰でも通ったかもしれん。だが、国政選挙ではそうはいかん。だいたい、東京以外の地方では小池君のブームなんて起きてはいないんだから」

「わたしは小池新党には行きません」

九月二十九日、辻元清美は丸一日、家のなかに閉じこもった。

〈自分はどうすべきか〉

考えをめぐらせながら、枝野らとの連絡は取り続けていた。

「そっちは、どうですか？」

辻元は枝野らと連絡を取るだけでなく、信頼の置ける支持者や、地元の長年の支持者たちからも意見を聞いてみた。

「安易な合流は支持できない」

「やめたほうがいいいんじゃないか」

彼らの多くは、希望の党との合流に対してネガティブな意見を持っていた。

自分と同じ意見が多いことに辻元は安堵《あんど》した。

〈ああ……自分が思っていたことと同じことを感じている人たちが、こんなにもたくさんいるんだな〉

同時に、辻元ははっきり理解した。

〈仮にこの流れに乗って当選したとしても、新しい政党のなかで、自分の存在意義を失ってしまう。そうなれば、政治家としてのわたしは死ぬ。自分は生きた屍《しかばね》になって、空虚な言葉を国会で吐くだけの議員になる。辻元清美は辻元清美ではなくなってしまう〉

決心した辻元は、秘書に連絡した。

「明日、東京に行こう」

まだ民進党のまま選挙に出られる可能性はあるかもしれない。

辻元は、難しい状況ながら、自分なりに行動を起こしていくことにした。

翌三十日、朝八時ごろの飛行機で辻元は東京に向かった。

この日、民進党の全国幹事長会議が開かれる。全国の幹事長の意見を聞いたうえで最終的な判断を下そうと決めていた。

このころから、排除リストの話も伝え聞いていたが、辻元にとっては、もはやそんなことはどうでもよかった。

全国幹事長会議を前に、辻元は動いていた。

親交のある幹事長に電話を入れて、考えを改めさせようと必死に説得を試みた。

「こんなのおかしいでしょう。もうやめさせよう。ここが最後の砦《とりで》だからやめさせようよ」

希望の党との合流の話が流れれば、元の民進党での出馬の目もある。そこに辻元は希望を託していた。

だが、同調してくれる幹事長もいたものの、主流の意見にはならなかった。やはり、希望の党の支持率の高さに振り回されていたようだった。その結果、最終的には「合意する」との意見が多く、全国幹事長会議でも流れは変えられそうになかった。

〈もう、これはダメだ……。その場にいるのもつらいな〉

辻元は、午後四時には会場をあとにしていた。

〈やっぱり、ここにはわたしの居場所はない〉

下の階に降りていったところ、辻元はまたしても記者らに囲まれてしまった。

「辻元さんは、どうするんですか？」

「わたしは行きません！」

はっきり明言した。

小沢は、後悔しても始まらないが、そもそも野党第一党である民進党が希望の党に吸収されること自体に無理があったという。

小沢はこう分析している。

〈小池君には、人気、前原さんと神津会長には、組織とカネがあった。こうなると、どっちが上ということはない。対等だ〉

民進党と希望の党は「対等合併」すべきだったのだ。もちろん、本来であれば、そこに自由党、社民党も加わらなければならなかった。存続政党は希望の党で構わない。

この枠組みができていれば、絶対に圧勝できた。議席数は三分の二を超えていただろう。政権交代どころの騒ぎではない。小沢はいまも固く信じている。

小沢と小池はかつて旧自由党で同じ釜の飯を食った間柄だ。確かに小沢が代表を務めた政党の一員ではあったが、政治上の「弟子」と呼ぶには無理がある。

小池は沖縄・北方対策担当の特命大臣、環境大臣、防衛大臣を歴任している。

だが、自民党総務会長だった時期を除いて党務の経験はほとんどない。小沢に言わせれば、「党務を知らないリーダー」だ。

〈知らないんだったら、わかっている人間に任せればいい。それを全部自分でやろうとして、

何やかんや言うから、どんどんおかしくなっていく〉

小池は九月二十五日の会見で希望の党結党を発表して以来、党の役職を置かないまま選挙戦に突入した。これでは新党が「小池商店」であると自ら認めたようなものだ。「都民ファーストの会」なら、それも通用したかもしれない。だが、国政党ではあまりにも不自然すぎる。

小沢は、当時の小池都知事の慢心を指摘する。

「小池都知事がなぜダメになったかと言えば、〝排除〟発言だけでなく、結局、本人の志が大きいものではなかった。彼女自身が総理になろうという大志を持って行動していれば、選挙の結果も全然違ったはず。やはり、自身は捨て身にならずに、都知事のままで中途半端な姿勢のままで選挙に臨んだから有権者に見透かされてしまったね」

また、希望の党の中心メンバーだった若狭や細野にも、国政選挙を取り仕切るだけの力量はなく、混乱をもたらしただけであった。

小沢が当時をさらに振り返る。

「本人が総理候補として出馬していたら、全然違ったはず。都知事を投げ出したという批判は一部で起きたろうが、それを上回る支持を得られただろう。あと、小池都知事の周りに人物がいなかった点も問題だった。選挙に精通した人間がまったくと言っていいほどいなかったからね。あのときは安倍政権を倒せるチャンスだったから、その点は残念だった」

小池自身も、当時は小沢の存在を警戒し、前原との会談に小沢が同席することを拒否したと報道された。

小沢がさらに語る。

「結局、小池都知事は、自分が天下人になるという意識がなかった。わたしを話し合いに入れることで、自分の主導権を奪われると警戒したように、目先のことばかりにとらわれてしまったんだろう」

九月三十日、希望の党代表の小池都知事と日本維新の会代表の松井一郎大阪府知事が大阪市内で会談し、記者会見した。十月二十二日投開票の衆院選で、東京の二十五選挙区と大阪の十九選挙区で、候補者が競合しないように選挙区を調整することを発表した。この発表により、希望の党は大阪府内では一人も候補者を擁立しないことが明らかになった。

これでは、大阪十区の辻元だけでなく、大阪十一区の平野博文元官房長官や、民進党が擁立していた大阪の候補者たちもはじかれることになる。

安住の怒りは頂点に達した。

〈維新と選挙区調整なんかしたら、民進党が大阪の選挙区に立てる候補者は全員外されてしまう。話し合いがうまくいっていないどころか、聞いていない話ばかり飛び出してくるな〉

安住は、自分は希望の党には公認申請をしないことを決めた。

安住は、合流表明の前後から、のちに立憲民主党を結成することになる枝野とも電話で頻繁に連絡を取り合っていた。

「これではダメだね。この合流はうまくいかないだろう。わたしは希望には行かずに無所属でやろうと思う。枝野さんは、どうするの？」

枝野も同じであった。

「自分も、希望には行かない」

枝野は思った。

〈これは前原さんが想定していた以上に掌握できていなかったということだ。こんなことをやっていたら、希望の党はもたなくなるぞ〉

が、このピンチは、結果的に枝野にとってのチャンスとなった。

辻元以外にも、大阪を地盤に活動していた候補者たちの多くが立憲民主党から出馬してくれることになったからだ。東京に次ぐ大票田で、近畿地方の中心地である大阪から多くの候補者が出馬してくれたことは、選挙戦にとってとても重要なことであった。

松井と小池が会談したこの日、枝野は、島根県松江《まつえ》市でのちに立憲民主党に加わることになる亀井亜紀子《かめいあきこ》の集会に参加していた。

演説した枝野は、その後、都内に戻り、夜に辻元や福山、長妻、近藤らと会い、新党立ち上げをめぐって話し合った。

ちょうどこのころ、メディアを通じて「排除リスト」の存在も報道され始めていた。政局の節目節目で怪文書が出回ることは政界の常である。

長妻は、すぐにさまざまな情報網から裏を取った。すると、出回っているリストは、小池都知事も同意している精度の高いものだと考えられた。

リストには、長妻や枝野のほかに、菅、野田ら総理大臣経験者など十五名の名が挙げられていた。岡田克也や安住などの名前もあり、みんながみんなリベラル色の強い議員ではなかった。

長妻は思った。

〈政策、理念というより、小池さんの個人的な好き嫌いで選んだとしか思えないおかしなリストだな〉

枝野は、小池周辺の考えている排除リストに、自分の名前が載っているかどうかなど、最初からまったく関心がなかった。

このときの枝野は、「とても希望の党には行けない、一緒にはやれない」と思っている議員や候補者たちの勢力を、どうやってこの選挙で生き残らせようかということしか考えていなかった。

気がかりなのは、前原から希望の党との公認調整についての連絡がまったくないことであった。二日前に開催された民進党の両院議員総会以来、途中経過の報告もなかった。

すでに新党の結成も選択肢に入れ始めていた枝野は思った。

〈知らんぷりして勝手に党を立ち上げるのは、政治的にも人間関係的にもまずいな。一度、前原さんと会って、どのような状況なのかをキッチリ話して確認してから、表立って行動しよう〉

死中に活路を開くたった一つの方法

急遽、九月三十日の夜、辻元、枝野、長妻、福山、近藤、佐々木《ささき》隆博《たかひろ》らで、集まることになった。

辻元は、ホテルニューオータニのアーケード街にある店に向かった。

すでに、辻元が「希望の党へは行かない」と表明した話はみんなに伝わっていた。

枝野と長妻が言った。

「よく言ったなあ」

それに対して、辻元も返した。

「みんなは、そんなところに本当に行くの？」

枝野は、まだ希望の党への合流案の撤回の可能性を探っていた。

「前原さんになんとか思いとどまらせることはできないかな」

民進党の議員たちは、すべて離党して希望の党に合流することになっているが、参議院に関して言えば、まだ民進党は存続していた。参議院側で、前原代表に対するリコールのような動きを起こしてもらい、代表を解任するなり、前原に自発的に代表を退いてもらって希望の党に行ってもらう。そのうえで、民進党に残ったものだけで参議院と一緒に選挙ができないものかを検討していた。

辻元も民進党への愛着は強かった。民主党で政権交代を実現し、つらい時期もありながらも頑張ってきた。人気がなくても結集してきた仲間だ。民進党を失うことは、すごく嫌だった。集まった議員たちは、なんとか民進党で選挙を戦う方法はないかと、模索していた。

辻元は、枝野に言った。

「あなたは、代表代行なのだから、わたしたちを代表して前原さんと対決しなさい。まずは、民進党で公認して立候補する道を残すのかどうか。それをはっきりさせるために、もう一回、話し合ってよ。それがダメだったら、次の道を考えましょう」

そんななかで誰かが言った。

「やっぱり、こうなったら新しい政党をつくろうよ」

そういう提案をするものもいた。

辻元も、地元の支持者から声をかけられていた。

「リベラル新党をつくれ」

辻元自身も、もしうまくいかない場合は、新党を模索しようとも思っていた。

しかし、自分のことばかり言ってはいられない。

第一義的には、民進党公認で出馬できる道を、多くの仲間のために残さなければならないと思っていた。希望の党に行かない人、もしくは行けない人。東京や大阪は、みんなが希望の党に行けない。若手の頑張ってきた候補者や元職も大勢いる。そのための受け皿をつくらなければならなかった。

この日の会合は夜遅くまで続いた。

議題は衆院選をどのように戦うべきかだ。さまざまなシミュレーションが話され、さまざまな意見が続出した。だが、結局、選択肢は二つしかなかった。無所属で戦うのか、新党を結成するか。論点はそのどちらかだった。

〈ここは死中に活路を見いだすつもりで、いっそ新党結成に踏み切るしかない〉

そう思っていた長妻は、みんなに発破をかけた。

「どうせなら討ち死に覚悟で、新党を立ち上げて派手にパッと戦ったほうがいいんじゃないか」

長妻は続けた。

「新党をつくれば、党首がテレビの討論に出られるし、新聞なんかにも取り上げられやすい。無所属でやるより、有権者に自分たちの意見を届けることができる。新党をつくって派手に戦って、われわれが民主党、民進党で培ってきた主張を世の中に訴えて、この時代にこういう考え方もあったってことをはっきり残したほうがいいんじゃないか」

長妻はさらに続けた。

「それに選挙に強い現職の議員は無所属で勝てるかもしれないが、民進党から出るはずだった公認内定者たちはどうするんだ。東京や大阪で勝負しようとしてた候補者はみんな排除されている。人生をかけて民進党から出ようとしてくれた彼らは新人だ。無所属で立候補しても難しい。やっぱり新党で塊をつくったほうが戦いやすいんじゃないか」

「希望の党」との合流の煽りを受けたのは、排除された議員たちだけではなかった。民進党から公認され、初出馬を予定していた候補者たちも、苦しい立場に立たされていた。

長妻のもとには、東京や大阪で民進党からの立候補の道を突然閉ざされた候補者たちから、多くの声が届いていた。

「絶対に新党を立ち上げてほしい」

「新党じゃないと自分たちはこのまま野垂れ死にするだけです。なんとかしてください」

九月十三日に民進党の東京都連の会長に就任していた長妻は、彼らの悲痛な思いを数え切れぬほど聞いていた。

なかには「立候補を断念するしかない」とすでにあきらめている者もいた。また、極限状態に置かれたからか、長妻が心配になるほど精神的に疲弊し、憔悴《しょうすい》し切っている候補者もいた。

彼らは、民進党の政策や理念に共感し、厳しい政治の世界に飛び込もうと果敢な決断をしてくれた者ばかりだった。

長妻は思っていた。

〈彼らの訴えに応えるためにも、なんとか新党をつくってやらなきゃな〉

そのいっぽうで、新党結成には現実問題としてリスクもつきまとった。

公示までにはすでに二週間を切り、ほとんど時間がない。

しかも、中心となって新党を立ち上げた経験者が一人もいなかった。実際に何から手をつけてよいのかもわからない。結党手続きをはじめ、煩雑かつ膨大な事務手続きも未経験。どれほどの資金が必要かもわからないし、拠点となる事務所もない。そのうえ、現職議員や候補者がどれほど新党の旗のもとに集まってくれるかも読めない。まさにないないづくしだった。

政党要件の最低ラインである国会議員五名は集まったとしても、それ以上の広がりを見せずに埋没し、文字どおりの討ち死にで終わる可能性もあった。

「もし、みんな討ち死にしたら、後世に恥だけを残すことになるぞ」

「新党が手続きミスで立ち上がらなかったりしたら、〝オレオレ詐欺〟ならぬ〝立ち上げ詐欺〟になって笑いものになるだけだ」

懸念材料が多いこともあり、新党結成に二の足を踏む意見も多かった。

枝野が当初、新党に来てくれると想定していた議員のなかにも、「自分は無所属で出る。新党はやめたほうがいい」と電話で伝えてくる議員もいた。

結局、この日は、新党結成を決断するところまではいかなかった。

「もし、新党をつくる場合の党名はどうする?」

会合では新党の名前も議題に上った。

長妻が言った。

「民主党に戻そう。やはり、民主党に愛着があるよ」

辻元は違う気がした。

「それもよいけど、比例区で書いてもらわなければいけないよね。わたしは立憲民主党がいいんじゃないかと思う」

それに対して、福山が反応した。

「新しい名前のほうがよいけど、覚えてもらうのが難しいんじゃないか」

いろいろな意見があった。

「無所属クラブみたいな名前にして、選挙が終わってから、ちゃんとした名前を考えてもいいんじゃないか」

投票日までは一カ月もない。党名は一週間で浸透させなければいけない。選挙は待ってくれない。

「じゃあ、やはり民主党でいいか」

いったん、「民主党」で落ち着いた。

しかし、辻元は党名に関してはまだ不安だった。

辻元自身、四年ほど前に近藤らとともに超党派の議員連盟「立憲フォーラム」をつくり、幹事長を務めていた。「立憲フォーラム」は辻元がつけた名前である。

立ち上げの際、記者会見でＴＢＳの記者から質問された。

「立憲という言葉は、固すぎて浸透しないんじゃないですか？」

それに辻元は少しむきになって返した。

「固いから、いいんです」

また、民進党と維新の党が合流する際も、民進党以外のもう一つの党名候補に「立憲民主党」が挙がっていた。そのため、辻元には「立憲」という言葉にこだわりがあった。

「立憲民主党でいきたい」

十月一日の夜、ホテルニューオータニの部屋での枝野、長妻、福山、近藤らの話し合いは続いた。

「新しい党を立てるなら、明日がタイムリミットだ」

新党立ち上げの場合、民進党を離党し、新党結成の手続きを経なければならない。

この日は、新党の党名が議題に上った。

枝野には意中の案があった。

「立憲民主党でいきたい」

かつて枝野は、民主党の幹事長時代に海江田代表と話していた。

「万が一にも党名を変えることがあれば、立憲民主党しかないな」

民進党が誕生するときにも、民主党側からは新党の候補として「立憲民主党」を提案していた。が、維新の党が提案した「民進党」案が採用されていた。

立憲民主党という党名は、枝野がずっと温め続けてきたものであった。

出席者の一人が言った。

「やるなら、明日の夕方に枝野さんが一人で記者会見を開いて呼びかけるといいんじゃないか。それを受けて、三日に届けを出そう」

夜も差し迫ったころ、枝野は言った。

「新党を立ち上げるかどうかの最終結論は明日の朝で構わないか？　一晩寝て、考えが変わっていなかったら、それでいこう」

重大な決断は、一晩寝たあとに下したほうがいい。

十月二日の朝、目を覚ました枝野は起き上がると、当たり前のように新党立ち上げの記者会見に向けて準備を始めていた。

一晩たっても、気持ちに変化はまったくなかった。

この日の朝刊には、各紙に「枝野新党立ち上げ」のニュースが大きく載っていた。

昨晩のうちに、メディアに向けて明確に表明したわけではなかった。が、各地の議員や候補者を通じて、新党結成に向けた動きが漏れ伝わり、確定的なものだと思われたのだろう。

十月二日の朝、デザイナーからは福山のもとに何枚もロゴが届いた。

午前八時半ごろ、福山は枝野に電話をかけた。

枝野はキッパリ言った。

「やりましょう」

福山は聞いた。

「相談した人たちは、なんと言っていたんですか？」

「それが意外なことにみんなから止められたんだよ」

相談した相手からは新党結成に積極的な意見は一つもなかったという。だが枝野は「止められた」と言いながら、「やりましょう」と言っていた。どうやら自ら新党立ち上げを決断したようだった。

福山は思った。

〈枝野さんらしいな〉

福山は急いで確認した。

「それで党名のほうはどうします？」

迷いのない答えが返ってきた。

「立憲民主党でいきましょう」

福山は同意した。

「立憲でいいと思います」

福山は「新民主党」のロゴも頼んでいたが、枝野は最初から党名に「新」とつけるのを嫌っていた。「新」の文字を使うとその政党は短命に終わる、というジンクスが理由だった。するど選択肢は民主党か、枝野が以前から温めていた立憲民主党のどちらかしかなかった。

福山は続けて言った。

「もし、また民主党とつけた場合、『民主党』のキーワードでネット検索すると、民主党政権の失敗に言及するページが多数ヒットします。デマも多いです。あまり過去のことはわからない若い人が、単純に『民主党』で検索して悪い情報が出てきたら、それだけでイメージダウンになってしまう。それよりまっさらな名前のほうがいいですよ」

「そうだな」

「すぐにデザイナーに連絡して、ロゴ作成に取りかかります」

福山は思った。

〈立憲民主党……五文字か。民主党の三文字とも、新民主党の四文字とも、バランスが全然違うな〉

デザイナーに連絡した福山は、あらためて頼んだ。

「立憲民主党に決まりました。いままで考えてもらったデザインはすべてチャラにして、もう一度考えてもらえませんか。何度も無理を言ってすみません」

この日朝、福山のもとに届いた毎日新聞の三面には、《枝野氏は前原氏との会談後、側近の福山哲郎元官房副長官と国会内で会い、新党結成へ向け始動した。旧社会党系の赤松広隆元衆院副議長とも新党名を「民主党」とする協議に入った》などと書かれていた。新聞での新党名が民主党になっていたのは無理もなかった。党名は、ついさっき決まったばかりなのだ。

福山は各方面に連絡を取って、今日の夕方五時から記者会見を開く段取りを整え、再び枝野に電話をした。

「どうします？　入党を名乗り出ている議員を同席させますか？」

が、枝野は断った。

「一人でやるよ」

福山はうなずいた。

「それがいいと思います。僕なんか行ったら目立つから、行きませんよ」

「それで構わないよ」

「じゃあ、立憲民主党のロゴだけは記者会見までに完成させておきますから」

午前十一時ごろ、立憲民主党のロゴが届いた。青字で「民」の字だけほかの四文字より少し上に突き出た、スッキリしたよいデザインだった。福山は、そのロゴを持って枝野に会いに行った。

「ロゴは、これでいいですね？」

枝野は、午後一番に前原に電話をかけた。

「報告する前に報道が流れてしまって、すまなかった」

午後五時、枝野は予定どおり記者会見を開き、「立憲民主党」の結党を宣言した。

「政治家にとって理念や政策は何ものにも代えがたい、譲ってはならない筋である」


希望の党は、立憲民主党を立ち上げた枝野や長妻、菅らの選挙区に「刺客」として新人候補者を擁立した。

よくよく見ると、希望の党に公認されなかったメンバーのほとんどは、代表選で枝野の推薦人になったり、応援したりしていた議員たちばかりであった。

いっぽう、前原を応援した議員は、ほとんどが公認から外されなかった。代表選の際に前原の推薦人になった議員で排除されたのは阿部知子一人だけであった。

安住は思った。

〈枝野さん自身や枝野さんを支えて代表選を戦った人間から見れば、意図的に狙い撃ちしてきたと感じるだろうな〉

そのいっぽう、安住をはじめ野田佳彦、岡田克也、江田憲司などには、刺客を立てていない。はじめから、刺客を立てたとしても勝負がわかっている鉄板選挙区だからだ。

〈選挙の結果が見えている相手とは、無用なケンカはしたくないということか〉

安住は、こうした希望の党側の対応が非常に不愉快だった。

立憲民主党の躍進を結果的に演出した一人は、希望の党の細野豪志だった。

細野は、宮城一区をはじめ、地元事情を顧みない強引な候補者擁立劇を主導し、各地に軋轢《あつれき》を残していた。

安住は思った。

〈もともとは同じ仲間であったにもかかわらず、仲間を露骨に排除したうえに、刺客まで擁立した。そんな強引な手法が反感を買い、有権者の立憲びいきをさらに引き出したのだろう〉

十月三日、希望の党が第一次公認候補を発表した。これを見て、小沢一郎は驚き、呆《あき》れた。

〈めっちゃくちゃな候補者を立ててきたな、これは。まったく素人としか思えない。これじゃあ、将棋で遊んでいるようなもんだ〉

小沢の助言は参謀の耳には入っていなかった。そこから希望の党と野党の協調路線は坂道を転がり落ちていく。

〈小池君は夢を見てしまったんだな。すっかりいい気分になり、余計なことを言い出した〉

こうなってしまうと、挽回《ばんかい》は難しい。小池の「排除発言」一つで夢は破れたのだ。

小沢の危惧は現実のものとなっていく。小池はテレビの討論番組に次々と出演し、政策論議のなかでさらに尻尾をあらわにしていく。

〈小池君はもともとライトの人だ。ただし、外交、防衛政策の中身をよく理解しているわけじゃない。安保だ、憲法だなんてことは、言わなきゃいいのに〉

不得意な政策を振り回さなくても、小池人気を持続させる道はあった。何も難しいことではない。意味のないパフォーマンスを繰り返し、カメラの前でにこにこしていればそれでよかったのだ。これで政治家の人気が保たれることは、日本人の意識の低さの証明にほかならない。

小沢もそう思うが、現実はそういうものだ。

立憲民主党の誕生を歓迎した共産党

十月三日、共産党第二回中央委員会総会では、志位委員長は、立憲民主党の結党を歓迎する旨のメッセージを送るとともに、枝野代表が立候補する埼玉五区で共産党の候補者を降ろすことを表明し、共闘姿勢を明らかにした。

枝野が立憲民主党の結党を表明してからおよそ三日、全国のいたるところで、市民連合を中心にした熾烈《しれつ》なまでの候補者や議員たちへの説得が繰り広げられた。

希望の党から出ようとする候補者に対して、「安倍政権打倒」こそ野党の果たすべき役割であることを訴えた。

説得の中心となったのは、市民連合だった。

市民連合の力は大きく、希望の党からの出馬を思いとどまった候補者は相当数におよんだ。説得に応えて、立憲民主党からの出馬を決めた候補者もいた。希望の党に刺客を立てられることを恐れて無所属で立つことを決めた候補者もいた。

共産党は、それぞれの候補者の、立憲民主党入党にいたるまでのさまざまな経緯は問わなかった。

民進党は、一度、議員総会で、全員一致での希望の党への合流を決めていた。だが、安保法制や憲法改正などの「踏み絵」がそのあとに突然飛び出してきて、当初の想定と違う展開が起きた。

その段階で考え直した議員や候補者は、過去の経緯を問わずに歓迎することにした。

安保法制に反対の旗印を掲げた候補者の選挙区では、共産党は、予定していた立候補者を降ろしていった。その選挙区の数は八十三にもおよんだ。

しかし、希望の党から出馬した候補者には遠慮はしなかった。

なかには、「対抗馬を立てないでほしい」と依頼してくる候補者も多くいた。

しかし、無所属ならともかく、希望の党の公認候補を支援することはできない。

「そのようなムシのいい話はない」

共産党はそこは一線を引いて厳しく対応した。

新党「立憲民主党」について、政策などを詰めていかなければならない。

夜十時半に集まることになった。最初に予定していた場所には、大勢の記者が張り込んでいる。そこで、急遽、枝野の事務所に場所が変更された。

十月三日の夜、枝野、福山、長妻、佐々木、近藤、辻元の六人で、立憲民主党の選挙の方針や、政策、キャッチコピーについて遅くまで話し合った。

枝野代表は、小選挙区の候補者についてキッパリ言った。

「民進党にいた仲間のところには、今回は立てない」

民進党の議員や候補者が希望の党公認で出馬する選挙区に、小選挙区で立憲民主党から立ちたいと言ってくれる人が何人かいた。が、枝野は了承しなかった。

「どんなよい候補者でも、ダメです」

枝野のこの主張はのちに「枝野原則」として守られることになった。

福山は思った。

〈いかにも枝野さんらしいな〉

次々と決まっていったが、一つだけ決められずにいたものがあった。キャッチコピーである。

「キャッチコピーを決めないと、パンフレットやビラの印刷が間に合わない」

福山がつくってきた叩き案を前に、みんなが思い思いの案を披露していくのだが、なかなか「これだ！」というものにめぐり合えずにいた。

夜中一時を過ぎていた。それまでの疲れもあり、みんな朦朧《もうろう》としてきている。

そんなとき、福山がポツリと言った。

「まっとうな政治」

それまで反論する声が上がっていたが、この瞬間は反応が違った。

「それ、いいじゃん」

「わたしたちが求めているのは『まっとうな政治』なんだ。突飛なことを言っていないから、それがいいよ」

「じゃあ、丸をつけて、『まっとうな政治。』でいこう」

このときの会議では聞き役に徹していた枝野も、同意した。

「それでいこう」

こうして、新党のキャッチコピーが決まった。

このころから、枝野のもとには、次から次へと「立憲民主党から選挙に出たい」との連絡が入ってくるようになった。

北海道では、民進党公認での立候補予定者が相次いで態度を表明した。

民進候補予定者十一人のうち、立憲民主党が、一区の道下大樹《みちしただいき》、三区の荒井聰、四区の本多《ほんだ》平直《ひらなお》、五区の池田真紀《いけだまき》、六区の佐々木隆博、十区の神谷裕《かみやひろし》、十一区の石川香織《いしかわかおり》の七人が立憲民主党から立候補することになった。

希望の党は二区の松木謙公《まつきけんこう》と九区の山岡達丸《やまおかたつまる》の二人。八区の逢坂誠二《おおさかせいじ》は立憲民主党に参加するが、無所属で出馬する。

十五議席から四十議席に大躍進

十月二十二日、衆院選の投開票がおこなわれた。

結果は自民党の圧勝であった。自民党は二百八十四議席と公示前とまったく同数だった。公明党は、五議席減らして二十九議席に終わった。定数が十議席減ったことを考えれば、与党の勢いはまったく衰えることなく選挙を乗り切った結果となった。

事実上解党した民進党の出身候補者は、希望の党、立憲民主党、無所属の三つに分裂し、選挙戦に臨んだ。民進党出身者二百十五人のうち五割近い百五人が当選を決めた。

立憲民主党は比例代表の近畿ブロックで五議席を獲得した。小選挙区十八議席（追加公認一議席を含む）、比例代表三十七議席で計五十五議席と飛躍した。結党時の十五議席から四十議席も伸ばした。野党第一党の地位を得た。

それに反して、あれほどまでに注目された希望の党は、五十議席にとどまった。

いっぽう、共産党には、悔しい結果となった。当選したのはわずか十二議席。解散前の二十一議席から九議席も下回ったのである。

これに、社民党が獲得した二議席を合わせると六十九議席。市民連合と政策合意を結んで安倍政権打倒を掲げて戦った共産党、立憲民主党、社民党の三党の総数は、解散前の三十八議席から三十議席以上も伸びた。共産党は、自党は惨敗しても、立憲民主党の躍進には大きく貢献した。

希望の党が結成されたとき、いち早く希望の党に合流しない議員に対して共闘を呼びかけ、共産党の候補者を降ろすことを宣言したことが、希望の党ではなく野党共闘のもとでの戦いを選んだ議員たちに勇気を与えた。

実際に、共産党が候補者を降ろした選挙区での、立憲民主党や、リベラル系の無所属候補者の当選者数は全国で三十二人にもおよんだ。

特に新潟県では、六選挙区のうち五選挙区で候補を一本化。「自民党対野党」の構図に持ち込み、そのうち四つの選挙区で野党が勝利をおさめた。

そのほかにも、小選挙区での当選はかなわなかったが、比例代表で復活当選した候補者も多い。小選挙区と比例区を合わせると、共産党が候補者擁立を見送った選挙区で、五十人を超える候補者が当選している。

もし共闘をせずに、希望の党が躍進して野党第一党にのぼりつめていたらどうだったか。

希望の党の発足以前から野党共闘の必要性を訴え続け、表と裏で動いてきた小沢一郎は野党の敗因をこう分析している。

「全部、小池君にやられてしまった。なにしろ、小池君自身が調子に乗りすぎた」

小池は民進党代表の前原、連合会長の神津と結託し、希望の党中心の野党再編で一気に総理の座を狙いにきた。小沢は蚊帳の外だった。

「小池の権力奪取は〝一瞬の夢〟に終わってしまった。総理の椅子を逃したなあ」

じつは、小沢は前原とは定期的に会談していた。

野党が結集、それが無理でも「オリーブの木」方式で一つの塊として与党にぶつかる構図の実現を模索していた。小沢の構想は「第二の民由合併」と呼べるものだった。民進、自由、社民の三党が合流。そこに共産党が選挙協力するというものだ。

だが、野党各党には抵抗感が強かった。「小沢アレルギー」「共産党アレルギー」はまだ根強いものがある。小沢はこうした考え方に強い反発を覚えた。

〈何も共産党と連立政権を組むわけじゃない。共産と一緒になるなんてことはないんだ〉

現実問題として、衆院選が現行の小選挙区比例代表並立制を取っている限り、共産党が持つ票は頼りになる。細川連立政権で選挙制度改革を実現した当時、実務の責任者を務めた小沢は誰よりそのことをよく知っていた。

どこか気取ったふうを装って、「共産党候補と並ぶのは嫌だ」などと口にする野党議員は保守系のなかには少なくない。

小沢はそうした議員の振る舞いに憤懣《ふんまん》やる方ない思いを抱えていた。

共産党と並びたくないのなら、「共産票はいらない」とはっきり言えばいい。本音ではみんな票が欲しいに決まっている。欲しいくせにかっこつけるやつらは好きになれない。政治家としても、男としても最低の部類だ。

自公政権の強みは自民党の基礎票に加え、小選挙区で公明党が選挙協力をしている点にある。公明党が手を引けば、当選を果たせない自民党議員は少なくない。いまや両党は一蓮托生《いちれんたくしょう》の関係にある。

小沢は自民党時代、剛腕幹事長として選挙実務を取り仕切っていた。

公明党と連立を組み始めてから、選挙での自民党の足腰は確実に弱くなっている。

ともあれ、今回の衆院選で共産党は大きな一歩を踏み出した。背中を押したのは小沢だ。共産党の志位委員長に、小沢はこんな活を入れている。

「どうせなら、もう一歩踏み出せ。もう後戻りはできないんだから」

共産党アレルギーは有権者のなかにも確かにある。だが、その中心は六十代以上。六〇年安保、七〇年安保で共産党がどう立ち回ったかを知っている世代だ。小沢の見るところ、それ以下の世代では共産党への忌避感はそれほど強くはない。

共産党が二の足を踏んでいるのには理由がある。いくら柔軟になったとはいえ、党名変更には党内でも反対の声が大きい。そこまでいかないにしても、「オリーブの木」の傘の下に入ることにも慎重な姿勢を崩していない。

「オリーブの木」に加われば、比例区は野党各党の統一名簿で戦うことになる。候補を立てるいくつかの小選挙区を除けば、選挙中、共産党の名前が表に出ることはないのだ。

小沢は共産党との会合でいつも持論をぶち、幹部たちの尻を叩いてきた。

「『オリーブの木』方式で衆院選を戦うことになれば、一番得するのは共産党だよ。統一名簿は比例区がメイン。共産党が候補者を十人立てたとして、一人あたり四十万〜五十万票は取れるだろう。そしたら、もう全員当選だ。あなた方のところが一番得する話なんだよ。だから、やるべき」

共産党が一気にガラッと変われるとは小沢も思っていない。これだけ歴史があり、支持者もついている政党だ。いっぺんに急激な変化を求めるのには無理がある。

小沢が何より評価しているのは、共産党支持者の手厚い支援だ。一言で言えば、誠実で熱心。日本でこれだけ選挙を必死でやる組織はほかには公明党の支持母体である創価学会があるくらいではないか。

小沢自身、二〇一七年の衆院選では、岩手三区で共産党支持者から応援を受けた。選挙期間中、小沢後援会のメンバーが共産党支持者から、「あんたら、しっかりしろ。頑張れ」と叱咤《しった》されていたようだ。十七回連続当選を下支えしてきた小沢後援会だが、いつの間にか「常勝」に慣れ、安心し切って動けなくなっていたようだ。組織の常かもしれない。共産党と組むことで、後援会にも再び一本筋が通ることになった。

第八章 立憲・泉、維新・馬場、国民・玉木の政権交代戦略

左から、立憲民主党の泉健太代表、日本維新の会の馬場伸幸代表、
国民民主党の玉木雄一郎代表。離合集散を繰り返し、まとまりに欠けると言われる
野党のキーマンが考える政権奪取への秘策とは（2023年）

枝野幸男の「君子豹変」

国民民主党の代表を務める玉木雄一郎は、一九六九年五月一日、香川県大川郡《おおかわぐん》寒川町《さんがわちょう》（現・さぬき市）で農協職員の父親と特別養護老人ホームに勤務する母親のもとに生まれた。玉木は、田植えや麦まき、肥料や農薬の散布を手伝った。農作業からは協力や、共生の重要性を学んだ。

三人兄弟の長男だった玉木は、香川県立高松高校を経て、東京大学法学部を卒業。卒業後の一九九三年四月、大蔵省に入省し、主計局総務課に配属される。

一九九五年、アメリカのハーバード大学ケネディ・スクールに留学。一九九七年、同校よりMBA取得。一九九八年、大蔵省接待汚職事件が発生。この事件を目の当たりにしたことと留学の経験が政治家を志す契機となった。外務省への出向（中近東第一課）を経て、二〇〇一年より大阪国税局総務課長。二〇〇二年より内閣府に出向。第一次小泉内閣にて、行政改革担当大臣の石原伸晃のもとで秘書専門官に就任。以降、累計三代の同大臣の秘書専門官を務める。第二代大臣の金子一義《かねこかずよし》から「政治家にならないか」と誘われ、当時、自民党幹事長だった安倍晋三と面談した。しかし、自民党は玉木の地元である香川二区にはすでに別の国会議員を擁していたため、安倍は別の小選挙区からの立候補を提示した。玉木は「国政に挑戦するなら、先祖の墓のある場所でやりたい」と考え、出馬を断念した。

二〇〇五年八月、衆議院が解散することになり、玉木は、財務省主計局主査を最後に財務省を退官。九月十一日投開票の第四十四回衆院選に民主党公認で香川二区から立候補した。

政権与党の自民党ではなく野党の民主党から出馬した理由は、「自民党内の派閥争いではなく、政党同士の争いで政権交代を実現すべき」と考えたからである。

この選挙では小泉旋風によって自民党が大勝。玉木は、一カ月ほどの活動で七万一七七票を獲得して善戦したが、一〇万七九四票を獲得した自民党前職の木村義雄《きむらよしお》に敗れて、比例復活もならずに落選。以降、四年近く浪人生活を送ることになる。

落選後、地元で広報活動に努めるなかで、かつて同地出身で内閣総理大臣を務めた大平正芳の長女である森田芳子《もりたよしこ》を訪ねた。玉木は大平の遠い親族にあたり、大平家の協力を得たいと考えた。玉木は大平が率いた自民党とは対立する民主党の候補であり、森田は玉木との接触を当初は躊躇していた。

しかし、最終的に面会に応じ、さらに森田の長女（大平の孫）である渡辺満子《わたなべみつこ》を玉木に紹介した。その後、渡辺は二〇〇九年から玉木の公設秘書を務めた。

渡辺は玉木を「大平の精神を受け継ぐもの」と認め、選挙区内の自民党支持者らに玉木への支持を訴えた。

その後、二〇〇九年八月三十日投開票の第四十五回衆院選に民主党公認で再び香川二区から出馬。この選挙では、一〇万九八六三票を獲得し、小選挙区で初勝利初当選を飾った。以降は、小選挙区で連続当選を重ね、現在、五期目である。

二〇一八年五月七日、民進党、希望の党のそれぞれの一部議員が合流し、結党した国民民主党において、大塚耕平《おおつかこうへい》とともに共同代表に就任した。

九月四日、津村啓介《つむらけいすけ》とともに国民民主党代表選に立候補。「対決より解決」を主張してきた玉木が、野党共闘を訴えた津村を大差で破り、新代表（単独）に就任した。

二〇一九年一月二十二日、自由党代表の小沢一郎は、国民民主党代表の玉木と会談し、両党を合流させることを決めた。

二〇一九年の参院選でも、一人区を中心に野党間での選挙協力こそ成立したものの、立憲民主党と国民民主党がそれぞれに戦うかたちとなり、結果的に立憲民主党が十七議席、国民民主党が六議席に終わり、自公の合計で七十一議席を獲得した与党を利するかたちになった。

小沢は、今後の野党の動きにどのようなビジョンを抱いていたのか。

「二〇一七年の衆院選後、わたしは、枝野代表に『野党第一党の代表のあなたが中心になって野党をまとめて選挙に臨むべき』と何回も話をした。だけれど、枝野代表は立憲民主党として独自路線で参院選を戦うという姿勢を変えなかった。結局、そのときはわからなかったんだろうね。一度、選挙の結果を見ないとわからなかったんでしょう」

ところが、参院選後、枝野は、それまでの姿勢を変えた。

立憲民主党は、二〇一九年夏の参院選で比例区での得票は、二年前の衆院選から三百万票以上減らし、七九一万七七一九票という結果に終わった。

枝野は、この選挙結果から独自路線の厳しさを実感し、八月五日、国会内で国民民主党の玉木代表、衆議院会派「社会保障を立て直す国民会議」の野田佳彦代表と相次いで会談し、衆議院での統一会派結成を打診した。

その後、国民民主党側が衆参両方での統一会派を提案し、八月二十日には党首間での合意に至った。

小沢は枝野のこの姿勢の変化について語る。

「自分は参院選の結果をある程度予測していたから、選挙前から『参院選後に枝野代表は必ず君子豹変《ひょうへん》する。間違いない』と言い続けていた。やっぱり、本当に選挙のあとに君子豹変したね」

小沢が推進していた立憲民主党と国民民主党の合流話は、二〇二〇年七月になり、再び動き出す。

二〇一九年九月三日に合流新党への参加届け出が締め切られ、翌四日に立憲、国民両党が合流新党への参加者を発表。立憲民主党では都知事選への対応をめぐり離党を表明していた須藤《すどう》元気《げんき》を除く八十八名が新党に合流することとなった。

九月十日に代表・党名選挙が実施され、枝野が新党の初代代表に選出、党名には枝野が掲げた「立憲民主党」が選ばれた。

九月十一日、残留組による新「国民民主党」の参加メンバーが協議をおこない、玉木の代表就任を決めた。

九月十一日に立憲民主党の両院議員総会が開かれ、十四日に同党を解党し、合流新党（新・立憲民主党）に移行することを承認した。

いっぽう、新・立憲民主党が発足する直前の二〇二〇年八月二十八日、安倍総理が健康問題を理由に辞任を表明。後任の総理、総裁には第二次安倍政権で官房長官を務めていた菅義偉が就任した。

「立憲民主党ほど日本に不要な政党はない」

いっぽう、日本維新の会の幹事長となる馬場伸幸は、二〇一二年十二月、旧日本維新の会公認で大阪十七区から衆院選に出馬、初当選を飾った。二〇一四年七月、日本維新の会の分党に際しては、橋下徹大阪市長による新党結成を目指すグループに参加。この年九月、結いの党、日本維新の会の合流により、維新の党の結党に参加し、国会議員団党紀委員長および組織局長に就任。

二〇一五年八月、維新の党の分裂に際し、橋下の新党への参加を表明。十月十四日付で、維新の党を除籍処分となった。しかし、馬場ら除籍された百六十二人と、すでに離党した橋下らは、松野頼久執行部の任期が九月で切れているため、処分は無効と主張。十月二十四日、独自に臨時党大会を開き、馬場が代表に選出された。十二月十二日には、おおさか維新の会の幹事長に内定。

日本維新の会の幹事長となった馬場は、二〇二〇年九月十六日に、菅が自民党総裁に選出されたと知り、さもありなんとうなずいた。

〈安倍総理の後任は、やはり側近として長年支えてこられた菅さんしかいない。政策の裏表をすべて理解し、人間関係も熟知しておられる〉

菅総理の誕生は、日本維新の会にとっても喜ばしいことだった。自民党の国会議員のなかで、もっとも深い人間関係を築いてきたのが菅義偉だった。

安倍、菅、橋下、松井一郎の四人は、第二次安倍政権が発足後の二〇一三年以降、ほぼ毎年、二回の会食を続けてきた。安倍内閣と維新のパイプ役となったのが菅であり、四人の関係は菅の主導で構築されてきた。

菅が特に親しくしてきたのは、代表の松井と、遠藤敬国対委員長の二人である。馬場もまた、菅と長年にわたり、交流や議論を重ねてきた一人である。そのつながりのなかで、馬場は思っていた。

〈菅さんが理想としている政治を、僕ら維新が頑張っている。菅さんは、われわれのことを、そんなふうに見てくれているのではないか〉

日本維新の会にとって、眼下の最大の敵は立憲民主党である。支持層はほとんどかぶっていないのに、維新が立憲を敵認定しているのには理由がある。

維新の支持層は、国や地方の財政、外交・安全保障、教育、少子化から科学技術、エネルギー、環境問題まで、日本のありとあらゆる状況に危機感を抱いていた。そのなかで、維新に「日本をよい方向に牽引《けんいん》するため頑張ってほしい」「改革をぜひ実現してほしい」と希望を託してくれている。

いっぽう、立憲は、連合など一部の組織や団体に支えられている政党である。失敗した民主党政権時の閣僚たちがいまだに中枢を占めていること、「政府の揚げ足取りだけで対案を出さない政党」との認識が有権者に定着したことから支持率は三%前後で低迷。

ところが当人たちは、のほほんとしていても野党第一党でいられるという怠慢な意識で、好き勝手を繰り返している。

馬場幹事長は、国会での長年の活動を通してつくづく思った。

〈立憲民主党ほど、日本に不要な政党はない〉

立憲民主党がいくら自民党を攻めても、有権者は言いがかりや脅しのようなやり方にすっかり嫌気が差している。安倍総理が退陣後もモリカケ、サクラ（「桜を見る会」をめぐる問題）を繰り返した。

国民がまったく興味のない日本学術会議の任命問題などをダラダラと繰り返している。つまり与党を攻めるネタもなく、自分たちのことを棚に上げた攻撃は「ブーメラン」と揶揄《やゆ》されるようになった。

馬場は思った。

〈ほんま、立憲ってセンスないな〉

自民党の支持率が下がるのは、金銭問題など、国民も身近に感じられる悪い話が出たときである。

立憲があのやり方を変えない限り、一定数以上の支持が集まることはない。それでも組織が味方についている政党が、選挙に強いのは確かだった。二〇二一年秋までにおこなわれる衆院選で立憲をつぶせればよいが、維新の票が眠っている無党派層や無関心層にアピールするのは容易なことではなかった。

もともと小選挙区制導入の大義は、日本を二大政党にすることだった。が、その結果は、野党がバラバラに割れて弱い政党が乱立し、国民からノーを突きつけられた候補者が比例復活する悪い面ばかりが浮き彫りとなった。

日本維新の会もまた弱い政党の一つであるが、少なくとも「自民党と対峙《たいじ》できる政党をつくることが日本国民のためになる」という志がある。

馬場は思った。

〈五五年体制のような茶番劇の国会を繰り返すのではなく、政府与党側のA案と、野党が出すB案を議論して戦い合わすような体制にすべきだ〉

国会改革をし、政策案をぶつけ合ってよりよい政策を実現する。議論のなかで新たなC案が誕生する可能性もある。何事も是々非々で、本当によい政策であれば野党も一緒に協力して練り上げる。そのような体制にならなければ、日本維新の会が掲げる大改革は実現しない。

「橋下徹さんはウルトラマン」

二〇二一年秋までにおこなわれる衆院選で、日本維新の会は最終的に全国に七十人ほどの候補者を擁立する予定であった。維新の支持層が期待できるのは都市部のみ。関西だけの維新ではなく全国区になるためには東京にどれだけ食い込めるかが鍵となった。

六月初旬で、東京維新の会の藤川晋之助《ふじかわしんのすけ》事務局長の働きにより、東京の選挙区の半分、約十五人が候補者となる目処が立った。

日本維新の会の見立てでは、東京の各選挙区と各関東ブロック合わせて七、八人の当選が期待されている。現状は南関東選出の串田誠一《くしだせいいち》の一人きりなので、確実視されている三議席だけでも関東圏での多大なアピールになるはずである。また、近畿でも二十五人前後の候補者が決まっており、うまくいけば全国で当選者は十七、八人となる可能性もある。

ただし、二十一人いなければ衆議院に法案を提出できない。法案を出せるか否かで党の影響力は格段に変わるので、最低目標は二十一人とした。

都議選は候補者が多いため、票が割れ、衆院選は集約されるという大きな違いがある。それぞれに難しさがあった。

馬場は思う。

〈ここで橋下さんが戻ってこられたら、手を挙げる人が二百人は出てくるのだが……〉

安倍内閣時代の橋下は言っていた。

「安倍さんは頑張っていて合格点を渡せる。いまは安倍さんに頑張ってもらえばいい。自分がしゃしゃり出ていく必要はない」

が、安倍総理は大事を取って二度目の辞任をし、菅政権にバトンタッチした。菅総理は頑張っているものの、日本は危機的状況にどんどん追いやられている。

馬場は、テレビのコメンテーターとして政治について語る橋下の表情を見ながら思った。

〈橋下さん、最近は「面白くない」という表情を見せるようになった。さては「現場に戻りたい」と思い始めたのではないか……〉

テレビでいくら政治について語っても、何も変わらない。馬場は橋下のことを「本当のピンチのときに現れるウルトラマン」のようなものと思っている。いよいよ日本が危ないとなれば、もう人任せにはできない。馬場は、いずれ橋下が政界復帰するのではないか、と期待していた。

が、橋下が政界に戻ってくるということは、イコール日本のピンチである。馬場は思う。

〈大ピンチのときに、エスタブリッシュメントは役に立たない。われわれ維新のような非エスタブリッシュメントが登場し、大改革の大鉈《おおなた》を振るわなければならない〉

そうした意味で、橋下は日本に必要な人材であった。かつて郵政改革のときに小泉フィーバーが起こったように、国民はカリスマ性のある代表が発するワンフレーズに弱い。

日本維新の会は、将来的に自民党との連立政権も視野に入れていた。が、自民党にまだ余力のある時期に連立を組んでも、維新はそのまま吸収されるのは目に見えている。維新の目的は政権与党につくことではなく、あくまでも大改革の推進である。やはり維新は維新で議席を増やしていくしかなかった。

また、維新は、「この政策は絶対に実現させてもらう」との要求に自民党が応じなければ、連立政権を組むつもりはなかった。むちゃな要求をするつもりは毛頭なく、ワンイシューかツーイシューの確約で構わない。ただし、日本維新の会の成り立ちを考えれば、地方分権と統治機構を変えることが重要なファクターとなる。消費税はすべて地方の財源とし、地方交付税は廃止、地域ブロックごとに財政調整をして権限と財源を地方に渡す。馬場は、いまの日本には、そのくらいの改革が必要だと思っている。

二〇二一年四月二十七日、立憲民主党代表の枝野幸男は次期衆院選における野党共闘を目指し、国民民主党代表の玉木雄一郎、共産党委員長の志位和夫とそれぞれ会談。枝野と玉木は、候補者の一本化に加え、立憲と国民、連合の三者で雇用など共通の政策の策定に向けた協議をスタートさせることで意見を一致させた。

だが、「野党連合政権」の樹立を望む立憲民主党と共産党に、玉木は反発。翌四月二十八日、記者会見を開き「日米同盟を基軸とせずに日本の安全、安心を保つすべが見当たらない。それゆえ共産党が入る政権には入らない」と述べた。

七月十五日、連合は次期衆院選に向け、国民民主党、立憲民主党両党と個別に同じ内容の政策協定を締結した。協定書には「左右の全体主義を排し、健全な民主主義の再興を推進する」と書かれていたが、玉木は記者会見で「〝左右の全体主義〟とは共産主義、共産党のことだと認識している」と述べた。

翌七月十六日、共産党の田村智子政策委員長は記者会見で、玉木が「共産党のことだ」と名指ししたことについて、「共産党は、安全保障法制は民主主義の危機ということで、市民と野党の共闘を呼びかけた」と過去の行動を例示し、「事実と違う発言だ」と反論した。

八月十七日、野党四党による合同集会が終わったあと、玉木は共産党の志位委員長に「共産主義は、ソビエトが典型だが、全体主義と非常に親和性があったのは歴史的事実で、そういう政治体制になってはいけないという趣旨で申し上げた」と釈明。「日本共産党を同一視したことについては改めたい」と伝えた。

さらに玉木は、八月の十八日に記者会見し、「共産党を含めた野党の戦術的な一体感は不可欠だ」と述べたが、八月二十九日放送のBSテレビ東京「NIKKEI日曜サロン」で「(長期的には）場合によっては与党とも連携し、政策を実現していく」と語った。
九月二日の記者会見では、次期衆院選後に国民民主党が自公政権入りする可能性について、「考えていない」と否定した。

二〇二〇年九月の総裁選に勝利した菅の総裁任期は、安倍前総裁の残した期間であったため、二〇二一年九月には任期三年の正規の総裁選が予定されていた。ところが、菅総理は、二〇二一年九月三日午前十一時半過ぎ、自民党本部で開かれた臨時役員会で総裁選への不出馬を表明し、再選をあきらめた。

九月二十九日午後、自民党総裁選の投開票がグランドプリンスホテル新高輪《しんたかなわ》でおこなわれた。総裁選は岸田文雄前政調会長、河野太郎《たろう》規制改革担当大臣、高市早苗前総務大臣、野田聖子幹事長代行の四人が立候補し、三百八十二人の国会議員票各一票と地方票三百八十二票の計七百六十四票で争われた。地方票は党員・党友による投票結果を党本部で全国集計し、ドント方式で各候補者に割り振られた。

一回目の投票では、一位の岸田が議員票百四十六票・地方票百十票で合計二百五十六票、二位の河野が議員票八十六票・地方票百六十九票で合計二百五十五票、三位の高市が議員票百十四票・地方票七十四票で合計百八十八票、四位の野田が議員票三十四票・地方票二十九票で合計六十三票であった。

過半数を獲得する候補者がいなかったため、一位の岸田と二位の河野による決選投票がおこなわれた。決選投票の結果、議員票二百四十九票・地方票八票で合計二百五十七票を獲得した岸田が、議員票百三十一票・地方票三十九票で合計百七十票を獲得した河野を破り、第二十七代自民党総裁に就任した。

岸田は、二〇二一年十月四日、総理就任の直後に衆議院を解散。

十月三十一日に投開票がおこなわれた衆院選では、自民党は、小選挙区で百八十九、比例区で七十二、合計二百六十一議席を獲得。選挙前よりは十五議席減らしたものの、事前の議席予測以上に伸び、絶対安定多数を単独で維持した。

公明党は、小選挙区九、比例代表二十三、合計三十二議席。

いっぽうで枝野が代表を務めていた立憲民主党は、現有百九議席から小選挙区五十七、比例三十九、合計九十六議席と十三議席減で伸びなかった。選挙後、枝野は代表を辞任。

日本維新の会は、小選挙区十六、比例区二十五、合計四十一議席であった。単独で法案を提出できる二十一人を最低目標にしていたが、それをはるかに上回っての勝利であった。

共産党は、小選挙区一、比例区九で合計十議席。国民民主党は小選挙区六、比例五で合計十一議席だった。

立憲民主党・泉健太の履歴書

二〇二一年の衆院選後に枝野が立憲民主党の代表を辞任すると、泉健太は代表選に再び立候補し、十一月三十日、逢坂誠二や西村智奈美《にしむらちなみ》、小川淳也を破って代表に就任した。

立憲民主党の代表となった泉は、一九七四年七月二十九日、北海道札幌《さっぽろ》市に生まれた。札幌近郊の石狩《いしかり》市で育ち、石狩市立花川北《はなかわきた》中学校、北海道札幌開成《かいせい》高校を卒業し、立命館《りつめいかん》大学法学部に進学する。大学在学中から、のちに衆議院議員となる山井和則の手伝いを始め、一九九六年に大学を卒業すると、参議院議員の福山哲郎の秘書になった。

泉が国政に初めて挑戦したのは二〇〇〇年の衆院選だった。京都三区から民主党公認で立候補し、五万七五三六票を獲得するも落選。その後、二〇〇三年の衆院選に再び出馬し、小選挙区で勝利し、初当選を飾った。

二〇〇九年九月に民主党政権が誕生すると、内閣府大臣政務官を務め、行政刷新会議などを担当した。二〇一二年と二〇一四年の衆院選では小選挙区で敗れたが、比例復活し、二〇一六年におこなわれた補選で民進党から立候補し、当選した。二〇一七年の衆院選で、民進党が分裂したときは、希望の党に参加し、再選。希望の党と民進党が合流して結成された国民民主党では国対委員長や政務調査会長を務めた。

二〇一九年に国民民主党と立憲民主党が合流し、新・立憲民主党が結成されると、代表選に出馬するが、このときは枝野に敗れた。その後、立憲民主党の政務調査会長に就任していた。

日本維新の会の馬場幹事長は、衆院選後の十一月三十日、共同代表および国会議員団代表に就任した。

日本維新の会は、安倍政権と菅政権に比べて、岸田政権とは距離を置いているような印象を受ける。その違いは何か。

馬場が語る。

「岸田政権とは、安倍政権や菅政権のときのようなそもそもの人間関係がなかったから以前に比べると距離がある。安倍派の萩生田光一《はぎうだこういち》政調会長や西村康稔経済産業大臣とは以前からもおつき合いをさせてもらっていますが、現在の政権の主流派の岸田派、茂木《もてぎ》（敏充《としみつ》）派や麻生派の方々とは接点がありませんでしたから。岸田さんとも、総理になるまでは一度も食事をしたことはありません。岸田さん自身も『維新の会には頼らなくてもいいだろう』という雰囲気がありました」

馬場は、総理就任後の岸田と会ったことがあるという。

「じつは新聞の首相動静には出ていませんが、岸田総理と会ったことはあります。まだ岸田さんは維新という政党を測りかねているところがあるのかもしれません」

馬場は、岸田政権をどう見ていたか。

「安倍政権や菅政権とは政策も違いますが、特に政権のマネジメント能力が違います。安倍政権では、菅官房長官が三六〇度を見回して、目配り気配りをしていました。事前にリスクを察知して摘み取る役回りを果たしていたわけです。ですが、岸田さんはご自身の息子さんを総理秘書官に就任させるなど、周囲がしっかりサポートしているのか疑ってしまうようなところがありますね」

二〇二二年七月十日、参院選の投開票がおこなわれた。改選五十五議席の自民党は六十三議席に達し、単独で改選過半数を確保する大勝をおさめた。

野党では立憲民主党が十七議席と改選二十三議席から六議席も減らすいっぽうで、日本維新の会は改選六議席を十二議席へと倍増させ、躍進した。

二〇二二年十月四日、岸田総理は、自身の事務所で公設秘書として勤務していた長男の翔太《しょうた》郎《ろう》を重要な政務担当の総理秘書官に起用する人事を発令し、発表した。

二〇二二年七月八日に暗殺された安倍元総理の国葬の強行や、旧統一教会（世界平和統一家庭連合）と自民党の関係をめぐる疑惑が続出し、支持率が低迷するなかで突然発表されたこの人事は、身内びいきなものとしてメディアからの批判を浴びた。

なお翔太郎は、のち二〇二三年六月一日、総理大臣秘書官を辞職する。内閣総理大臣公邸で親族と忘年会を開き、赤絨毯《あかじゅうたん》の敷かれた階段にて組閣写真に似た記念撮影をするなどの行動について、週刊誌に報じられた責任を取ることになったのだ。

日本維新の会と立憲民主党の協調

参院選後、臨時国会ではこれまでにない変化が起きた。日本維新の会と立憲民主党が、項目を限定したうえでの協調を開始したからだ。

九月二十一日、国会で、日本維新の会の遠藤敬国対委員長と立憲民主党の安住淳国対委員長が会談し、十月三日から開始される臨時国会において、以下の六項目で合意した。

1. 国会法改正法案については、20日以内に国会召集を義務付ける法案を作成し、各野党の賛同を得た上で、臨時国会の冒頭で提出する。
2. 10増10減を盛り込んだ公職選挙法改正案ならびに関連法案は、必ず今国会で処理をする。
3. 保育園・幼稚園などの通園バスで置き去りにされた幼い子どもの犠牲を無くす対策として、通園バス置き去り防止装置の設置を義務付ける法案を共同で作成し、各野党の賛同を得た上で、早期に臨時国会に提出する。

4. いわゆる文書通信交通滞在費については、先の国会の経緯を踏まえて、両党協力をして、使途の公表などを定めた法案の成立をめざす。

5. 旧統一教会問題に端を発して、政治と宗教の問題について国民の関心が高い。両党は、喫緊の課題となっている霊感商法や、高額献金による被害をくい止めるため、被害者の救済と防止策について、法的整備などを含め様々な措置を講じるための協議を始める。

6. 現下の経済情勢を踏まえると、若者や子育て世代が厳しい経済状況におかれており、両党はこうした世代に対し、より具体的に有効な対策を提案し、政府に対し、その実現を求めていく。

さらに、遠藤と安住は、十月六日にも会談し、以下の二項目でも合意した。

1. 北朝鮮のミサイル発射に関連し、衆議院の外務委員会、安全保障委員会、北朝鮮による拉致問題等に関する特別委員会の3委員会の連合審査会を、速やかに開催するよう与党に強く求めていく。

2. 感染症法の改正について、共同で対案をまとめるべく、両党の政調間で協議を始める。

これら八項目に限定しての協調は、実際に功を奏し、そのうちの六項目が実現、もしくは実現見込みとなっている。

旧統一教会との関係がたびたび発覚した山際大志郎《やまぎわだいしろう》経済再生担当大臣が辞任した翌日の十月二十五日の夜には、日本維新の会代表の馬場は、立憲民主党の泉代表らと会食している。

馬場がこの立憲民主党との協調について語る。

「日本維新の会と立憲民主党の関係は水と油とも言われていますが、政治を動かすためには、ときには手を組むことも必要だと思っています。現在の国会の動きを見てもらえばわかってもらえると思いますが、特に旧統一教会の被害者の救済と防止策についての法的整備では、与野党協議を呼びかけて実現するなど大きな成果を生み出しています。わが党の遠藤国対委員長と立憲民主党の安住国対委員長は、永田町の最強コンビですから。是々非々でテーマを絞って協調していかに実績を残せるか。国会での協調には批判もありますが、日本の政治に緊張状態をもたらすことによるよい効果が起きていると思っています」

いっぽう、今回の協調が選挙協力を含めたものに発展する可能性はないと馬場は語る。

「国会での協調を選挙での協力も含めたものとして見るマスコミもありましたが、それはありません。そもそも、今後ずっと協力するかもわからない。いつか限界が来るとは思います。現在は、目の前の具体的な政策に限定して協力していますが、安全保障や憲法改正などが争点になると、おそらく袂《たもと》を分かつことになるでしょう」

岸田政権の支持率がさらに低下した場合、日本維新の会は、政権入りして協力する可能性はあるのか。

「それはありません。政権が代わったとしてもないでしょう。日本維新の会は、単独政権を目指しています。もし自民党が新たな連立相手を探しているのなら、国民民主党さんじゃないでしょうか。どちらにしろ、自民党にとってもメリットが少ないし、外に触手を伸ばすより、いまは自民党内を固めたほうがいいと思います」

「次の衆院選で獲得議席で野党第一党に」

日本維新の会は、二〇二二年三月の党大会で、今後の活動の指針となる中期経営計画を発表した。馬場が語る。

「政党が経営という言葉を使ったのは、維新の会だけだと思っていますが、この計画は三段階での発展を見据えたものになっています。第一段階が今年の参院選で改選六議席からの倍増と、比例票で野党第一党となること。この二点は達成することができました」

七月の参院選で、日本維新の会は、選挙区で四議席、比例区で八議席と、目標の十二議席を獲得。非改選の九議席と合わせて二十一議席となり、予算関連法案の提出に必要な最低議員数を確保している。

八議席だった比例区では、七八四万五九九五票を獲得し、六七七万一九四五票を獲得し、十七議席に終わった立憲民主党を百万票以上も上回り、野党第一党となった。

「さらに第二段階として、来年の統一地方選で公認で六百議席を目指します。現在、維新の地方議員は、四百議席ほどですから、約一・五倍。高すぎず、低すぎない目標だと思っています。これがクリアされれば、地方議員が全国に誕生し、政党の足腰が強くなり、地力がついてくるはずです」

七月の参院選では、選挙区での議席獲得が事前の予想ほど芳しくなかった。

大阪府で二議席、兵庫県で一議席、神奈川県で一議席と四議席を獲得したが、東京都、埼玉県、千葉県、愛知県、京都府、福岡県など接戦の末に次点で落選した選挙区も多かった。馬場が語る。

「やっぱり地力がないと、接戦になると負けてしまう。選挙区で勝ち切れなかったことは、まだ地力がないという証明。その弱点を克服するために、多くの地方議員を来年四月の統一地方選で誕生させて、次の衆院選への躍進につなげていきたいと思っています。第三段階の目標は次の衆院選で、獲得議席数で野党第一党になることです」

二〇二一年の衆院選で、野党第一党の立憲民主党が獲得した議席は九十六。いっぽう、日本維新の会は四十一議席だった。

馬場は、日本維新の会が野党第一党になることが国会に緊張関係を生み、日本の政治を変えると語る。

「これまでの国会は、五五年体制から続く茶番劇ばかり。国民は与野党間の馴《な》れ合いには飽き飽きしています。わたしたちが野党第一党になれば、与党の出す予算案や、政策、法案に対して、すべて対案を用意します。二つの案のどちらがよいかを議論することが定着すれば、国民も『与党と日本維新の会、どちらがよいか』と注目してくれるようになるはずです」

馬場は、日本維新の会が発表した中期経営計画の実現に向けて、強い決意を持っている。

「ここから十年でどこまで伸びて政権政党になれるかどうかが勝負。わたしは、いまからの十年でその目標が達成できなかったら、いさぎよくやめたほうがいいと思っています。十年かけてできないことを、十五年、二十年とさらに長い時間をかければできるとは思いませんから」

馬場は自身の代表としてのあり方についても語った。

「八月の代表選で申し上げたように、わたしは、性格的には八番でキャッチャー。エースで四番タイプの松井さんや橋下さんがやってきたことを継承しながら、地道に飛躍させていくことが僕の役目だと思っています。自分は自分らしく、いままで積み上げてきたことをこれからもコツコツとやっていくしかない。党内には、まだまだ当選したてで経験の浅い議員も多いので、みんなにトレーニングを積んでもらいながら、経験と実力を身につけてもらい、彼らが成長できるような活躍できる場を提供できる代表になりたいと思っています」

日本維新の会の長所は、大阪府と大阪市という二つの自治体の首長を持ち、さまざまな改革を実現させてきた点だ。

馬場がその点について語る。

「これまで有言実行でやってきて、実際の実績もありますから、単なる批判とは思われない。もともとは大阪だけの勢力だと見られていましたが、この十年で関西地方を中心に『うちの地域でもやってくれたらいいなあ』と有権者から言ってもらえるようになりました。その広がりをさらに全国につくっていきたいですね」

馬場は、関西地方以外での党勢拡大にも自信を持っているという。

「以前に比べると、だいぶ維新の会に対する理解が深まってきた気がします。特に二〇一九年の参院選で、東京都選挙区で音喜多駿《おときたしゅん》、全国比例区で柳ヶ瀬裕文《やながせひろふみ》が当選したことは大きい。二人とも都議会議員出身で、スマートな感じがしますから」

日本維新の会は、現在、地方でも勢力を拡大させている。各地で、日本維新の会の推薦や支援を受けた首長が誕生しつつある。

二〇二一年七月には、兵庫県の斎藤元彦《さいとうもとひこ》知事が日本維新の会の推薦を受けて当選し、二〇二二年二月にも、長崎県の大石賢吾《おおいしけんご》知事が、維新の推薦を受けて当選した。

さらに三月の石川県知事選では、衆議院議員を辞職した馳浩《はせひろし》が三つ巴《みどもえ》の激戦を制して当選した。馳も維新の推薦を受けての当選であった。

馬場が実情について語る。

「斎藤知事と大石知事の選挙では、地元の自民党が真っ二つに割れて、片方の勢力と維新が組みました。馳知事のときは、三つ巴の争いを制したかたちですが、馳さんは自民党籍を持ちながら、日本維新の会の顧問に就任してもらっています」

馬場は、首長選で鍵を握りつつある維新の動きについて語る。

「関西以外の地域でも少しずつ維新の種をまいているところです。次の衆院選で野党第一党になれば、いま、維新と関係ない顔をしている知事も無視できない存在になってくる。地元に維新の国会議員が誕生すれば、『ちょっと大事にしなければ』と変わってきますから」

日本維新の会は、結党以来、憲法改正を訴え続けている。馬場は語る。

「肝心なのはこの臨時国会で、どれだけ国民投票にかける憲法改正項目の絞り込みを本気になってやるかです」

自民党の憲法改正案は、維新との共通点も多い。教育の無償化と自衛隊を憲法第九条に明記するという点では一致が見られる。

いっぽうで、自民党の改正案では、参議院の選挙区の合区解消もうたっている。

馬場はこの部分については批判的だ。

「国民から見てバカらしい気がします。緊急事態条項による議員の任期延長案もそうですが、自分たちの立場についてばかり取り上げると、国民は白けてしまいます。そこは気をつけないといけません」

日本維新の会は、憲法改正に関連して、統治機構改革を訴えている。

「憲法では地方自治についての言及は、第九十二条、第九十三条、第九十四条、第九十五条の四つしかなく、地方自治体という言葉もない。地方公共団体という表現で、完全に上から目線です。地方分権や道州制もかつては議論されていますが、国会で、地方自治の仕組みをどう変えるかをまず議論すべきです」

馬場は、「首都・副首都法」をつくるべきだと訴える。

「じつは、東京を首都に定めるということは、現在の法律には明記されていない。僕らは、道州制を視野に入れていますが、まず『首都・副首都法』を制定すべき。副首都は一つに限らず、各地方に置いてもいいと思っています」

　さらに馬場は、憲法裁判所の設置も訴えている。

「現在のままでは、司法は統治行為に関連することは判断しないので、憲法が違憲か合憲かを判断するところが必要です」

　松井前代表は、二〇二〇年の大阪都構想の賛否をめぐる住民投票が否決された際に、翌年春の任期満了をもって大阪市長を退任し、政治家を引退することを表明している。

　今後、その動向が注目されているのが馬場代表のもとで共同代表を務める吉村洋文《よしむらひろふみ》大阪府知事だ。

「吉村府知事は、橋下さんと松井さんが育て上げたスターですが、いまは、二〇二五年の大阪関西万博を成功させることと、都市型リゾート（ＩＲ）の招致に全力を尽くしています。国政進出などを考える余裕はありません」

　二〇二三年五月には、立憲民主党の泉代表が衆院選に関する方針を表明し、日本維新の会や共産党と選挙協力をせず、単独で百五十議席以上の獲得を日指し、さらに獲得できなければ代表を辞任するとまで発言した。

　泉がこの方針を採用した背景には、日本維新の会が選挙協力に否定的な姿勢を崩さないうえに、立憲民主党を支援する連合が共産党を敵視していることなどがあった。

玉木雄一郎と前原誠司のそれぞれの選択肢

二〇二三年八月二十一日に告示された国民民主党の代表選は、現職の玉木代表と前原誠司代表代行の一騎打ちとなった。

九月二日午後、都内のホテルでおこなわれた開票の結果、玉木は、党所属国会議員二十一人のうち十四人、公認予定候補者十三人のうち六人の支持を獲得し、地方議員、党員・サポーターからは約八割の支持を獲得した。

いっぽう、前原は、党所属国会議員七人、公認予定候補者七人から支持を獲得し、地方議員、党員・サポーターからの支持は約二割だった。

合計の獲得ポイントでは、玉木が八十ポイントを獲得し、三十一ポイントだった前原を大きく上回り、勝利。二〇二六年九月まで代表を務めることとなった。

今回の代表選は、政策実現のために政権与党との協力も辞さない玉木と、非自民、非共産の野党結集で政権交代を目指す前原の路線の違いが浮き彫りとなり、今後の国民民主党の方向性をめぐる争いでもあった。

玉木が代表選を振り返って語る。

「わたしも前原さんも、政権をもう一度担いたいという気持ちは一緒ですが、そのためにどう山を登っていくのか、その登り方の違いが論点になっていました」

九月八日、玉木は、新執行部を発足させて、榛葉賀津也《しんばかづや》幹事長、大塚耕平代表代行兼政調会長、古川元久《ふるかわもとひさ》国対委員長らとともに、代表選で戦った前原も代表代行に再任した。

「前原さんも、たびたびノーサイドということをおっしゃっていましたが、わたしも引き続き、前原さんに代表代行を務めてもらい、一緒に党勢拡大をしていきたい。その点ではおたがいに一致しています」

前原は、今回の代表選で、立憲民主党や日本維新の会など、ほかの野党との選挙協力の推進を訴えた。

だが、玉木は、現状の政界の動きを見て、野党間での選挙協力にこだわる必要はないと語る。

「野党間での選挙協力や連携を否定はしませんが、希望の党騒動のときのように、これまで失敗してきたことも事実。振り返ってみれば、民進党も、ある種の大きな塊でしたが、政権を狙えるほどの大きな塊にはなりませんでした。やはり、連立政権を組むとなると、安全保障や憲法観、原発を含むエネルギー問題など国家の根幹となる重要な政策課題はある程度一致していないと難しい。立憲民主党には、憲法改正や安全保障の強化、原発の再稼働に否定的で、どちらかと言えば共産党に近い考え方の議員もいる。そういう違いを無視して無理にまとまろうとすると、結局、瓦解する可能性が高い」

そもそも野党第一党の立憲民主党と野党第二党の日本維新の会は、次期衆院選に向けた選挙協力を推進するような動きをいずれも見せていない。

立憲民主党の泉代表は、二〇二三年五月十二日の記者会見で、「次期衆院選で百五十議席以上を獲得できなければ辞任する」と明言し、さらに日本維新の会との国会での共闘を終了させ、選挙協力も進めないことを明らかにしている。

いっぽうの日本維新の会も、次期衆院選で立憲民主党を超えて野党第一党になることを目標に掲げている。

また、馬場代表はメディア出演の際に、「立憲民主党がいても日本はよくならない」「共産党はなくなったらいい」と発言するなど、ほかの野党との選挙協力には否定的な考えをたびたび示している。

玉木は、野党間で選挙協力の気運が高まっていないことを指摘する。

「選挙区の調整を野党第一党の立憲と野党第二党の維新がする気がないなかでは議論してもあまり意味がありません。たとえば、国民民主党と立憲の候補者が競合している小選挙区は現在四つだけですが、立憲と維新はすでに七十以上の小選挙区で競合しています。野党の候補者乱立によって、結果的に与党を利する選挙区は続出すると思いますが、立憲と維新が第一党争いをしている状況では、いずれにしろ選挙協力は進まないでしょう」

なお、敗れた前原は、二〇二三年十一月三十日、国民民主党に離党届を提出し、「教育無償化を実現する会」を結成、自らが代表に就任した。

国民民主党が自公連立政権に参加するという話は、これまでにもたびたび報じられてきた。実現こそしなかったが、玉木が二〇二三年九月二日の国民民主党の代表選に勝利した直後にも、読売新聞が《自民党は、（中略）国民に自公連立政権入りへの協議を打診する方向で検討に入った》と報じている。

玉木自身は記者会見などで「政策協議と連立入りは別次元」として否定したが、どのように思っているのか。

玉木が語る。

「現在の国民民主党は、外交や安全保障、原発の再稼働や防衛費の増大などの主張も明確で与党と近い部分もある。党の活動方針としても、国民にとって必要な政策の実現のためには野党だけでなく、与党も含めて是々非々で協力するものとしています。ただし、連立の実現には、政策の一致だけでなく、選挙区調整も重要。長年連立を組んでいる自民党と公明党ですら、十増十減に合わせた選挙区調整で相当もめているくらいですから、そこのところはやはり難しい」

連立入りには慎重な姿勢を見せる玉木だが、いっぽうで将来の連立参加についてまではわからないという。

「衆議院では自民党は過半数を持っていますが、参議院は持っていませんので、今後どうなるかはわからない。過去の歴史を見ても、政界再編や大きな政局は、常に参議院から起きますから」

また、国民民主党の有力な支持団体である連合の芳野友子会長も、連立政権入りには反対をしている。

芳野会長は、九月二十八日の会見で、国民民主党について次のように語った。

「野党として、政府与党のやることをチェックしていくことが非常に重要」

玉木がそのことについて語る。

「連合の幹部にも立場がありますから、基本的には慎重であると承知しています。ただ傘下の組合員たちには、早く政策を実現してほしいという思いを持っている人も多い。かつてと違って自動車産業でさえアップルなどの新興企業が参入していますから、産業自体を盛り上げるための政策実現へのニーズは非常に高まっています。結局、連立政権が実現するかどうかは、政策の一致と同時に選挙区調整がどこまでできるかが大きい」

玉木は、二〇二三年九月二十四日、徳島市で連立政権への参加打診について、記者団に次のように語った。

「（第二次）安倍政権のころから飲み会や立ち話を含めて、真剣さの度合いはさまざまだが、話があったのは事実だ」

玉木は「ただ、党同士の公式の話ではなく、正式に議論したことはない」とも言明したが、この発言も大きく報じられた。

玉木が語る。

「わたしたちの党の政策は現実的なものが多いので、第二次安倍政権のころから国民民主党の所属議員に対して『一緒にやらないか』という話が複数のラインからあったようです。ただ、わたしと安倍さんの間で、正式に党首対党首というかたちで連立参加について具体的に話を詰めたことはありません」

国民民主党の連立政権入りはならなかったが、岸田総理は、二〇二三年九月十五日、注目を集める一本釣り人事をおこなった。

矢田稚子《やたわかこ》元参議院議員を賃金・雇用担当の総理補佐官に任命したのだ。

パナソニック労組出身の矢田は、二〇一六年の参院選で連合傘下の電機連合の組織内候補として民進党公認で比例区に出馬し、初当選。その後は、国民民主党に所属し、二〇二二年七月の参院選で再選を目指すも、落選していた。落選後は、国民民主党や電機連合の顧問を務めていたが、退任し、パナソニックに戻っていた。

矢田の総理補佐官起用は、永田町では、次期衆院選に向けて民間労組の取り込みを図り、将来的な自公国連立の布石になるものと受け止められている。

参議院議員時代から矢田と親交があり、ともに活動していた玉木も、今回の人事については直前に聞いたという。

「顧問を退任し、パナソニックの社員に戻ることになったタイミングで官邸からパナソニックに話があり、総理補佐官に抜擢されたようです。矢田さんは、議員在職時から国会の質疑で子育てや不妊治療などの政策提案で与党からも評価されていました。雇用や賃金を担当する総理補佐官への起用は、岸田総理が真剣にこの問題に取り組もうとしている表れなのではないでしょうか。わたしが聞いたところによると、岸田総理は矢田さんの話にかなり耳を傾けてくれているみたいです」

矢田は、九月二十八日には、岸田総理や斉藤鉄夫《さいとうてつお》国土交通大臣とともに、トラック輸送などをおこなう東京都大田区《おおた》の企業を視察した。トラック運転手の時間外労働に上限が導入され、人手不足が懸念される物流業界の「二〇二四年問題」をめぐって意見交換をするなど、総理補佐官として積極的に活動している。

玉木は、総理補佐官としての矢田の活躍に期待しているという。

「やはり、総理大臣になると、業界団体などの関係者や官僚の話を聞く機会は多いけれど、現役世代の声を聞く機会は限られる。矢田さんは、子育てをしながら働いてきた大阪のおばちゃんですから、岸田総理にも『総理、ちゃいますよ』なんて庶民の声を直接届けてくれるはず。矢田さんとはずっと政策を一緒に勉強してきましたから、間接的とはいえ、国民民主党の政策も実現できるかもしれない。その点は期待しています」

現在の国民民主党は、「対決より解決」をキャッチフレーズに掲げて、政策実現のために与野党の垣根を超えて協力することを惜しまないスタンスを活動方針としている。

これまでにも、玉木や、国民民主党が導入を訴えた結果、実現した政策は多い。

たとえば、新型コロナウイルスが蔓延《まんえん》し始めた二〇二〇年四月に国民一律で十万円を給付する案が決まったが、これは、もともと、当時政調会長だった岸田が所得制限を設けて低所得世帯に三十万円を給付する案として主導していたものが、公明党や二階俊博幹事長の要望により、一律十万円給付に決まったものだ。

そして、この一律十万円給付の案を政界で最初に言い出したのは玉木だった。当時は、現在の国民民主党ではなく、二〇二〇年九月に立憲民主党に合流することになる旧・国民民主党の代表を務めていた。

玉木が最初に十万円の給付に言及したのは、二〇二〇年三月九日。自らのTwitterで、一人十万円程度の簡素な給付措置に言及した。

さらに翌日の十日に収録した自身のYouTube「たまきチャンネル」でも、「緊急経済対策」として一人十万円の給付を訴えた。

その後、三月十八日には、国民民主党として緊急経済対策を党議決定して、発表している。公明党や日本維新の会、共産党なども、その後、一律十万円の提言を取りまとめて発表しているが、それらに比べてかなり早い時期での発表であった。

二階幹事長や公明党が動き出し、安倍総理が補正予算案の組み替えを指示する四月十六日より、一カ月以上前から玉木は訴えていたのだ。

玉木が振り返って語る。

「わたしはアメリカが一律給付をおこなっていることを知り、日本でもやるべきだと最初に訴えました。日本の場合、税務署が把握している所得は前年のもの。コロナが拡大したときは、急に仕事がなくなったり、営業ができなくなったりして、その日の生活にも困っている人もいた。前年の所得でいま困っている人を把握することは無理なので、とにかく一律で、スピード重視で配るべきだと訴えました。所得が多い人にはのちに確定申告時に納税で返してもらえば問題ないわけですから。最初は、与野党から『国会議員まで含めてもらうことはおかしい』と言われましたが、平時ではなく緊急時なので困っている人のもとにすぐに届くやり方を採用したほうがいいと訴えたら流れが変わりました」

「連立のときはわたしを総理大臣に」

ロシアによるウクライナへの侵攻以降、高騰したガソリン価格の問題についても、国民民主党は、いち早く対策を訴えていた。

玉木が語る。

「二〇二二年二月にロシアがウクライナに侵攻して以降は、自民党から共産党までガソリン価格の高騰対策を訴えていますが、わたしたちはその半年前の二〇二一年十月の衆院選のときから公約に掲げています。その時点から、新型コロナが落ち着いて需要が戻ってきたときに、ガソリン価格が高騰する可能性を危惧していたんです。衆院選のときから、トリガー条項の凍結解除を追加公約として掲げていたのもわれわれだけでした」

国民民主党は、二〇二一年十月の衆院選の公約として、ガソリン価格の高騰にともなうトリガー条項の凍結解除を掲げていた。

トリガー条項とは、ガソリン価格が三カ月連続で一リットルあたり百六十円を超えた場合、上乗せされている特例税率を停止してガソリン価格を二十五・一円引き下げる措置のことで、東日本大震災の復興財源確保を名目に二〇一一年以降凍結されていた。

だが、国民民主党は、車への依存度の高い地方の生活を守るために、トリガー条項解除の必要性を訴えていた。

その後、国民民主党は、二〇二二年度の予算案に賛成。賛成する理由の一つとして、岸田総理が高騰を続ける原油、ガソリン対策として、トリガー条項の凍結解除も検討する意向を示したことを挙げた。

このとき、国民民主党は原油、ガソリン価格の高騰対策で自公と実務者協議を開き、トリガー条項は凍結解除されなかったものの、補助金の大幅な拡充が決まった。

玉木が振り返って語る。

「わたしは、財務省には補助金の拡充よりトリガー条項凍結解除のほうが結果的に安くつくという話をしていました。国政選挙のたびに消滅すると言われ続けてきた国民民主党ですが、少しずつ支持を拡大しながら、政策を一つひとつ実現しています。小さい政党ですから、実績が報じられることは少ないのですが、そのいっぽうで、小所帯ゆえに意思決定は早い。小さいからこそスピードで勝負をしないと生き残れません。どういう政策が国民に必要とされているのか、アンテナを敏感に張って、政府にも岸田総理にもぶつけていきます」

玉木は、国民民主党の目指すべき役割についても語った。

「国民のためになる政策を実現するために何がベストかを常に考えています。わたしも官僚をやっていたからわかりますが、残念ながら、いまの霞《かすみ》が関《せき》からは新しい知恵が出てこない。いまの官僚たちは政治主導の影響もあって、萎縮してしまいました。民主党政権時代にも進みましたが、じつは政治主導が一番進んだのは、第二次安倍政権。内閣人事局ができて、人事を官邸が掌握したことが大きい。わたしが大蔵省に入ったときは、官僚が知恵も出してリスクも取っていましたが、いまは受け身になってしまった。なぜなら、官邸のやることに変に口を出したり目立つことをしたりしたら、自分の首が飛ぶのを目の当たりにしたからです。これでは霞が関から積極的に政策のアイデアが出てきません。では政治家から出てくるかと言えば、自民党は霞が関べったりで利害調整がメイン。業界団体の顔色をうかがって、しがらみを気にしていたら、大胆な予算の組み替えなどは絶対にできません。国民民主党はしがらみにとらわれず、先手先手で必要な政策を訴えています。そういう役割を果たす野党はいままでありませんでしたから、新たな野党の役割も果たしていきたい」

玉木は、党代表として二〇二一年十月の衆院選と二〇二二年七月の参院選を乗り越えてきた。二〇二一年の衆院選では、事前の予想を覆し、現有八議席から十一議席へと議席を伸ばした。

また、二〇二二年の参院選では、改選七議席から五議席へと二議席減となったが、前年の衆院選と比べて、比例区での得票は三百十五万票と五十万票以上も増やすことに成功した。

玉木は、代表として、今後、国民民主党をどのようにしていきたいのか。

「国民民主党を大きくして、政界のキャスティングボートを握れるような政党にしたい。将来、与野党を超えた政界再編が起きたときに対応できるような一定の規模の政党に育てたいと考えています」

玉木は、党勢拡大の目標があるという。

「堅実かつ着実な目標としては、国政選挙のたびに二割ずつ比例区の得票を増やしていくことです。二年前の衆院選が二百五十九万票で、去年の参院選が三百十五万票。次の衆院選で三百八十万票、再来年の参院選で四百六十万票、そして、次の次の衆院選で五百六十万〜六百万票。そうなると共産党や公明党と同じくらいの規模になる。いま、あと三年間の代表の任期のうちに比例区で六百万票前後の得票ができるような政党に成長させたいと思っています」

国民民主党の連立入り騒ぎが報じられた直後の二〇二三年九月十日、玉木は、フジテレビ系「日曜報道THE PRIME」に出演し、橋下徹前大阪市長から問われた。

「仮に連立になったとして、玉木さんだったらどこの大臣に就きたいんですか？」

玉木はこの問いに間髪を入れずに答えた。

「総理大臣ですね」

この発言も話題となったが、玉木は、これまでにも民進党の代表選に出馬したときや、希望の党の代表時代など、たびたび総理大臣に就任する意欲を示してきた。

現在、玉木が代表を務める国民民主党は、衆議院議員十人、参議院議員十一人の小政党だが、過去には小政党の党首が総理大臣に就任したケースもある。

非自民、非共産の八党派による連立政権となった細川内閣の細川護熙日本新党代表や、自社さ政権時代の村山富市社会党委員長などだ。

玉木自身も、チャンスがあれば総理大臣になる意欲があるのだろうか。玉木が語る。

「政治は生き物ですから、何が起きるかはわかりません。わたし自身は、国際政治が劇的に変化するなかで、日本の政治において中核的な役割を果たせるような気構えや、覚悟と責任を持てるようになりたいと思っています」

日本維新の会の「中期経営計画」

衆議院議員の藤田文武は、四十三歳の若さで日本維新の会の幹事長を務める期待のホープだ。

衆院選後の二〇二一年十一月三十日、衆議院議員として二期目のスタートを切った藤田に転機が訪れる。日本維新の会の共同代表だった片山虎之助参議院議員が体調悪化によって共同代表を辞任。その後任にそれまで幹事長を務めていた馬場伸幸が就任する。

なんと藤田はその馬場の後任として幹事長に就任することになったのだ。国会議員になってからまだ二年半とキャリアの浅い藤田の起用はいわゆる抜擢人事であった。

さらに、藤田のほかにも参議院議員の音喜多駿が政調会長に、柳ヶ瀬裕文が総務会長に指名された。いずれも四十代の若いメンバーばかりであった。

藤田は幹事長に就任すると、これまでにない新たなチャレンジを試みる。

それは政党としての「中期経営計画」を策定することだった。

企業経営では、目標を数値化し、その目標がどれだけ達成できたのかを確認し、経営者や管理職が責任を取るのは当たり前のことだ。しかし、政党の運営でこのような試みをおこなう政党はこれまでになかった。なぜなら、数字で目標を明示すると、その目標が達成できなかった場合に、責任問題に発展することもあるからだ。

だが、維新では、大阪都構想の住民投票の賛否をめぐり、橋下徹や松井一郎が自らの進退をかけて臨むなど、政治家が責任を取ることを当たり前のものとする政治風土があった。そのため、保身が蔓延する政界において、目標を数値化してそれに挑戦するという稀有《けう》な取り組みが実現することになった。

二〇二二年三月二十七日、日本維新の会は、党大会を開き、中期経営計画を発表した。具体的な目標としては、党大会の四カ月後の二〇二二年七月の参院選、その翌年の二〇二三年四月の統一地方選、さらに次の衆院選の三つを設定した。

一つ目の短期目標である二〇二二年七月の参院選では、改選六議席からの倍増となる十二議席の獲得を目指し、非改選の九議席と合わせて合計二十一議席を目標とすることにした。なぜ二十一議席かと言えば、予算関連法案を単独で提出することが可能になり、国会内で存在感をさらに発揮することができるからだった。

また、選挙の直前には、比例票で立憲民主党を上回ることもつけ加えている。

二つ目の短期目標である二〇二三年四月の統一地方選では、計画発表時に約四百名だった地方議員と首長の数を一・五倍である六百名以上に増やすことを目標とした。一・五倍という高い目標に加えて、重視したのが維新の地盤である大阪府以外での党勢の拡大だった。

約四百名の地方議員のうち二百五十名が大阪に集中しているため、大阪以外の地方議員の数を百五十名から三百名以上に倍増させることを目標としていた。

さらに、中期目標として次期衆院選で野党第一党を獲得することを掲げた。

中期経営計画では、目標戦略を明確化したのちに実行戦略を提示した。組織の資源が効率的に集中できるように、戦略実行のコンセプトとして次の三つの実行戦略を掲げた。

①民間に例えると「ベンチャー企業、地域限定企業」から「上場準備企業、全国展開企業」への戦略的飛躍

②新しい政党、新しい政治の在り方を広く国民へ訴求すること

③政権獲得への意思を明確に持った野党第一党として必要な要素をすべて兼ね備えた組織を構築すること

この三つのコンセプトのイメージ共有をおこなったうえで、さらに具体的な実行戦略として次の四つを掲げた。

①地方組織の強化
②人財発掘プロジェクト
③全国政調会長会議
④党本部機能の強化

これらの四項目を実際にどれだけ強化することができるかが、目標達成の鍵を握っている。

中期経営計画の発表から三カ月後の二〇二二年七月十日、この日投開票がおこなわれた参院選で、日本維新の会は、選挙区で四議席、比例区で八議席を獲得し、目標の十二議席獲得をみごとに達成する。非改選の九議席と合わせて二十一議席となったことで、予算関連法案の提出に必要な最低議員数を獲得することもできた。

八議席だった比例区では七八四万五九九五票を獲得し、七議席に終わった立憲民主党の比例区の得票である六七七万一九四五票を百万票以上も上回り、自民党に次ぐ得票を獲得することにも成功した。

中期経営計画で掲げた一つ目の短期目標を達成したのだ。

参院選後、日本維新の会は、二つ目の短期目標である統一地方選の準備に臨むことになる。

さらに組織体制にも変化があった。

参院選後に二〇一五年十二月から代表を務めていた松井が辞任を表明。

八月二十七日には初めての代表選が実施されて、その結果、それまで共同代表を務めていた馬場が新代表に就任した。

藤田は引き続き、馬場体制のもとで幹事長を続投することになった。

また、馬場は新代表に就任後、テレビ番組に出演した際に次のように宣言した。

「統一地方選で目標を達成できなければ、代表を辞任する」

馬場が自らの首をかけると宣言したことによって、代表を補佐する幹事長の藤田にとっても、統一地方選は負けられない戦いとなっていく。

馬場新体制のもと、統一地方選への候補者擁立作業はスタートを切っていく。

二〇二四年三月二十四日におこなわれた日本維新の会の党大会では、次期衆院選について、「野党第一党になる」という目標に加えて、「与党の過半数割れ」を目指すことが加えられた。

馬場代表は、次期衆院選をどのように見ているのか。

「野党第一党になるのは日本維新の会の現在の実力では相当厳しいと思っています。最近の各種の情勢調査では、自民党の低調もあり、立憲民主党が百五十議席前後まで増やすのではと言われていますが、わたしたちの党はよくても六十議席前後。選挙区で勝てる候補者が増えない限り、難しいですね」

現在、日本維新の会は、衆院選の候補者の擁立を急ピッチで進めており、現職を含めて百五十八人の擁立が決まっている。前回の衆院選で擁立した九十四人は大きく上回るものの、二百八十九選挙区のうち三分の二ほどだ。

現行の選挙制度では、小選挙区で勝てる候補者が増えない限り、大幅な議席増は望めない。前回の衆院選で日本維新の会は小選挙区で十六議席を獲得したが、立憲民主党が獲得した五十七議席に比べるとはるかに少ない。

馬場はどのように分析しているのか。

「残念ながら、まだ日本維新の会の候補者は選挙区での地力はありません。わたしはずっと所属議員や候補者に話していますが、こればかりは本人がどれだけ頑張ることができるか。応援はできますが、票を千票、二千票と外から増やすことはできませんから、それこそ地道に活動し続けるしかありません」

一気に大幅な議席増を見込むのは難しいものの、ここ数年の維新の支持拡大もあって、維新からの出馬を志して、候補者公募に応募してくれる人材の質は非常に上がっているという。馬場が語る。

「かつては活動資金がまったくない人や、職業経験がほとんどないような人ばかりが応募してくる時期もありました。ですが、最近では、官僚を辞めて政治家を志す人や、藤田幹事長のようにビジネス界で相当な経験を積んだ若い経営者の方が維新の門戸を叩いてくれるようになってきました」

二〇二三年四月におこなわれた統一地方選で、日本維新の会は大きく飛躍する。

統一地方選の前半戦である四月九日投開票の道府県議選では、十八の道府県で合わせて百二十四議席を獲得し、選挙前の五十九議席から倍以上に増やした。

また、十七の政令市の市議会議員選でも、百三十六議席を獲得。前回の七十四議席を大きく上回る結果となった。

四月二十三日におこなわれた後半戦の市区町村議会議員選でも、日本維新の会はさらに躍進。市区議選では合計で二百五十六議席を獲得している。

特に首都圏で躍進し、東京都内では七十人の候補者を擁立し、そのうち六十七人が当選。上位当選の多さも目立ち、新宿《しんじゅく》区や世田谷区、武蔵野《むさしの》市など十一市区で一位当選し、江戸川《えどがわ》区では維新の新顔が一位と二位を占めた。

選挙の結果、地域政党の「大阪維新の会」を含めて、七百八十二人の公認候補者が立候補し、五百九十九人が当選。選挙時期のずれている地方議員百七十五人を加えて、合計七百七十四人となり、当初の目標の六百議席を大きく上回った。

参院選と統一地方選、二つの短期目標を達成した日本維新の会にとって残る目標は、次の衆院選で野党第一党になることだ。

二〇二四年三月二十四日におこなわれた党大会では、この目標に加えて「与党過半数割れ」

を目指すことも加えられた。

野党第一党と野党第二党では議席の差以上に、国会での立場やメディアの取り上げ方など大きな違いがある。たとえば、同時に法案を提出しても、野党第一党の立憲民主党のほうが大きく取り上げられることが多い。

日本維新の会の衆議院議員は現在、四十一名。野党第一党である立憲民主党の議員数は副議長の海江田万里を入れて、九十八名。倍以上の議席差がある。

選挙の陣頭指揮を担当する幹事長として藤田は、この目標をどのように見ているのか。

「野党第一党を目指すというのはもともとのハードルがかなり高いと思ってはいます。特にほかの党がどれだけ議席を取るかというのは自分たちの力だけではどうにもならないところがありますから、蓋を開けてみないとわかりません」

藤田が特にその動向に注目するのは現在の政権党である自民党がどれだけの議席を次の衆院選で獲得するかだ。

「自民党の趨勢《すうせい》はほかの政党の議席に相当影響します。いまは低迷している自民党の支持率がもし復活すれば、わたしたちが野党第一党になる可能性は急激に高まります。なぜなら、自民党が小選挙区で立憲民主党に競り勝つ選挙区が増えるからです。逆に、自民党がこのまま沈んでいくと、立憲民主党が小選挙区で議席を伸ばすので、日本維新の会が立憲の議席を上回るのは厳しくなる。わたしたちとしては、愚直に既存政党との違いを訴えて、自民もダメだけど共産党と組む立憲にも不信感がある有権者に呼びかけていくしかありません」

第九章 小沢一郎に「三度目の正直」はあるのか

第102代内閣総理大臣に就任し、総理官邸で記者会見する石破茂総理。
自民党内での基盤は弱いといわれるものの、政界きっての政策通に対し、
3度目の政権奪取に挑む小沢一郎は何を仕掛けていくのか（2024年10月1日）

日本維新の会と立憲民主党の最大の違い

立憲民主党の内部には、小沢一郎が主張するように、幅広い野党の結集によって政権交代を目指す考え方もある。

だが、日本維新の会は、ほかの野党との選挙協力には応じず、独自で、次の衆院選を戦うという。

日本維新の会が次の衆院選で立憲民主党と協力することはありうるのだろうか。

「選挙で協力するというのはありえないと思っています。これは統一会派を組んでいる教育無償化を実現する会を除いて、ほかの全政党に対しても言えることです」

立憲民主党と日本維新の会の違いは何か。さらに藤田文武が語る。

「立憲民主党は、選挙で協力している共産党だけでなく、国民民主党や日本維新の会も含めたミッション型の内閣を目指すと言っていますが、仮にそれで政権を取ることができても、憲法や皇室、安全保障など国政の根幹となる各党の政策テーマはバラバラです。わたしたちは、その部分が一致しない政党が集まって政権を担っても、国民が不幸になるだけだと思っていますから、同じ政権を目指して選挙をするということはありえません」

日本維新の会では、二〇二四年三月の党大会で藤田幹事長直轄で「安全保障改革調査会」を新たに設置することを表明。今後は安全保障の専門家らを招いて政策を磨いていくという。日本維新の会では、これまでも国家安全保障戦略に関する提言などを政府に示してきたが、部会より上部組織を立ち上げて議論を深掘りしていくという。

今後は、ロシアによるウクライナ侵攻で重要性が認識されたサイバー、宇宙、電磁波といった新領域や、中国の脅威が高まる経済安全保障、防衛産業などにも注力していく。

防衛費の大幅増や反撃能力の確保に慎重な態度を見せる立憲民主党や、日米安全保障条約の廃棄を訴える共産党とは異なり、日本維新の会は、日本を取り巻く安保環境が厳しくなる状況下で、現実的な政策で対案を示していくという。藤田が語る。

「外交や安全保障、エネルギー政策などについては、リアリストであることが何より重要。外交や安全保障は自国だけで成り立つことではなく、相対的なものです。台湾有事の可能性なども含めた東アジア情勢の実情に目を向けつつ、アメリカ一強時代が終焉し、国際政治のパワーバランスが崩れている状況に合わせた現実的な政策を今後も提言していきたいと思っています。自分たちの力で自分たちを守ることをどう具体化していくのか。それを考えないといけません」

いっぽうで、国民民主党との関係はどのように考えているのか。

「改憲案などを国会で共同提出してきたように、国民民主党とは政策的には一番近いとは思います。国民民主党の支持団体である産別の民間労組とも話し合う機会をたびたび設けていますから、政策では非常に近い部分があります」

連合の芳野友子会長は、共産党との距離が近い立憲民主党について、たびたび苦言を呈している。

藤田によると、日本維新の会は芳野会長と意見交換をする機会もあるという。

「芳野会長とは馬場伸幸代表がたびたび意見交換をさせてもらっています。わたし自身も事務局長や連合傘下の基幹労連の幹部の方との話し合いの機会をいただいていますが、今後もその機会を増やしていきたいと思っています。やはり、相手のことを知らないと一歩前には進めません。ただわれわれはしがらみにとらわれない政治を掲げていますから、特別な関係をつくるというのではなく、意見を伺い、良好な関係をつくっていくことにいまは尽きると思っています」

日本維新の会は、経済界とも積極的に交流を持っている。

「経済同友会や中小企業の経営者の方たちからは期待していただいています。なぜかと言えば、経営者のみなさんは合理的。維新の政策や提案は経営者のみなさんに受け入れられやすいものも多い。労働組合もトップは経営者に近いマインドを持っていて、従業員や労働者の幸せを求めているので、われわれの政策に賛同していただける部分は多い」

日本維新の会では、経済政策についても力を入れていきたいという。

「社会課題を一個一個解決しながら、中長期で成長を描いていく。そういう政策をバンバン打ち出していきたい。これまでは人口増とGDP（国内総生産）の伸びが比例してきましたが、今後は構造転換によって、比例しない時代にしていかなければいけません。日本は移民を受け入れなければ人口が減るのは明らかですから、そういう構造でも成長できるシステムに経済を変えていかないといけません」

関西で勃発した維新と公明党の全面対決

世論調査でも、ここのところ日本維新の会は、支持率で立憲民主党の後塵《こうじん》を拝している。NHKが二〇二四年五月十日から十二日にかけて実施した世論調査では、立憲民主党が六・六％、日本維新の会が四・五％であった。

岸田政権や自民党の支持率が低迷するなか、日本維新の会に対する支持率もそれほど上がってはいないように思える。

藤田はその点についてどのように分析しているのか。

「その点は冷静に見ています。自民党政権には勘弁してほしいし、立憲にも期待していない。では維新はどうかと言えば、やはり、まだ大阪だけの政党なのではという印象が全国的にはある。その部分をどれだけ変えることができるか。大阪以外の地域での支持をどれだけ広げられるかだと思っています」

世論調査を見ると、日本維新の会の支持率は地域によってかなり差がある。地盤である大阪をはじめとする近畿地方では高いいっぽうで、ほかの地域で低いのだ。

大阪府に限れば、維新の支持率は、自民党より高く、近畿地方全体でも自民党とほぼ並んでいる。

二〇二一年の衆院選では、日本維新の会は、比例の近畿ブロックで三一八万二一一九票で十議席を獲得し、二四〇万七六九九票で八議席だった自民党を上回った。

藤田がさらに語る。

「政権を担うには、突破力と信頼感の両輪が必要。これからは、新しい政策を提案する突破力のある政党という認識だけでなく、信頼感も持ってもらえる組織にしたいと思っています」

日本維新の会は、次期衆院選では、公明党と関西の小選挙区で初めて全面対決する。

大阪府の四選挙区（三区、五区、六区、十六区）と兵庫県の二選挙区（二区、八区）は、小選挙区制が導入されて以降、民主党が政権交代を果たした二〇〇九年の衆院選を除き、公明党がずっと議席を独占してきた。

　これまで大阪市議会で過半数を持っていなかった維新は、看板政策である大阪都構想を推進するうえで公明党の協力が必要だった。そのため、公明党の現職がいる六選挙区では候補者の擁立を見送ってきた。

　しかし、二〇二三年四月の大阪市議会選で過半数を得て、公明党に遠慮する必要はなくなったこともあり、六選挙区への候補者の擁立に踏み切った。

　馬場は、公明党との選挙戦をどのように見ているのか。

「昨年の夏に予備選挙をおこなって、すでに候補者が決まっています。大阪府や兵庫県の公明党は自民党より強いですから、かなり厳しい戦いになる。ただ、自民党が公明党と連立することに批判的な保守層の有権者は相当多いですから、彼らに訴えかけていきたいと思っています」

　公明党の集票力もかつてに比べると弱まりつつある。二〇〇五年の衆院選で約八百九十八万票を獲得していた比例票は、二〇二二年の参院選では約六百十八万票にまで減少している。

「若い世代のみなさんは、宗教団体に限らず、企業や地域社会など、ありとあらゆる団体に対しての帰属意識が低くなっていますので、創価学会も労働組合も集票力は昔ほどはありません。インターネットが普及し、誰もが正しい情報にアクセスできるいまの時代では、行政の窓口として地方議員を頼りにする有権者も減ってきていますので、これまでのようなやり方は通用しなくなっています」

二〇二五年四月十三日から十月十三日にかけて、「二〇二五年大阪・関西万博」がおこなわれる。

日本での国際博覧会開催は、二〇〇五年に愛知県で開催された日本国際博覧会（愛・地球博）以来、二十年ぶり六回目で、大阪で開催されるのは登録博（旧一般博）としては一九七〇年に吹田市で開催された大阪万博以来となる。

維新としても招致の段階から全力で取り組んできたビッグイベントだけに、馬場代表も期待をしているという。

「メディアはネガティブな発信が多いですが、それだけ注目を集める大きなイベント。地元に帰れば、みんなが楽しみにしてくれていますから、まったく心配していません。特に一九七〇年の大阪万博を経験されたみなさんは、あの興奮と感動をもう一度という感じで本当に期待してくれています」

一九七〇年の前回の大阪万博は、百八十三日間で六千四百二十一万人以上を動員し、二〇一〇年の上海《シャンハイ》万博に抜かれるまで、万博史上の最高記録を保持していた。

この万博のときに、テーマ館の一部として芸術家の岡本太郎《おかもとたろう》により制作された太陽の塔は、万博終了後に取り壊される予定だったが、撤去反対の署名運動もあり、永久保存が決定。現在でも、万博記念公園に国の登録有形文化財として保存されている。

パビリオンの建設の遅れや、会場建設費の高騰がたびたびニュースになっているが、馬場代表はそれほど心配していないという。

「今年の夏にはフランスのパリでオリンピックがありますが、いまの段階ではあまり知られていませんよね。万博もそれと同じで、開催が近づいてきて、ようやくニュースが増えてから、みなさんの期待感が高まってくると思います。じつは大成功に終わった前回の大阪万博も、開催される直前の時期は、いまと同じようにパビリオンの建設が間に合うのかとか、赤字になったらどうするのか、といったネガティブなニュースばかりが報じられていたんです。今年の夏ごろから各企業のかかわるパビリオンの内容などが明らかになってきますから、じょじょにムードは変わってくると思いますよ」

前回の大阪万博も、八百七十七億円という莫大《ばくだい》な予算をかけていたため、赤字が危惧されていた。

だが、最終的には百九十二億円もの黒字を生み出している。

「東京の自公の信頼関係は地に落ちた」

石井啓一《いしいけいいち》は、一九五八年三月二十日に東京都豊島《としま》区で生まれた。早稲田中学校・高等学校、東京大学工学部土木工学科を経て、一九八一年に建設省に入省。入省後は、道路局国道第二課橋梁《きょうりょう》係長、道路局路政課課長補佐を経て、一九九二年に退官。翌一九九三年七月の衆院選に公明党公認で、中選挙区時代の東京五区から出馬し、初当選を飾った。石井は、第二次安倍内閣時代の二〇一五年十月から二〇一九年九月まで国土交通大臣を務め、二〇二〇年九月二十七日、第十三回党大会で公明党の幹事長に就任した。

公明党幹事長の石井は、二〇二四年十月の衆院選から新たに実施される十増十減をめぐって、自民党との交渉をおこなってきた。特に調整が困難視されていたのが二十五選挙区から新たに五つの選挙区が増えて三十選挙区となる東京だった。公明党は、現職の岡本三成《おかもとみつなり》の東京二十九区からの出馬と、新設される東京二十八区からの候補者の擁立を要望していた。

石井が語る。

「二十九区と二十八区の問題はまったく別の問題。もともと、公明党は北《きた》区と足立《あだち》区の一部を中心とする東京十二区で、太田昭宏さんとその議席を引き継いだ岡本さんが活動していました。

ですが今回の十増十減で東京十二区は北区と板橋《いたばし》区の一部に変更になり、足立区の一部と荒川《あらかわ》区全域で構成される東京二十九区ができた。自民党の現職議員もそうですが、もともと活動していた小選挙区が分かれた場合、どちらか一つを選択するわけです。それで岡本さんは、公明党の地盤が比較的強い東京二十九区からの出馬を選択しました。なので、こちらの話は自民党と角《つの》を突き合わせてケンカをするような問題にはならないと思っていました」

いっぽう、東京二十八区での候補者擁立については、公明党の党内に以前から東京で二人目の候補者を擁立したいという要望があり、その流れで進められたことだったという。石井がさらに語る。

「東京の二十五の選挙区のうち、公明党が一選挙区だけというのは少なすぎるのでは、という意見は以前からありました。ただ自民党さんの現職がいる選挙区に割り込むわけにはいきません。それで五つ新設されるなら一つはお願いしたいということで自民党さんと協議をしていたんです。最初は三多摩《さんたま》地域で新たに一選挙区という話でしたが、わたしたちが希望した選挙区は現職がいて余地がないということだったので、練馬《ねりま》区の東半分の東京二十八区について協議していました」

協議を進めている最中の二〇二三年四月二十三日には衆参の補選がおこなわれ、自民党は四勝一敗とまずまずの戦績だった。

この補選のなかで、とりわけこの協議に影響を与えたのが衆議院の千葉五区の補選だった。この選挙は、自民党の現職議員である薗浦健太郎《そのうらけんたろう》の辞職がきっかけだったが、自民党公認で、日本《にっぽん》銀行退職後、国連事務次長補付特別補佐官を歴任した英利《えり》アルフィヤが五万五七八票を獲得し、次点の立憲民主党公認で四万五六三五票だった矢崎堅太郎《やざきけんたろう》を破って勝利した。

石井が語る。

「今回の十増十減で、千葉県も一選挙区が増えるため、公明党から候補者を出させてほしいという話をしていたんです。ですが補欠選挙に絡み、『自民党が結束するために千葉の新設区も自民党から候補者を出したい。その代わり、東京二十八区のことは善処しますから』という話があったんです」

公明党サイドとしては、岸田政権の命運を握る衆参補選ということもあり、千葉では譲る代わりに東京で二つ目の選挙区を希望しようということで落ち着いていたという。

しかし、衆参補選のあと、自民党の対応は芳しいものではなかった。

「やはり東京で二つ目の選挙区は難しい」

結局、自民党は東京二十八区を譲ることはなかった。自民党が態度を硬化させたこともあり、公明党も方針を転換せざるをえなかった。

二〇二三年五月九日、公明党幹事長の石井は、国会内で両党の幹事長と国対委員長の定期的な会合である二幹二国の会談後、自民党の茂木敏充幹事長を呼び止めて、宣言した。

「ちょっといいですか。五月中に自民党が決断しない場合、公明党として東京で二人擁立して、比例との重複立候補にします。自民党の推薦はいりません」

石井は、東京二十九区から出馬する現職の岡本と、東京二十八区から出馬する候補者が比例区との重複立候補で出馬することを告げた。

驚く茂木に対して、石井はさらに続けた。

「代わりに東京の自民党の候補者二十八人は推薦できません」

調整は不調に終わり、公明党は東京での自民党との選挙協力の解消を表明する。

石井ははっきり口にした。

「東京の自公の信頼関係は地に落ちた」

しかし、その後、両党の間で話し合いを重ね、最終的には次の次の衆院選で公明党の候補者が東京で二つ目の選挙区から出馬するということを条件に折り合うことになった。

九月四日、自民党と公明党は、国会内で党首会談を開き、次期衆院選に向けて、いったん解消していた東京での選挙協力の復活に正式合意した。

岸田総理と山口《やまぐち》那津男《なつお》公明党代表が会談し、合意文書に署名。茂木、石井の両幹事長も同席し、署名した。

現在、東京ではこの合意をもとに選挙協力に向けた話し合いが進められているという。

次の衆院選では、公明党は、大阪府や兵庫県の小選挙区で日本維新の会と対決する可能性が高まっている。これまで公明党は大阪府で四選挙区、兵庫県の二選挙区の計六選挙区で擁立してきたが、大阪府政や市政で公明党と協力関係にある日本維新の会はこの選挙区では擁立してこなかった。

しかし、日本維新の会は、次の衆院選で六選挙区すべてに対立候補を擁立すると表明。さらに関西以外の選挙区でも、公明党に対立候補をぶつける方針で、全面対決となる可能性が高まっている。

石井が語る。

「大阪や兵庫は厳しい選挙になりますが、ガチンコ勝負でいくしかない。大阪では自民党の支持層が維新に移っているので、大変な戦いになると思います」

石井自身、次の衆院選では、十増十減で新たに設置された埼玉十四区から小選挙区の候補者として出馬することになっている。

選挙区の候補者として活動するのは初当選した一九九三年の衆院選以来だ。

石井は、幹事長としての多忙な公務の合間に、埼玉十四区を構成する草加《そうか》市、三郷《みさと》市、八潮《やしお》市を必死に回っているという。

「初めて活動する地域ですから、会う人も初対面の人が多く、小選挙区で戦う大変さを実感しています」

石井は、SNSなどを通じての活動にも力を入れているという。

「わたしはテレビ、新聞の世代ですが、若い人たちはスマホやSNSの世代。そこに出ていかないとアピールできませんから、若い人たちに訴えるために、X（旧Twitter）やYouTube、ショート動画などに取り組んでいます。人となりを知ってもらうにはとてもよいツールだと実感しています」

「小異を捨てて大同を取る」

共産党の書記局長を務める参議院議員の小池晃は、現在、東京地検特捜部が進めている安倍派や二階派に対する政治資金パーティーのキックバックの問題について、どのように見ているのか。

じつは、この問題は、共産党の機関紙である『しんぶん赤旗《あかはた》』が二〇二二年十一月にスクープしたのが第一報であった。最近では、『週刊文春』と並んでスクープが多いと赤旗が注目されつつある。

「決してたくさんのスタッフがいるわけではないですが、地道に調査をしています。今回のスクープも政治資金収支報告書を突き合わせていったら、矛盾点に気づいたわけです。一般のメディアだってできるはずですが、なぜやらないのかということですよね。政治とカネの問題に斬り込むのに躊躇があるのかもしれませんが、赤旗はいっさいありませんから」

ここ数年、共産党は、野党共闘に積極的に取り組んでいる。

しかし、共闘相手の一つである立憲民主党は、選挙区の事情や各議員によって温度差がある。野党共闘を推進する議員もいれば、否定的な議員もいる。

そのなかでもかつて自民党で力を誇っていた小沢一郎や中村喜四郎《なかむらきしろう》などは、小異を捨てて大同を取る必要性を強く訴え、野党共闘の必要性を訴えている。

「多少の違いがあっても、組んでいく胆力や腕力が必要だとは思います。そういう点ではベテラン政治家のパワーは生かさないといけません。政治には権力闘争の面もあるから、豪胆な判断力で引っ張っていく力はいまの野党には必要だと思います」

野党共闘の取り組みは地域によって差があり、東京では首長選を中心に結果が出ている自治体も多い。さらに岩手県や沖縄県では共産党が知事を支える県政与党にもなっている。各地域によって温度差があるのが実態だと言えるだろう。

現行の小選挙区比例代表並立制は、共産党のような少数勢力の政党にとっては難しい制度でもある。

小池はその苦難を語る。

「うちの主要な戦いは比例代表選挙です。しかし、現在の選挙制度では小選挙区にも候補者を立てないと比例票が伸びません。だから、野党共闘はできる限り進めますが、一方的に共産党が候補者を降ろすようなことはしない。ただ力を合わせれば、自民党を凌駕《りょうが》できる場合はありますから、立憲民主党の候補者が戦う選挙区もあれば、うちの候補者が選挙区を戦うケースもある。市民連合を中心に各党と今後も相談を進めていきたいと思っています」

いっぽうで、野党共闘に否定的な連合の芳野友子会長は、立憲民主党に対してたびたび共産党との選挙協力について苦言を呈している。

共産党は連合との関係をどう見ているのか。

「実際に地域でさまざまな労組の方と話すと、現在、労働運動でもめているということはそれほどないんです。わたしは、一致している主張もありますから、いまは過渡期なんだと思っています。現在の政治を変えるためには、共産党だから組まないという考え方は誤っていると思うので、理解を進めていきたいですね」

現在の共産党の課題は、党勢の衰退だという。

党員数の減少だけでなく、販売収入が党の財政を支えている機関紙、赤旗の購読者数の減少が課題だという。

「今年の一月には党大会がありますが、ここ最近のわれわれの課題は党勢拡大です。この間、少しずつ減ってきているのが実態です。社会主義や共産主義に対するネガティブなイメージを持っている人が多い印象がありますが、若い世代をはじめ、そのイメージを覆すような問題提起をしたいと思っています」

小池自身も、若い人たちにアピールするため、YouTubeチャンネル「YouTuber小池晃」を開設している。

小池はチャンネル内で漁に出たり、酪農に取り組んだり、稲刈りをやったりと、その活動は多彩だ。

本当は共産党ではない「蓮舫惨敗」の理由

二〇二四年五月二十七日には、参議院議員の蓮舫が立憲民主党本部で記者会見をおこない、七月七日投開票の都知事選への立候補を表明した。

蓮舫は、六月十二日に、立憲民主党に離党届を提出し、六月二十日の都知事選の告示日に立候補を届け出るとともに、公職選挙法の規定により参議院議員を退職（自動失職）した。

三選を目指して出馬する現職の小池百合子都知事と蓮舫の対決は大いにメディアを賑《にぎ》わせている。

立憲民主党の泉健太代表は、党を挙げて支援をすると言った。

「蓮舫さんは挑戦したいということで自ら手を挙げてくれました。最善の候補者だと思っています。都知事選は国政選挙にも影響を与える大型選挙。東京都の全三十総支部がフル回転で応援するつもりです」

泉代表は小池都政をどのように見ているのか。

「〝〇〇ゼロ〟という公約が一つも動いていませんから、この八年間で結局、何も変わらなかった。政策も場当たり的ですが、権力維持のために自民党とも接近をしています。初当選したころの小池都知事の輝きは、じつはまったく失《う》せている。これからの四年間をこれまでと同じような四年間にしてよいのか、その点を訴えていきたいですね」

過去最多の五十六人が立候補した都知事選は二〇二四年七月七日に投開票され、現職の小池が三選を果たした。

前広島県安芸高田《あきたかた》市長の石丸伸二《いしまるしんじ》はSNSなどで支持拡大を図り、前立憲民主党参議院議員の蓮舫は小池が支援を受ける自民党を批判し、攻勢を強めたが、およばなかった。

現職の強みを前面に押し出した選挙戦だった。

先んじて立候補を表明した蓮舫は、「非小池都政」を掲げて対決姿勢を鮮明にした。

「有権者の反応には熱いものがあり、わたしの思いに敏感に応えていただける、楽しい戦いだった」

蓮舫は午後八時過ぎ、千代田区内で開いた記者会見で、涙ぐみながら選挙戦を振り返った。閣僚や党代表を歴任し、抜群の知名度で「最強、最良の候補」と陣営が自負した蓮舫も、都知事選の「現職全勝」の壁は打ち破れなかった。

小池に先んじて五月二十七日に立候補表明し、「都政をリセットする」と宣言。小池を支援する自民側から「予想外」との声が漏れる決断だったが、その後は、公約発表まで約三週間の空白が生まれた。

告示後の各種情勢調査では、SNSを積極活用した石丸に無党派層への浸透で後れを取った。ネット上での露出の差から「〝小池批判票〟が奪われたのでは」と漏らす陣営関係者もいた。

局面打開に向けて動きはした。小池と姿勢の違いが際立った明治神宮外苑《がいえん》地区の再開発については、選挙戦中盤に「都民投票の実施」を追加公約として発表。

「批判ばかり」というイメージを払拭しようと、演説で自身の育児エピソードを紹介したり、批判のトーンを抑えたりした。

しかし、いずれも情勢を大きく変えるほどの力はなく、民主党公認だった二〇〇四年の参院選で初当選して以降、初めての落選となった。

今回の敗因について蓮舫は語った。

「わたしの思いが届かなかったということは否定できない。全力で訴えたが、わたしの力不足」

都知事選の投開票から一夜明けた七月八日、三位に沈んだ蓮舫を支援した立憲民主党には動揺が広がった。

次期衆院選に向け、党勢の立て直しが急務だが、政党の支援を受けない石丸に無党派層が流れたことへのショックは大きい。

「もう自分たちは通用しないのではないか。昨夜はそう思った。既存の政党が嫌われているような気がした。わたしたち自身がどうアップデートできるかが問われている」

立憲の辻元清美代表代行は七月八日、有楽町駅前で記者団に語った。

急務となっているのが無党派層への浸透だ。朝日新聞社の出口調査では、石丸が無党派層の三六％の支持を得たいっぽう、蓮舫は半分以下の一六％にとどまった。

東京選出の若手議員は、石丸について語った。

「蓮舫は若者政策を訴えたが、若い世代の票は具体的な若者政策を言っていない石丸に流れた」

政策ではなく、SNSへの露出が、若年層に多い無党派からの支持につながっているとの見方を示す。

いっぽう、ベテランの枝野幸男前代表は、七月七日の兵庫県宝塚《たからづか》市での講演で愚直に政策を訴え続ける必要性を唱えた。

「無党派と言ってもいろんな人がいる。目先の目新しさに振り回されない行動を取ることが、長い目で見れば無党派をとらえる」

悩ましいのは共産党との連携も同じだ。国民民主党や連合の反発を招き、中道から保守層へのアプローチができなかったとの指摘がある。

ベテラン議員は語る。

「共産との関係が悪いほうに出た。立憲支持層とリベラル勢だけで浮動票は取れない」

都知事選を主導した都連は、共産党との関係見直しに否定的だ。

都連の手塚仁雄幹事長は「共産のみなさんには感謝の思い以外、いっさいない」と言い切る。

連合関係者はぼやく。

「共産がいなければもっと票を減らしただろう。結局、立憲と共産の関係は何も変わらないのではないか」

党重鎮は指摘する。

「共産の問題じゃない。まず国民民主との協力態勢を構築し、日本維新の会とも連携できるかどうかだ」

ほかの野党や連合も含めた連携が鍵となるとし、現執行部の対応を批判する。

「これだけの惨敗。当然、代表選にも影響するだろう」

都知事選での蓮舫の敗北を受け、立憲民主党の泉代表が苦しい立場に置かれていた。

自民党を「うそつき内閣」呼ばわりした維新

二〇二四年の通常国会で最大のテーマとなったのが自民党の裏金事件を受けた政治資金規正法の改正であった。

この改正案の内容をめぐり、各党の思惑が動き出すのは、五月二十九日に自民党の木原誠二《きはらせいじ》幹事長代理が動いたからだった。

衆議院の通過を前にして、政治資金パーティー券の購入者の公開基準額「五万円超」にこだわる公明党が態度を硬化させたため、法案の成立を急いでいた岸田総理は公明党が賛成に転じない可能性を危惧していた。

岸田総理は、いったん取りやめていた日本維新の会との協議の再開を木原に命じ、木原はその意向を受けて、維新の遠藤敬国対委員長に電話で依頼する。

「もう一度、維新とリスタートさせてもらえないか」

遠藤は告げた。

「あとは自民が丸呑みするしかないで」

翌三十日、自民党は、調査研究広報滞在費（旧文通費）の使途公開や、残金の返納、政策活動費の領収書の十年後の公開など、維新の要求を盛り込んだ案を提示。事態は打開に向けて動いていく。

五月三十一日午前、維新の馬場代表と岸田総理はトップ会談をおこない、文書にサインをした。馬場は、会談後、記者団に成果を強調した。

「一〇〇％、わが党の考え方が通った。自民党がわが党の提案を丸呑みした」

しかし、この合意内容には疑問点が残っていた。

旧文通費をめぐって、維新が求めていた「今国会で結論を得る」という期日が記されていなかったのだ。

六月六日、自民党が提出した政治資金規正法の改正案は、衆議院本会議で自民党、公明党、維新、教育無償化を実現する会の賛成多数で可決し、衆議院を通過した。

改正案には、立憲民主党や維新など野党五会派が共同で求めていた「企業・団体献金の禁止」や「政策活動費の廃止」、自民党案より厳しい「政治家の責任強化」は盛り込まれず、立憲民主党や共産党、国民民主党などは反対した。

衆議院で法案が通過したこの夜、木原や維新の藤田幹事長らは酒を酌み交わした。自民党と維新の急接近をうかがわせる出来事で、永田町では将来の連立政権に向けた布石のように受け止められた。

維新にとって順調のように見えた事態は一変していく。

六月十一日、自民党の浜田靖一《はまだやすかず》国対委員長は、旧文通費改革について「日程的に見ると厳しい」と今国会での法改正の見通しが立たない考えを示したのだ。

この対応に馬場代表は猛反発した。

「うそつき内閣と言っても過言ではない。公党間の約束が破られるなら、最大限の力を使って自民党を攻撃する」

馬場が岸田総理と交わした文書には、当初は旧文通費改革について「今国会中」との期限が入っていたという。

だが、木原が「期限を外すが、信頼してほしい」と要請し、その言葉を信頼した馬場は結果的に梯子《はしご》を外されたのだった。

しかし、自民党側は維新からの批判も、どこ吹く風であった。

六月十二日、岸田総理は、記者団に対して、党首間合意について淡々と語った。

「文書でも確認しており、重たい。具体的な実現時期は合意文書に記載されていない」

その後も、維新は「約束が反故にされた」として反発し、参議院での採決では反対に転じた。

維新の怒りはおさまらなかった。岸田総理に対する問責決議案も初めて提出し、立憲民主党が提出した内閣不信任決議案にも賛成に回った。

通常国会が事実上閉幕した六月二十一日、岸田総理のあいさつ回りを日本維新の会は拒否する。馬場代表は会見で語った。

「儀礼的なものはやめるべきだ」

維新と会派を組み、同様に岸田総理のあいさつを拒否した、教育無償化を実現する会の前原誠司代表は言った。

「木原さんは逃げ回るだけで、おわびの電話の一つもない。一本でも電話があって『すみませんでした』と謝っていただけたら、総理のあいさつを受けないことはなかった」

結局、自民党と維新の党首間の合意は感情的なしこりを残し、新たな亀裂を生む結果に終わった。

小沢一郎が羽田孜への弔辞で語ったこと

二〇一七年八月二十八日に八十二歳で死去した羽田孜元総理の葬儀、告別式が九月八日、港区の青山《あおやま》葬儀所で営まれ、小沢一郎は友人代表としてあいさつした。

自民党時代から行動をともにしてきた小沢は盟友である羽田のことをしのびつつ、三度目となる政権交代を誓った。

「孜ちゃん。今日はいつもの二人だけのときのように、そう呼ばせてください。一九六九年の初当選の同期の友であり、また同志であった二人は、子どものように、孜ちゃん、いっちゃんと呼び合って過ごしてきました。それから半世紀近くたちましたが、僕の脳裏にある君は穏やかな笑みを浮かべ、物怖《ものお》じもせず部屋に入ってきた孜ちゃんであり、緊張して座っていた僕は、しばらく前の大学院の学生だった田舎者のいっちゃんでした。

その二人の出会いは、政治の師である田中角栄先生の事務所が対面の場でありました。孜ちゃん。君は父上が病に襲われ、父が急逝した僕と同様、思いもよらず政治の世界に足を踏み入れることになりました。田中先生に『戸別訪問三万軒、みんなと握手をしろ』。そう命じられ、来る日も来る日も選挙区を歩き回って、ようやく当選を果たした二人に、先生は同期当選の名を一人ひとり挙げて、『県議会議員、県知事、中央官庁の役人等々、みんな政治や行政のプロだが、おまえたち二人はズブの素人だ。ほかの同期生と一緒になって凡々とその日を過ごしていたら、おまえたちの将来はない。命がけで勉強しろ。頑張れ』。そう叱咤激励されたことをいまでもはっきり覚えています。

僕はともあれ、孜ちゃんは終生、その教えを守りました。郵政の問題であれ、農政であれ、知らないことは知らないとはっきり言い、三人歩めば必ずわが師ありとばかりに謙虚に教えを請い、ついには誰からも一目置かれる存在になりました。君の周りにはいつも人があふれ、笑いに満ちていました。来る者は拒まず、去る者はそっと見送り、再び来る者は何もなかったかのように迎える包容力によるものだと思います。

僕は生来の口下手で、無用な敵をつくったり、軋轢を生んだりすることがしばしばありました。そのたびに孜ちゃん、君は『いっちゃんはシャイで人見知りなだけなんだ』と、取りなしてくれていたと聞いております。百術《ひゃくじゅつ》は一誠《いっせい》にしかず。まさにこの言葉を実践された政治人生でありました。

二人の政治生活には山もあり谷もありましたが、肝心なときにはいつも一緒にいました。恩師である田中先生の誤解を生んだ、そして先生の逆鱗《げきりん》に触れながら田中派のなかに竹下（登）氏を中心とした新しい勉強会も結成いたしました。しかし、またその後、政治の改革をめぐる基本的な理念、考え方の相違から、自民党を離党し、新党を結成しました。節目になるといつも二人でとことん話し合いました。失敗すればもう政治生命はないだろう、というときになっても、孜ちゃん、君はそれこそ結婚式の仲人でも引き受けるような調子で『わかった、わかった、一緒にやろうや』と言ってくれました。正直に言って、『この問題の深刻さが本当にわかっているのだろうか』と、いぶかったこともありました。孜ちゃん。君はいつでも、わかっていました。わかったうえで、自分の信じる道、自分の思う道を選んだに違いありません。先月の二十八日、突然の悲報を聞き、ご自宅に伺いました。君を苦しめた病気の気配などかけらもなく、大事を成し遂げた人だけが持つ、穏やかで満足感に満ちたお顔でした。君が身命を賭し、全身全霊を傾けた二大政党制は、いったん芽が吹きかけたように見えましたが、わずか二年あまりでついえてしまいました。僕もその責任を痛感しております」

政権交代に向けた小沢の熱意はすさまじい。小沢は羽田に誓う。

「あと二十年現職でいるわけじゃないから、次の選挙はあらゆる手段を尽くしても勝つ。そうしないとなんのために自民党を離党したのか。代表選で老壮青《ろうそうせい》、みんなが協力する体制づくりをやれば絶対に勝てる。新しい代表のもとでわれわれベテランはそれを支えればいい。おれは全国を命をかけて回るから絶対に勝つし、いまの若い議員たちも、そのくらいの気力を持ってやってほしい」

おわりに　二〇二四年の衆院選は、権力闘争の始まりのゴングにすぎない

二〇二四年八月十四日午前十一時三十分、岸田文雄総理は、官邸で臨時の記者会見を開き、九月の自民党総裁選への不出馬を表明した。

「自民党が変わることを示すもっともわかりやすい最初の一歩は、わたしが身を引くことだ。総裁選を通じて選ばれた新たなリーダーを一兵卒として支えることに徹する」

二〇二三年十二月に派閥の政治資金パーティーに関連する裏金事件が発覚して以降、岸田政権は支持率低下に苦しみ続けていた。世論調査で支持率が二〇％台前半に低迷するいっぽうで、不支持率が六〇％を超えるのも珍しくはなかった。

政権の厳しい状況は選挙結果からも明らかだった。二〇二四年四月におこなわれた三つの衆院補欠選挙では、自民党は二つの選挙区で不戦敗に追い込まれただけでなく、小選挙区制の導入以降、一度も負けたことがなかった島根一区でも敗れるという惨状だった。

七月の東京都議補選でも苦戦し、いつしか自民党内には「岸田総理のままでは次の衆院選は戦えない。このままでは野党に政権交代を許してしまう」と危機感が広がっていた。

再選に意欲的だった岸田総理が不出馬を決断した背景にも、「総裁選に勝っても、その次の

衆院選に勝つのは難しい」という見立てがあったようだ。おそらく岸田総理自身も、かつての宮沢喜一や麻生太郎のような「野党への政権交代を許した自民党総裁には絶対になりたくない」という気持ちがあったのではないだろうか。

岸田総理の後継を争う総裁選には、裏金問題の影響で麻生派（志公会《しこうかい》）を除くすべての派閥が解散したこともあり、「われこそは……」と九人もの候補者が名乗りを上げた。そのうち総裁選への出馬経験があるのは石破茂元幹事長、高市早苗経済安全保障担当大臣、河野太郎《たろう》デジタル大臣、林芳正官房長官の四人。初挑戦は、小泉進次郎元環境大臣、上川陽子《かみかわようこ》外務大臣、小《こ》林《ばやし》鷹之《たかゆき》前経済安全保障担当大臣、茂木敏充幹事長、加藤勝信《かとうかつのぶ》元官房長官の五人だった。候補者たちは、連日メディアに出演し、自民党のイメージアップを図った。いつもより長い十五日間の総裁選は衆院選のための顔見世興行のようにも見えた。

最終的に総裁選の勝者となったのは、決選投票で高市を逆転した石破であった。

第二次安倍政権時代に閣外に転じて以降、冷遇され続けてきた石破だったが、五回目の総裁選でついに念願の総理、総裁の座を射止めたのである。

非主流派で蚊帳の外に置かれていた石破は、メディアに出演するたびに、いわゆる正論を吐き、時の政権を批判した。その姿勢は世論調査での石破への期待へと結びついていった。

その一方で、「背後から鉄砲を撃つ」と言われ、同僚から嫌われる要因にもなった。過去の総裁選では国会議員票で苦戦し、いつしか推薦人集めにも苦しむようになっていった。

しかし、裏金問題による自民党への逆風は石破の苦境を一変させる。

自らの選挙を考えた自民党の議員たちは「背に腹は代えられぬ」とばかりに、世間からの人気が高い石破を新総裁に選んだのだ。「政権からは絶対に転落したくない」という議員たちの執念が石破新総理を誕生させたわけである。

だが、始まったばかりの石破政権には早くも暗雲が立ち込めつつある。総裁選中、早期解散に言及する小泉進次郎に対抗して、石破は「自分が総理になれば、衆議院の解散前に国会で予算委員会を開催する」と得意の正論を語っていた。

しかし、いざ新総裁に就任すると、前言を翻して「十月二十七日に衆院選をおこなう」と総理大臣に就任する前に異例の解散表明をおこなったのだ。

果たして、石破のこの「豹変」が自民党に幸いし、衆院選での勝利と政権維持をもたらすのか。それとも、野党第一党の立憲民主党の野田佳彦新代表が裏金問題批判の追い風に乗って、政権交代を実現させるのか。あるいは、政権交代まではいかなくても、自公政権を過半数割れへと追い込むことができるのか。

二〇二五年の夏に参院選が控えるなか、政治家たちの「食うか、食われるか」の権力闘争はいっそう激しさを増してゆく……。

この作品は、過去に取材に協力していただいた方たちのインタビューをもとに再構成しております。国会議員の安倍晋三、安住淳、石井啓一、泉健太、市川雄一、枝野幸男、衛藤晟一、大内啓伍、奥田敬和、小沢一郎、亀井静香、菅直人、久保亘、小池晃、小池百合子、古賀誠、輿石東、白川勝彦、菅義偉、高市早苗、玉木雄一郎、辻元清美、手塚仁雄、長妻昭、中西啓介、二階俊博、野田佳彦、野中広務、羽田孜、鳩山由紀夫、馬場伸幸、平沼赳夫、平野貞夫、藤田文武、福田衣里子、福山哲郎、古屋圭司、細川護熙、村山富市、森喜朗、山岡賢次、渡部恒三、渡辺美智雄の諸氏（五十音順）、連合の古賀伸明会長（当時）、ジャーナリストの高野孟氏、そのほか名前を明かすことのできない国会関係者の取材協力を得ました。あらためて感謝いたします。本文中の肩書は、その当時のもので、敬称は略させていただきました。

また、朝日新聞、毎日新聞、読売新聞、産経新聞、日本経済新聞を参考にいたしました。

今回、この作品の上梓《じょうし》に尽力してくださった清談社Publicoの畑祐介氏に感謝いたします。

二〇二四年十月五日

大下英治《おおしたえいじ》

政権交代《せいけんこうたい》秘《ひ》録《ろく》

「食《く》うか、食《く》われるか」の権力《けんりょく》闘争《とうそう》30年史《ねんし》

2024年11月14日　第1刷発行

著　者　大下英治《おおしたえいじ》

ブックデザイン　長久雅行
本文写真提供　共同通信社

発行人　畑 祐介
発行所　株式会社 清談社 Publico
〒102-0073
東京都千代田区九段北1-2-2 グランドメゾン九段803
TEL:03-6265-6185　FAX:03-6265-6186

印刷所　中央精版印刷株式会社

ISBN 978-4-909979-70-4 C0095

清談社
Publico

https://seidansha.com/publico
X @seidansha_p
Facebook https://www.facebook.com/seidansha.publico